城市轨道交通专业培训系列教材

城市轨道交通列车运行组织

（第二版）

上海申通地铁集团有限公司
轨道交通培训中心
编著

中国铁道出版社有限公司

2024年·北 京

内 容 简 介

本书为城市轨道交通专业培训系列教材之一，包括行车组织指挥体系、列车开行计划、列车运行组织、行车设备、车站行车组织、停车场行车组织、城市轨道交通运营安全七章。

本书可作为城市轨道交通职工培训教材，也可作为职业院校相关专业教学参考书。

图书在版编目(CIP)数据

城市轨道交通列车运行组织 / 上海申通地铁集团有限公司轨道交通培训中心编著. -- 2 版. -- 北京 ：中国铁道出版社有限公司，2024. 12. --（城市轨道交通专业培训系列教材）. -- ISBN 978-7-113-31698-3

Ⅰ. U284.48

中国国家版本馆 CIP 数据核字第 2024D1R505 号

书　　名：城市轨道交通列车运行组织

作　　者：上海申通地铁集团有限公司轨道交通培训中心

责任编辑：李曦琳　　　　**编辑部电话：**(010)51892548

编辑助理：刘　臻

封面设计：崔丽芳

责任校对：苗　丹

责任印制：高春晓

出版发行：中国铁道出版社有限公司(100054,北京市西城区右安门西街 8 号)

网　　址：https://www.tdpress.com

印　　刷：天津嘉恒印务有限公司

版　　次：2013 年 9 月第 1 版　2024 年 12 月第 2 版　2024 年 12 月第 1 次印刷

开　　本：710 mm×1 000 mm 1/16　**印张：**12.25　**字数：**229 千

书　　号：ISBN 978-7-113-31698-3

定　　价：56.00 元

城市轨道交通专业培训系列教材

编写委员会

主　　任：申伟强

副 主 任：刘加华　叶华平

委　　员：（按姓氏笔画排序）

马伟杰　王大庆　王子强　王生华　王晓保
艾文伟　印祯民　吕　玮　朱　翔　伍　敏
刘金叶　牟振英　李　垚　吴　强　吴晓红
邹　松　沈世昉　宋　键　张　郁　张春明
张凌翔　陈　匡　陈立康　周　亮　殷　峻
郭德龙　盛雄伟　崔　勇　管国良

编　写　组

主　　任：叶华平

副 主 任：林　宏　沈　涛　时伶媛

委　　员：（按姓氏笔画排序）

王晓刚　包于顺　孙沪澄　李　缨　陈一鸣
林　晨　姚　军　姚晓荣　徐　凯　黄浩强
曹求实　彭　博

《城市轨道交通列车运行组织》

编 写 人 员

主　　编：殷　峻

副 主 编：吴玲英

主　　审：邵伟中

编　　著：第一章　艾文伟

第二章　吴　强

第三章　余海斌　艾文伟

第四章　陈立康

第五章　陈光华

第六章　吴玲英

第七章　管国良　吴玲英

序

随着城市化进程的加快，城市“出行难”的问题越来越突出，在“以人为本、公交优先”的方针指引下，城市轨道交通因运能大、速度快、安全准点、节约资源、保护环境等优点，日益成为广大市民出行的首选，深受市民欢迎。当前我国的城市轨道交通正处在大发展、大建设时期，尤其是北京、上海、广州、深圳等先期发展的大城市未来即将步入超大规模网络发展阶段，工作重心也由以建设为主、建管并重到现在的运营经营高质量发展。便捷的城市轨道交通运营网络在为市民带来出行便利的同时，也为轨道交通运营部门带来了新的管理课题。

城市轨道交通的自身特点决定了：一旦开通运营，就必须持续保持高度的安全性、可靠性和服务的人性化。网络化运营带来的客流迅猛增长，对客运组织和客运服务提出了高要求。城市轨道交通的发展需要有一大批专业人才，急需一套能满足城市轨道交通网络化运营要求的人才培训教材。

“城市轨道交通专业培训系列教材”是以上海城市轨道交通三十余年运营实践为基础并结合全国轨道交通发展状况，推出的面向国内、面向未来的教材。城市轨道交通多专业“联动”的要求决定了专业技术人才的“一专多能”要求，因此本“系列教材”既是城市轨道交通各专业人员的入门和提升培训教材，也能满足非本专业人员对其他专业的业务进修。

多位具有运营实践的专业技术人员提炼总结多年积累的地铁各专业运营管理与维护方面的经验及解决实际问题的思路和方法，汇编成此套丛书，期望能给轨道交通运营管理与维护人员以启迪和帮助。

“源于实践、高于实践”“符合国情”是本套丛书的两大特点，不但可以满足当前运营管理培训的需要，也为今后的城市轨道交通网络化发展的管理提出了新的思考和知识点。随着城市轨道交通不断引进新技术，运营管理的要求越来越高，虽然书中阐述的技术和管理的基本原理是相同的，但是“城市轨道交通专业培训系列教材”必然还要在实践中不断补充实例、不断完善，希望本系列教材能真正成为技术和管理人员的“良师益友”。

编写委员会

2024年10月

前　言

城市轨道交通是集线路、车辆、供电、通信、信号、自动售检票、运营管理等专业工种于一体的综合系统；新工艺、新技术在城市轨道交通各个专业得到充分运用。城市轨道交通相关岗位是新的职业工种，所以对从业职工的岗前培训、岗位培训以及技能考核，成为城市轨道交通职业教育的重要任务。

《城市轨道交通列车运行组织》由工作在第一线的专业培训师及相关专业技术人员撰写，结合上海地铁三十余年来运营维护工作的经验，对行车组织指挥体系、列车开行计划、列车运行组织、行车设备、车站行车组织、停车场行车组织、城市轨道交通运营安全等进行了阐述和概括。作为一本面向城市轨道交通一线职工的教材，理论联系实际是本教材的特色。

本书结合当前城市轨道交通最新的发展形势，在第一版基础上更新了相关数据、补充了最新技术。本书在编写过程中得到了上海申通地铁集团有限公司技术中心、运营管理中心、各运营公司、维保公司、各专业公司领导和技术人员的指导和帮助，也得到了相关企业的大力支持，在此由衷地表示感谢！

由于编者水平有限，书中难免有遗漏和不妥之处，诚请读者批评指正。

编　者

2024 年 10 月

目　　录

第 1 章　行车组织指挥体系

城市轨道交通是指服务于城市范围内客运、电力驱动的列车（车辆）在钢轨上或沿导向轨运行的城市公共交通系统。城市轨道交通列车运行组织必须贯彻安全生产的方针，坚持高度集中，统一指挥的原则，各专业岗位间要紧密联系，协同运作，实现安全、高效、便捷、舒适的运营目标。为确保行车组织工作中各环节紧密配合、协调工作，保证列车安全、正点运行，必须建立行车组织架构和行车规章制度体系，在组织和制度上保证行车工作的有序进行。

1.1　行车组织架构

行车组织指挥架构包括路网管理层、线路控制层和线路执行层，如图 1-1 所示。路网管理层负责全路网的运营监控、统筹管理，突发事件时路网运营方案的制定；线路控制层（各线 OCC）负责线路行车计划的组织实施，运营紊乱、突发事件时运营方案的落实；线路执行层（车站、列车、停车场）负责线路行车计划的执行，运营紊乱、突发事件时运营方案的执行。

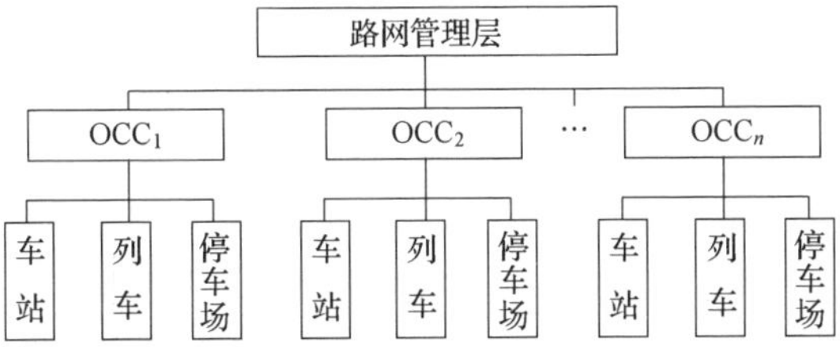

图 1-1　列车运行指挥体系

1.1.1　路网管理层

路网管理层主要由路网运营监督和管理中心及应急指挥中心组成。路网运营监督和管理中心主要负责监督各运营线路的客流变化、列车运行和设施设备运行状态，采集、传递各类运营生产信息，发布各项运营生产任务和命令。应急指挥中心主要负责指挥涉及多线、影响较大突发事件的应急处置，统筹各单位应急处置资源，协调各线路、单位联动处置各类突发事件。

路网运营监督和管理中心可以独立设置，也可以与线路控制中心设置在同一

图 1-2 某城市路网监督和管理中心大厅

个大厅。某城市路网监督和管理中心大厅如图 1-2 所示，该大厅与多条线路控制中心合并设置在一起，是该市轨道交通调度指挥的中枢，具有“集中调度、全局监控、应急指挥、运营协调、辅助决策”功能。正常情况下，对列车运行、电力供应、安全监控、车站设备、防火报警、清分管理等实行统一调度监控；非正常情况下，对突发事件进行统一指挥，快速恢复正常行车；同时，还将是实现路网所有信息交互的枢纽、集散地以及对外联络的窗口，集中监视线网的运行并发布命令，协调线路间的矛盾。在发生重大事件时，指挥人员及相关人员可实时监控，协调相关部门，并向现场下达指令，执行预案，实施指挥控制功能。从而实现对整个线网的综合协调和路网内应急指挥，以及与城市轨道交通以外交通系统的信息互通和协调配合。

一般配备有大型综合显示屏，集中显示多条轨道交通运营线路的闭路电视监控系统（CCTV）、列车自动监控（ATS）、电力监控系统（SCADA）和自动售检票系统（AFC）等信息。另外还配备一些应急处置的辅助系统，如预案管理系统、应急信息发布系统、GIS/GPS 系统等，以提高应急处置能力。

另外，有些城市路网管理层还承担票务和信息管理等职能，主要负责车票发行使用、票务清分管理以及网络运营数据采集发布、运营数据和业务指标分析等工作。

1.1.2 线路控制层（OCC）

线路控制层主要指线路控制中心（operation control center，OCC），是城市轨道交通日常运输工作的指挥中枢，负责组织指挥线路与列车运行有关的各部门、各工种协同作业，确保列车运行图实现，组织完成客运生产任务，保证行车和乘客安全，在发生突发事件时执行路网管理层指令，线路控制中心如图 1-3所示。

1. 控制中心的职能

（1）负责所辖各条线路的行车系统运营监控和调度指挥，按运营生产计划与列车运行图指挥行车，并根据客流变化及时调整运力安排，合理使用生产资源。

（2）负责突发事件的应急调度指挥与运营信息流转工作，做好抢险指挥工作，调动相关单位人员赶赴现场，采取有效措施减少影响与损失，尽快恢复正常运行秩序；并收集事件发生与发展情况，做好信息整理上报，并按照事件报告要求，完成情

(a)　　　　(b)

图 1-3　线路控制中心

况汇总、数据统计与分析工作。

(3)负责日常检修施工计划的管理与实施，受理所辖区域行车、电力施工作业申请与计划编制、审核与发布工作；对于重大施工与改造项目的计划受理依据有关部门审核批复意见与技术措施下达要求贯彻实施。

(4)负责管辖系统运营系统设备的监控，做好设备故障情况的缺陷记录、报修与状态追踪，及时改变设备运行方式与人为干预措施，维持系统运行。

(5)负责线路票务设备运行监控和运营模式设置。

(6)负责按质量管理要求、积极开展质量管理活动。真实、完整记录运营生产与调度工作情况，及时生成、发布各类日常运营报表。按时做好数据统计、上报工作。定期分析生产运行情况，及时采取纠正预防措施，评估技术管理质量。

(7)参与运营演练项目，协助制定有关规章，落实、执行上级下发的各类技术文件、规章，做好文件有效性控制，不断评估技术管理质量，并及时予以反馈。

控制中心设置控制中心主任，全面负责中心管理工作；其下设置调度班组，分别由主任调度带班管理，每班配备行车调度(正值/副值)、电力调度(正值/副值)、环控调度和客运调度等，负责当班期间本区的调度指挥工作。各个城市轨道交通调度生产组织机构不尽相同，有些城市将行车调度和客运调度并岗称为运营调度，电力调度和环控调度并岗称为设备调度。另外控制中心还设有分析调度，主要由运营主管和设备主管担任，运营主管负责行车调度业务的技术指导、突发事件分析与报告、运营统计分析及本区各专业领域的施工管理和安全生产管理，设备主管负责电力、环控专业领域内的技术指导，分析调度也可作为备班主任调度员。单线行车组织指挥层次如图 1-4 所示。

2. 行车调度

行车调度是列车运行的组织、领导和指挥者，负责组织指挥各部门、各工种严格按照列车运行图工作；检查监督各行车部门执行运行图情况，发布调度命令；监

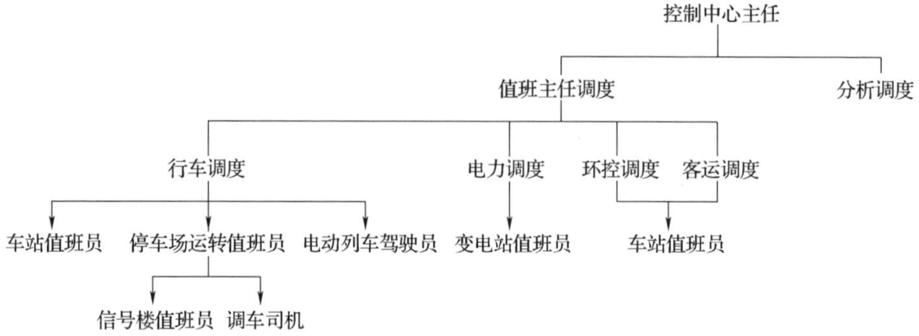

图 1-4　单线行车组织指挥层次

控列车到达、出发及途中运行情况，确保列车运行正常秩序；随时掌握客流情况，及时调整列车运行方案；当列车运行秩序不正常时，及时采取措施，尽快恢复正常运行秩序；当发生行车异常情况时，及时、准确地处理，防止行车事故的发生；当发生行车事故时，按规定程序及时向上级主管部门汇报，并采取措施防止事故扩大，积极参与组织救援工作；安排各类检修施工作业，组织施工列车开行。

3. 电力调度

电力调度负责对变电所、接触网设备的运行状态进行实时监控和数据采集，如：完成监控范围内的断路器、电力隔离开关的控制操作和完成对有关信息的采集、处理、记录及报表统计等。电力调度通过实时监控供电设备的运行，掌握和处理供电设备的各种故障，确保实现对系统安全、可靠地供电。

4. 环控调度

环控调度员负责管辖范围内环控、消防等设备运行调度和管理工作，通过火灾报警系统（FAS）、环境监控系统（BAS）中央级工作站监控设备监督路网内 FAS、BAS、气体自动灭火系统、给排水系统、环控通风空调系统等的运行情况，指挥环控系统实现安全、高效、经济地运行，为乘客提供安全、舒适的乘车环境。在地铁区域内发生火灾时，环控调度员通过指挥环控设备执行相应的通风模式，协助、配合火灾扑救工作。

5. 客运调度

客运调度负责监控全线各站的客流状况，根据行车调度的列车调整指令，向有关车站下达客流组织指令。如：当行车调度下达列车越站指令时，客运调度就要通知相关车站进行车站广播，以免乘客误乘。尤其在发生非正常运营状况时，客运调度必须配合行车调度的调整计划，拟定相关的信息告知用语，通知相关车站，通过车站广播、车站乘客信息屏的发布、临时公告等方式，告知乘客，以实现对车站客流的有序组织，保证对行车命令中需要乘客配合的部分能有效执行。

1.1.3　线路执行层

线路执行层主要分车站值班员、停车场运转值班员及电动列车驾驶员。

1. 车站值班员

车站值班员负责监控列车运行，正常情况下按列车运行图组织行车，及时准确执行调度命令，按行车指挥指令处理车站各类运营突发事件；使用车站广播设备和监控设备做好客运服务和安全工作，适时与相关调度、邻站值班员等通报有关信息，确保列车正常运行；负责车站检修、施工实施确认和许可工作；妥善保管、使用行车设备、日常备品、备件和钥匙等；负责夜间车站安全工作，督促站务员做好夜巡和道床清扫工作；车站设施、设备发生故障，按规定程序报修并做好报修后的跟进工作，按规定填写相关报表。

为配合车站值班员工作，有些城市还配有助理值班员，主要负责接送列车，监护列车运行，交递行车凭证，手信号发车，调车作业现场组织，特殊情况下手摇道岔，协助乘客乘降列车等。如不设助理车站值班员岗位时，上述工作由扳道员或者站台服务员承担。

2. 停车场运转值班员

停车场运转值班员根据列车运行图及列车检修调试计划，负责安排每日用车，编制列车出入库作业计划；根据检修需要，负责布置电动列车和内燃机车调车、试车作业；根据调度命令，做好列车出入场作业；做好列车运行情况的统计汇总；负责乘务部线路人员的场内出勤、退勤工作；协调场内作业人员的工作，做好停车场内的检修施工管理。

3. 电动列车驾驶员

电动列车驾驶员负责正线、停车场内的列车驾驶及列车试车工作。做好车辆在出车前、回场后的车辆检查，负责值乘列车的安全正点运行，做好与行车相关人员的信息传递。在正线载客运行中，按规范服务标准做好对乘客的服务；发现列车故障或在运行途中遇突发事件，按预案要求迅速采取措施，排除故障，缩短处理时间，减少对正常运营的影响。

所有这些与列车运行有关的作业人员都必须服从行车调度指挥、执行行车调度员的命令；如果行车设备在运营时间内发生故障时，由行车调度员指挥电力、环控调度配合行车调整及处置。

1.2　行车规章体系

城市轨道交通是技术高密集的大容量客运交通系统，具有高度集中、统一指挥、紧密联系和协同配合的系统运作特点。为确保轨道交通运营安全正点、方便快捷、高速高效，必须建立一个规范、统一、科学的行车规章体系。

行车组织类规章制度是城市轨道交通企业技术管理的核心，规范行车组织运行秩序、约束行车工作人员生产活动的行为准则。它规定了各单位、各部门、各工种在从事轨道交通运输生产时，必须遵守的基本原则、责任范围、工作方法、作业程序和标准。通用型的行车组织规章体系如图 1-5 所示。

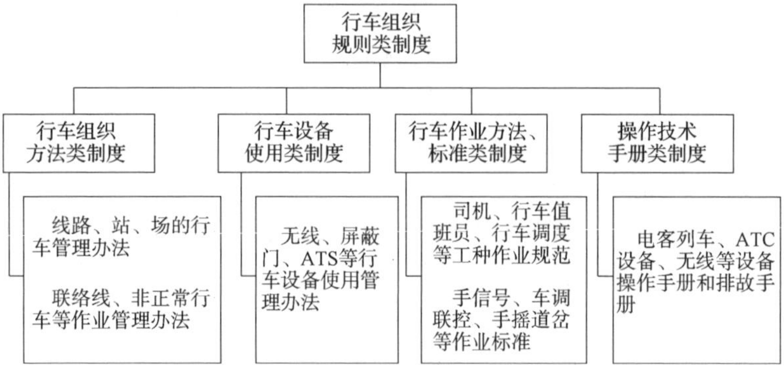

图 1-5 通用型行车组织规章体系

1. 行车组织规则类制度

行车组织规则类制度是行车组织各项规章制度制定的基础，它是某一城市轨道交通行车组织工作的技术标准。它具体规定了在进行行车生产作业中所必须遵循的运作规则，界定了行车生产过程中的所有作业程序和各工种的相互关系，明确了各工种在行车生产过程中所必须遵守的作业方法和标准。它是一切与行车有关的办法、规定、作业规范和标准等规章制度的基础。一般城市轨道交通运输企业习惯性将该制度命名为《××地铁行车组织规则》，简称《行规》。

2. 行车组织方法类制度

行车组织方法类制度是在行车组织规则的基础上，根据设备具体技术特点按线路分别编写的。它一般是分为行车管理办法、行车调度工作细则（调细）、车站工作细则（站细）和停车场行车工作细则（场细）。

行车管理办法具体规定了在具体设备条件下，特别是在信号系统功能一定的条件下，线路行车所遵循的行车方法。具体描述了各作业程序的具体作业方法，确定了各工种的作业职责。因此，一般当影响行车的设备条件发生变化时，行车管理办法必须进行相应的修订。

调细、站细、场细则是在行车管理办法的基础上按工种分别编写的。它们具体针对调度所、车站、车场这 3 个行车场所的各工种，对各自行车场景下作业过程中的作业程序、作业职责、作业关系进行了规定。

有些城市轨道交通运输企业会将正常和非正常行车场景下的行车方法独立，分别对不同行车场景下的行车方法、作业方法、作业程序等进行具体规定或制定成专项处置预案。

3. 行车设备使用类制度

行车设备使用类制度是根据行车组织方法类制度，结合行车设备的具体功能进行编写的。它具体规定了在各种行车场景、各种作业程序中使用此类行车设备的各种功能。一般，该类办法根据设备类别单独制定。如果不同线路设备类型相同，但功能不同，则必须单独编制具体规定。

4. 行车作业方法、标准类制度

行车作业类规范、标准在根据行车组织方法类制度、行车设备使用类制度相关规定的基础上，对各工种在执行作业程序时所进行的作业行为进行描述和规定，如司机作业规范、行车调度员作业规范等；或者对某些特殊作业场景时的作业程序、作业行为进行具体描述和规定，如手摇道岔作业标准、司机一次出乘作业标准等。

5. 操作技术手册类制度

行车设备类操作技术手册是行车作业各工种操作行车设备时必须遵循的指导性文件。它是设备部门为配合行车部门用来描述如何正确操作设备以实现设备设计功能的技术性文件；或者是描述如何判断故障原因，排除故障使设备恢复正常功能或功能降级的技术性文件。行车设备类操作技术手册如电客列车操作手册、车载设备操作手册、电客列车排故手册、车载设备排故手册等。

第 2 章 列车开行计划

为了经济合理地运用技术设备，实现高服务水平、高效率和低成本的运营目标，轨道交通的运营组织必须以列车开行计划为基础。列车开行计划由全日行车计划、列车开行方案、列车运行图和车辆运用计划组成。

2.1 全日行车计划

全日行车计划是运营时间内各个小时开行的列车对数计划，它规定了轨道交通线路的日常运输任务，是编制列车运行图，计算运输工作量和确定车辆运用的基础资料。

全日行车计划根据运营时间内各个小时的最大断面客流量，列车定员人数和车辆满载率，以及希望达到的服务水平综合考虑编制。

2.1.1 编制资料

1. 运营时间

轨道交通系统营业时间的安排主要考虑了两个因素：一是方便乘客，满足城市生活的需要，即考虑城市居民出行活动的特点；二是满足轨道交通系统各项设备检修养护的需要。根据资料，世界上大多数城市的轨道交通系统运营时间在 18～20 h之间，个别城市是 24 h 运营，如美国的纽约和芝加哥。适当延长运营时间，是轨道交通系统提高服务水平的体现。

2. 全日分时最大断面客流量

站间 OD 客流数据是计算最大断面客流量的原始资料。根据站间 OD 客流数据，首先计算出各站上下车人数，然后计算出断面客流量，最后得出最大断面客流量。

OD 调查即交通起止点调查，又称 OD 交通量调查，OD 交通量就是指起终点间的交通出行量。“O”来源于英文 Origin，指出行的出发地点，“D”来源于英文 Destination，指出行的目的地。

在新线投入运营时，站间 OD 客流数据来源于客流预测资料；在既有线运营时，站间 OD 客流数据来源于客流统计或客流调查资料。由于在客流预测资料中，通常只有高峰小时与全日站间 OD 客流预测数据，分时最大断面客流量的确定可采用下列两种方法:在已知高峰小时最大断面客流量的基础上,根据分时客流占高峰小时客流的比例进行确定;或者在已知全日最大断面客流量的基础上,根据分时客流占全日客流的比例进行确定。全日分时最大断面客流量,可在求出高峰小时断面客流量的基础上,根据全日客流分布模拟图来确定。

3. 列车定员数

列车定员数是列车编组辆数和车辆定员数的乘积。

列车编组辆数的确定以高峰小时最大断面客流量作为基本依据。在客流量一定的情况下,为达到一定的运能,除可采用增加列车编组辆数措施外,也可采用缩短行车间隔时间的措施。但在行车密度已经较大时,为满足增长的客流需求,增加列车编组辆数往往成为选用措施。此时,轨道交通系统保有的运用车辆数是增加列车编组辆数的限制因素之一,其他限制因素包括车站站台长度和车辆段停车线长度等。

车辆定员数的多少取决于车辆的尺寸、车厢内座位布置方式和车门设置数。一般来说,在车辆限界范围内,车辆长宽尺寸越大载客越多,车厢内座位纵向布置较横向布置载客要多,车厢内车门区较座位区载客要多。一般来说,A 型车辆定员数 310 人,B 型车辆定员数 215～245 人,C 型车辆定员数 150～200 人。

4. 线路断面满载率

线路断面满载率是指在单位时间内、特定断面上的车辆载客能力利用率。在实际工作中,线路断面满载率通常是指早高峰小时、单向最大客流断面的车辆载客能力利用率。线路断面满载率既反映了列车在最大客流断面的满载程度,也反映了乘车的舒适程度。为提高车辆利用率、降低运输成本,在编制全日行车计划时,高峰小时可适当超载。计算公式如下:

$$\beta=\frac{p_{\max}}{c_{\max}}\times 100\% \qquad (2\text{-}1)$$

式中　β——线路断面满载率;

$p_{\max}$——单向最大断面客流量(人);

$c_{\max}$——高峰小时线路输送能力(人)。

综合考虑车辆利用率及乘客乘车舒适度,一般在编制全日行车计划时,会预先设定线路断面满载率,如高峰时段为 110%～120%,非高峰时段为 80%～90%等。

2.1.2　编制过程

1. 计算分时开行列车数

计算公式如下:

$$n_i=\frac{p_{\max}^{i}}{p_{列}\,\beta} \qquad (2\text{-}2)$$

式中　n_i——分时开行列车数(列或对);

$p^i_{\max}$——分时最大断面客流量(人);

$p_{列}$——列车定员数(人)。

2. 计算分时行车间隔

计算公式如下:

$$t^i_{间隔}=\frac{3\ 600}{n_i} \tag{2-3}$$

式中　$t^i_{间隔}$——分时行车间隔(s)。

3. 最终确定全日行车计划

在计算得出分时开行列车数和行车间隔的基础上,应检查是否存在某时段时间内行车间隔过长的情形。行车间隔过长,会增加乘客候车时间,降低乘客服务水平,不利于吸引客流。为方便乘客、提高服务水平,轨道交通系统在非高峰运营时间内,如9:00—21:00间,最终确定的行车间隔时间标准不宜大于10 min。另外,对全日行车计划中的高峰小时行车间隔时间应检验是否符合列车在折返站的出发间隔时间。

2.1.3　全日行车计划编制实例

1. 编制资料

(1)早高峰小时(7:00—8:00)站间OD客流数据见表2-1。

(2)全日分时最大断面客流分布比例如图2-1所示。

(3)列车编组为6辆,车辆定员为310人。

(4)线路断面满载率,高峰小时为120%,其他运营时间为90%。

表2-1　早高峰小时站间OD客流(单位:人)

D \ O	A	B	C	D	E	E	G	H
A		3 075	2 555	3 280	3 285	2 704	3 930	5 300
B	3 045		1 125	1 960	2 064	2 844	3 225	3 726
C	2 764	1 076		705	804	1 373	1 550	1 978
D	2 170	1 840	714		667	1 205	1 480	2 201
E	2 367	1 940	805	686		656	1 025	1 620
F	4 220	3 070	1 293	1 260	700		800	2 425
G	5 236	4 230	1 480	1 647	1 128	922		1312
H	4 416	3 856	2 336	2 401	1 377	2 390	1 485	

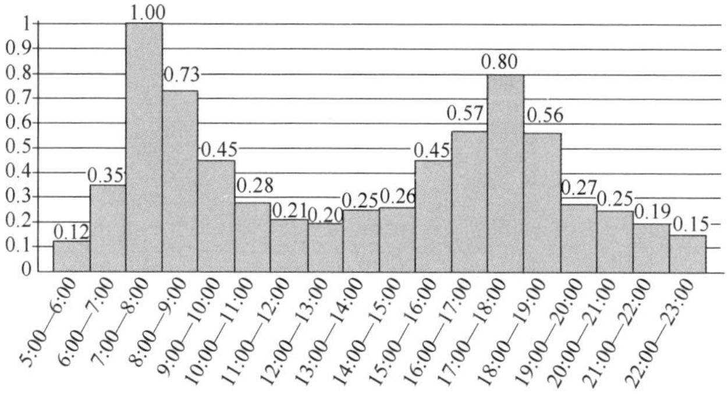

图 2-1　全日分时最大断面客流分布比例图

2. 编制全日行车计划

(1)计算早高峰小时断面客流量:根据早高峰小时站间 OD 客流数据计算早高峰小时断面客流量,计算结果见表 2-2,早高峰小时最大断面客流量为41 243人。

表 2-2　高峰小时上下车人数与断面客流量(单位:人)

上行			车站	下行		
断面客流	上车	下车		下车	上车	断面客流
	24 129	0	A	24 218	0	
24 129						24 218
	14 944	3 075	B	16 012	3 045	
35 998						37 185
	6 410	3 680	C	6 628	3 840	
38 728						39 973
	5 553	5 945	D	5 994	4 724	
38 336						41 243
	3 301	6 820	E	3 205	5 798	
34 817						38 650
	3 225	8 782	F	3 312	10 543	
29 260						31 419
	1 312	12 010	G	1 485	14 643	
18 562						18 261
	0	18 562	H	0	18 261	

(2)计算分时最大断面客流量:根据分时最大断面客流分布比例图计算分时最大断面客流量,计算结果见表 2-3。

表 2-3　分时最大断面客流量(单位:人)

运营时间	最大断面客流量	运营时间	最大断面客流量
5:00—6:00	4 949	9:00—10:00	18 559
6:00—7:00	14 435	10:00—11:00	11 548
7:00—8:00	41 243	11:00—12:00	8 661
8:00—9:00	30 107	12:00—13:00	8 248

续上表

运营时间	最大断面客流量	运营时间	最大断面客流量
13:00—14:00	10 311	18:00—19:00	23 096
14:00—15:00	10 723	19:00—20:00	11 136
15:00—16:00	18 559	20:00—21:00	10 311
16:00—17:00	23 509	21:00—22:00	7 836
17:00—18:00	32 994	22:00—23:00	6 186

(3)计算分时开行列车数:根据分时最大断面客流、列车定员与线路断面满载率数据计算分时开行列车数,计算结果见表2-4。

表2-4 分时开行列车数(单位:列)

运营时间	开行列车数	运营时间	开行列车数
5:00—6:00	3	14:00—15:00	7
6:00—7:00	9	15:00—16:00	11
7:00—8:00	19	16:00—17:00	14
8:00—9:00	18	17:00—18:00	15
9:00—10:00	11	18:00—19:00	14
10:00—11:00	7	19:00—20:00	7
11:00—12:00	6	20:00—21:00	7
12:00—13:00	5	21:00—22:00	5
13:00—14:00	7	22:00—23:00	4

(4)最终确定全日行车计划:检查表2-4中的分时开行列车数,非高峰运营时间内部分小时的行车间隔较长(超过了10 min或6 min),为保持一定的服务水平,对开行列车数进行了调整,最终确定的全日行车计划见表2-5。

表2-5 全日行车计划

运营时间	开行列车数	行车间隔	运营时间	开行列车数	行车间隔
5:00—6:00	3	10 min	14:00—15:00	7	6 min
6:00—7:00	9	6 min 40 s	15:00—16:00	11	5 min 30 s
7:00—8:00	19	3 min 10 s	16:00—17:00	14	4 min 20 s
8:00—9:00	18	3 min 20 s	17:00—18:00	15	4 min
9:00—10:00	11	5 min 30 s	18:00—19:00	14	4 min 20 s
10:00—11:00	7	6 min	19:00—20:00	7	6 min
11:00—12:00	6	6 min	20:00—21:00	7	6 min
12:00—13:00	5	6 min	21:00—22:00	5	10 min
13:00—14:00	7	6 min	22:00—23:00	4	10 min

该轨道交通线路全天开行列车 169 对，其中早高峰小时开行列车 19 对，行车间隔为 3 min 10 s，晚高峰小时开行列车 15 对，行车间隔为 4 min。假设早高峰小时客运量占全日客运量的比例为 0.2，则全日客运量为 598 640 人次。

2.2　列车开行方案

列车开行方案包括列车交路方案、列车编组方案和列车停站方案三部分。在列车开行方案中，列车交路方案规定了列车的运行区间与折返车站；列车编组方案规定了列车是固定编组还是非固定编组，以及列车的编组辆数；列车停站方案规定了列车是站站停车还是非站站停车，以及非站站停车的方式。此外，列车开行方案还规定了按不同编组、交路和停站方案开行的列车数。

列车开行方案是日常运营组织的基础。列车开行方案的比选应遵循客流分布特征与运营经济合理兼顾的原则，以实现既能维持较高的乘客服务水平，又能提高车辆运用效率的目标。

2.2.1　列车交路方案

在列车运行计划中，列车交路规定了列车的运行区间、折返车站和按不同列车交路运行的列车对数。在线路各区段客流量不均衡程度较大的情况下，采用合理的列车交路，能在不降低服务水平的前提下提高车辆运用效率，避免运能浪费，使行车组织做到经济合理。

列车交路有长交路、短交路及特殊交路。

1. 长交路

长交路指列车在线路的两个终点站间运行，到达线路终点站后折返，如图 2-2 所示。从行车组织的角度，长交路方案要较特殊交路行车组织简单、乘客无需换乘、不需要设置中间折返站。但如果各区段断面客流不均衡程度较大时，会产生部分区段运能的浪费。

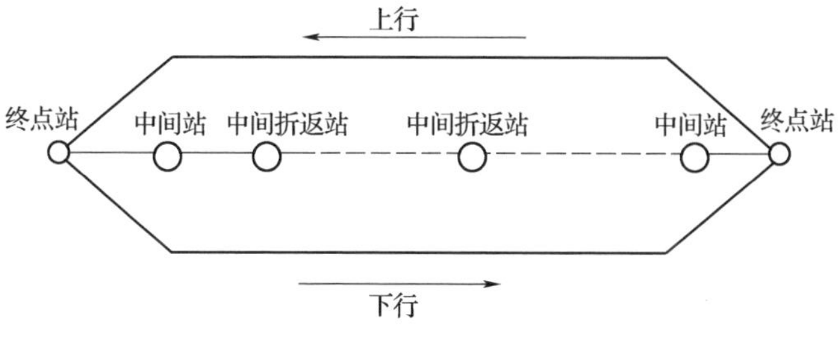

图 2-2　长交路

2. 短交路

短交路是指列车在线路的某一区段内运行、在指定的中间站上折返，如图 2-3 所示。与采用长交路相比，采用短交路方案能适应各区段断面客流不均衡的运输需求，可以提高断面客流较小区段的列车满载率，运营比较经济，但跨区段出行的乘客需要换乘，线路需要设置中间折返站，中间折返站要求具有方便的换乘条件，同时具有两个方向的折返能力，增加了折返作业的复杂性。从乘客的角度，服务水平有所降低。

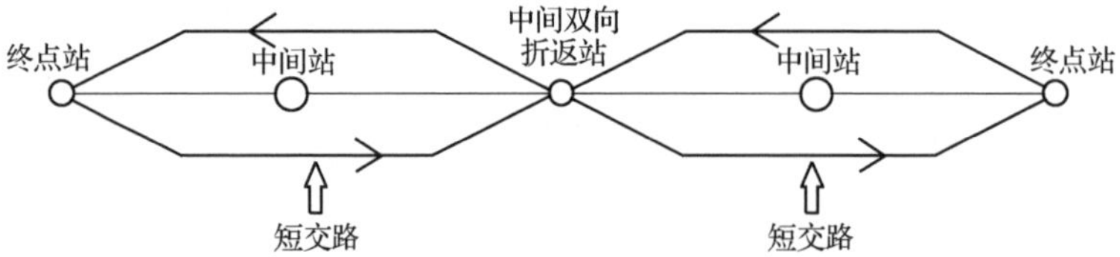

图 2-3　短交路

3. 特殊交路

(1)长短交路

长短交路是指列车在线路上的运行距离有长、短 2 种情况，长短交路列车在线路的部分区段共线运行，长交路列车达到线路终点站后折返，短交路列车在指定的中间站单向折返，如图 2-4 所示。采用长短交路方案能适应线路各区段断面客流不均衡程度较大时的运输需求。但是部分乘坐长交路列车乘客的候车时间会增加，并且需要设置中间折返站。

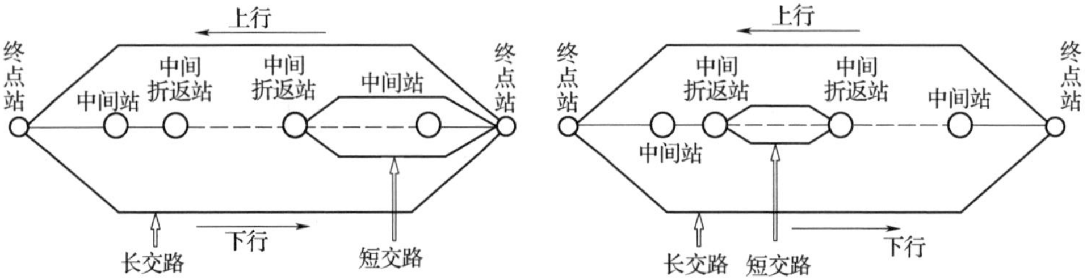

图 2-4　长短交路

(2)Y 形交路

Y 形交路指列车在 Y 形线路上运行，列车在线路的部分区段共线运行，该交路共有 3 个终点站，如图 2-5 所示。由于存在行车进路平面交叉，行车安全风险就高；Y 形线路非共线段的运输能力

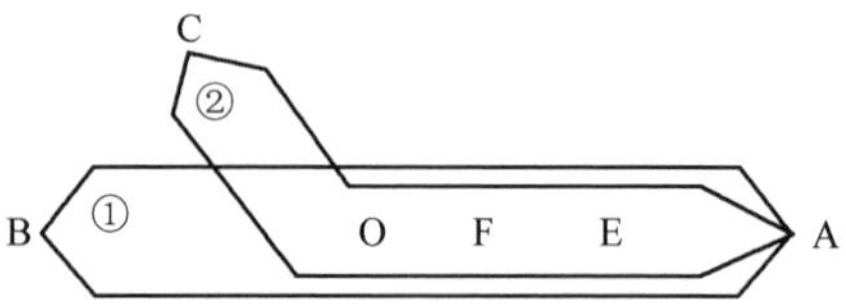

图 2-5　Y 形交路

分配制约了运输能力的提高；客流的多方向性增加了客运组织的复杂线，较易引起乘客的误乘；非正常情况下的行车组织困难，对行车人员业务能力及应急处置能力要求高。

(3)环形交路

环形交路是指列车在环形线路上的运行交路，列车无需折返始终向同一个方向运行。列车运行一般采用长交路，上下行列车分别在内圈和外圈循环运行，行车组织相对简单，线路各区段的能力负荷相同，列车运能的利用则取决于各区段断面客流的不均衡程度。

一般来说，交路方案根据线路条件相对固定，但在既有线路延长或区域客流发生较大变化，线路条件允许时可作相应调整。改变列车运行交路也是行车调度在线路发生突发情况或行车故障时进行列车运行调整的方式之一。

2.2.2　列车编组方案

(1)大编组方案：大编组是指在运营时间内列车编组辆数固定且相对较多，如地铁列车采用 6 辆或 8 辆编组的情形。

(2)小编组方案：小编组是指在运营时间内列车编组辆数固定且相对较少，如地铁列车采用 3 辆或 4 辆编组的情形。

(3)大小编组方案：大小编组是指在运营时间内列车编组辆数不固定。大小编组有两种情况，一种是在客流非高峰时段编组辆数相对较少，在客流高峰时段编组辆数相对较多，如在客流非高峰和高峰时段，地铁列车分别采用 3/6 辆编组、4/6 辆编组或 4/8 编组的情况；另一种是在全日运营时间内采用大小编组，如地铁列车采用 3/6 辆或 4/6 辆编组的情况。在采用大小编组方案时，与 4/6 辆编组方案相比，3/6 辆编组方案具有乘客服务水平较高、可根据客流量灵活编组以及车辆维修周期一致等优点。

一般来说，编组方案比较固定，在运营初期根据客流预测基本确定，在运营过程中较少改变。上海轨道交通 16 号线于 2021 年进行了线上列车改变列车编组，是国内首条实现在运营过程中进行在线解挂编作业的地铁线路，多编组在线连挂解编能有效缓解困扰城市轨道交通的潮汐人流问题。如果发生客流较大变化时，如上海轨道交通 1 号线，在运营初期采用 6 节编组，后因客流的增长调整到 8 节编组。但调整列车编组必须在建设初期预留站台长度、车辆保有量、信号系统的调整接口等。

2.2.3　列车停站方案

在传统的列车运行计划中，总是安排列车站站停车，但从优化列车运行组织、提高列车旅行速度，节约乘客出行出发，根据具体线路的客流特点，按照线路调整需要，也可采用多种列车停站方案。

1. 站站停车

列车在全线所有车站均停车，如图 2-6 所示。与非站站停车相比，线路上开行列车种类简单，不存在列车越行，乘客无需换乘，也无需关注站台上的列车信息显示。在跨区段、长距离出行乘客比例较大时，站站停车在车辆运用与服务水平方面均未到达最佳状态。

图 2-6　站站停车方案示意图

2. 区段停车

区段停车在长短交路情况下采用，长交路列车在短交路区段外每站停车，但在短交路区段内不停车通过；而短交路列车则在短交路区段内每站停车，短交路列车的中间折返站同时又是乘客换乘站，如图 2-7 所示。与站站停车相比，区段停车方案中的长交路列车在短交路区段内不停车通过，列车停站次数的减少使长交路列车的停站时间及起停车附加时间总和也相应减少，提高了列车旅行速度、压缩了列车周转时间。因此，采用区段停车方案有利于压缩长距离出行乘客的乘车时间和减少车辆运用、降低运营成本。但是，区段停车方案也存在若干问题：首先，在行车量较大的情况下，有可能会产生列车越行情况，需要在部分中间站修建侧线；其次，在不同交路区段间上下车的乘客会增加换乘时间，而在短交路区段内上下车的乘客则会延长候车时间。

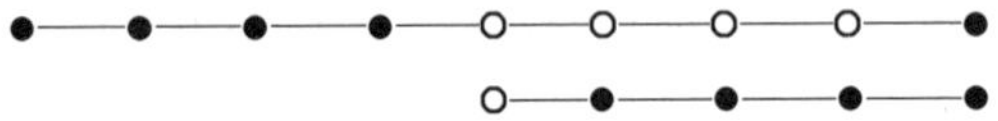

图 2-7　区段停车方案示意图

3. 跨站停车列车运行方案

跨站停车是在长交路的情况下采用，线路上运行甲、乙两种停站方式的列车，A、B、C 为线路上 3 种类型的车站，甲种车仅停 A、C 站，乙种车仅停 B、C 站。其中 A、B 类车站按相邻分布的原则设置，C 类车站可按每隔 4 或 6 个车站选择一个的原则设置，如图 2-8 所示。

跨站停车列车运行方案减少了列车停站次数，因而能压缩列车旅行时间和乘客乘车时间、提高旅行效率和旅行速度。同时，由于车辆周转加快，能够减少车辆使用，降低运营成本。该方案的问题是：增加了所跨越车站的列车到达间隔，乘客候车时间有所增加；该种停站方式仅适合郊区客流较少，且区间较长的线路，对于客流较大的线路，如一名乘客从 A 站上车要到 B 站，那该名乘客必须在 A 站坐甲

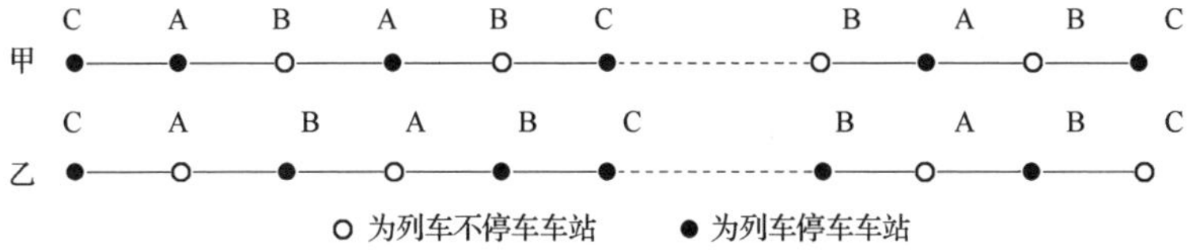

图 2-8　跨站停车示意图

种车至 C 站，然后下车换乘乙种车至 B 站，这种情况下 C 站的换乘客流组织难度比较大，尤其是高峰时段车厢比较拥挤的情况下。

4. 部分列车跨多站停车

该方案在单一长交路基础上，开行甲、乙两种停站方式的列车，甲类列车为普速，正常站站停，乙类列车为快速，跨多站停车，停车的车站一般为大客流车站或换乘枢纽站，而其他站不停车通过，如图 2-9 所示。

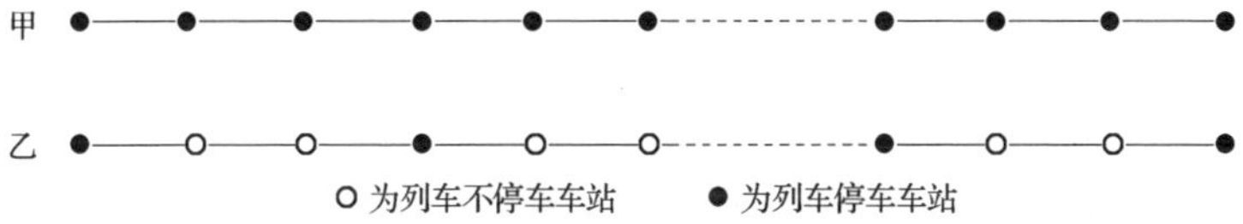

图 2-9　部分列车跨多站停车示意图

部分列车跨多站停车的方案在提高列车运行速度的同时，解决了跨站停车列车运行方案的部分乘客的换乘问题，该方案可以解决高峰时段列车每个车站均出现拥挤的情况，确保车站可以有针对性地进行客流组织和行车组织。

一般来说，列车停站方案基本固定，均采用站站停车方案，在某些车站发生大客流爆满或者行车故障时，行车调度一般会通过改变停站方案进行列车运行调整，如跨站停车等。

2.3　列车运行图

列车运行图是列车运行的时间与空间关系的图解，它能直接地显示出各次列车在时间上和空间上的相互位置对应关系，直观地显示出列车在各区间运行及在各车站停车或通过的状态。

2.3.1　列车运行图的作用

列车运行图是利用坐标原理表示列车运行状况的一种图解形式，如图 2-10 所示。

1. 列车运行图是组织列车运行的基础

列车运行是一个很复杂的环节，它要求各部门、各工种、各项作业之间相互协调配合，才能保证列车安全和提高运输效率。列车运行图规定了各次列车占用

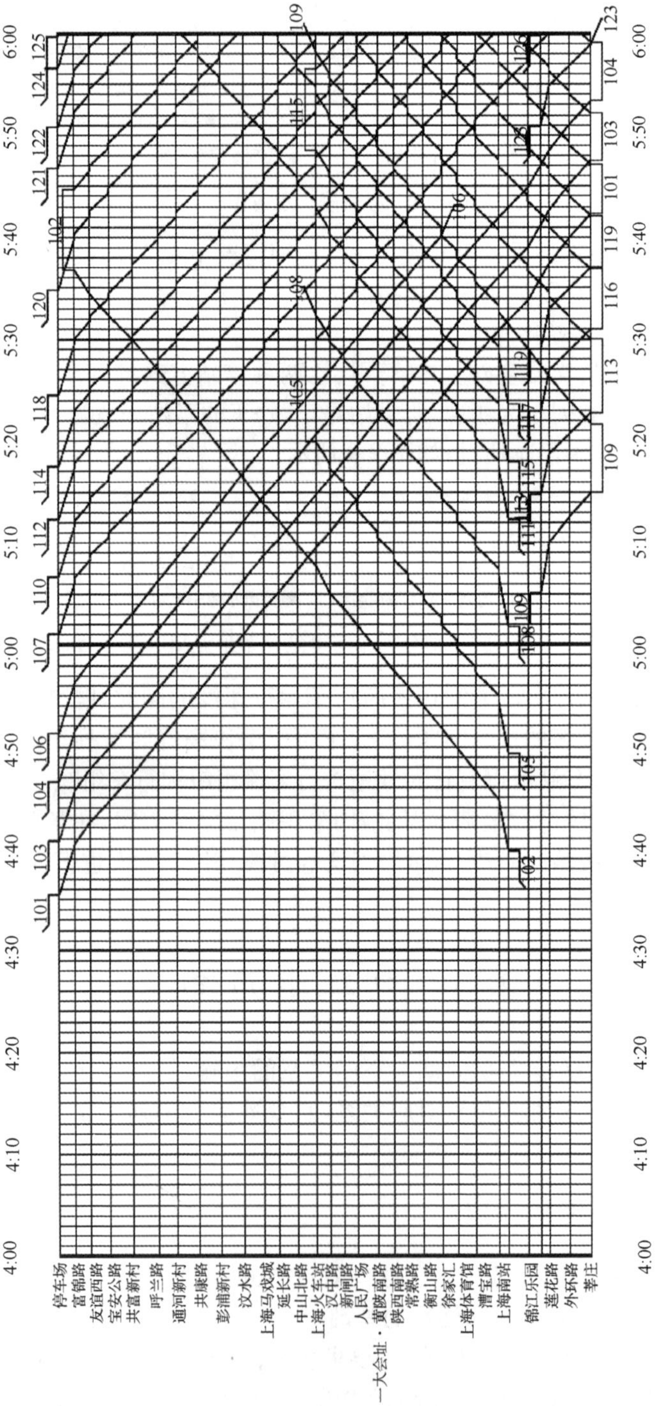

图2-10 ×线路列车运行图

区间的次序，列车在区间的运行时分、在车站的到达和出发(或通过)时刻、在车站的停站时分和在折返站的折返作业时间，以及列车交路和列车出入车辆段时刻等。列车运行图在保证城市轨道交通运营各部门的相互配合和协调动作上起到了重要的组织作用。

2. 列车运行图是运行组织的一个综合性计划

运营生产是一个统一的整体，涉及城市轨道交通运营的各业务部门都需要根据列车运行图所规定的要求来安排工作。如，车站根据运行图所规定的列车到达和出发时刻，安排本站行车组织工作和客运组织工作；车辆维修部门每天运营前要整备好运营需求的列车数，车辆运转部门要根据列车运行图的要求确定列车的派出时刻和乘务员的作息计划；工务、通信、信号、供电、机电等部门也要求根据列车运行图的规定来安排施工计划和维修计划。因此，列车运行图是城市轨道交通运行组织的一个综合性计划。

2.3.2 列车运行图图解原理

在列车运行图上，对列车运行时空关系的图解可以有两种方式。一种是以横坐标表示时间，纵坐标表示距离，这时，列车运行图上的水平线表示车站的中心线，垂直线表示时间，水平线间的间隔表示车站间的距离，垂直线间的间隔表示时间的单位。另一种是以横坐标表示距离，纵坐标表示时间，这时，列车运行图上的水平线表示时间，垂直线表示车站的中心线，水平线间的间隔表示时间的单位，垂直线间的间隔表示车站间的距离。在我国，列车运行的图解方式采用第一种方式。

1. 横线、竖线和斜线的含义

在列车运行图上有横线、竖线和斜线三种线条。在采用以横坐标表示时间、纵坐标表示距离图解列车运行状态时，它们的含义分别是：

横线将纵轴按一定比率加以划分，代表车站的中心线，通常中间站的车站中心线以较细线条表示，换乘站、折返站和终点站则以比较粗线条表示。

竖线将横轴按一定的时间单位进行等分，代表一昼夜的小时和分钟。城市轨道交通一般采用一分格运行图，即横轴以 1 min 为单位进行等分；细线条表示 1 min，粗线条表示小时。

斜线是列车运行的轨迹，代表列车运行线。列车运行线与车站中心线的交点就是列车在车站的到达、出发或通过时刻。由于城市轨道交通列车停站时间较短，一般不标明到、发时间。在列车运行图上，下行列车的运行线由左上方向右下方倾斜；上行列车的运行线由左下方向右上方倾斜。

2. 列车车次号

在列车运行图上,每个列车均有不同的车次,车次号指为区别列车种类、性质和运行方向,对每一列列车赋予的号码或代号。不同列车使用不同列车识别符表示,见表2-6。一般情况下,列车车次号的组成规则由信号系统予以定义。如上海轨道交通1号线目前使用的车次号由5位数组成,前3位为列车识别符,后2位为目的地符,目的地代表列车的运行终点站,如车次号为10196,1代表1号线,01代表当天运行第一列车,96代表目的地为“莘庄站”(该车站的编号)。除了用数字表示不同的含义,车次号数字颜色的不同也可以表示不同的含义。国内几条轨道交通线路列车车次号的使用规定及比较见表2-7。

表2-6 列车识别符含义表

列车识别符	含义	列车识别符	含义
100～199	图定计划列车1为1号线列车	800～899	专列
600～699	替代列车,与100～199一一对应	900～989	调试列车
700～749	加开载客列车	990～999	救援列车
750～799	加开空驶列车	000～099	不作使用

表2-7 列车车次号使用规定及比较

	北京地铁1号线	上海轨道交通1号线	广州地铁2号线
车次号位数	4	5	6
使用规定	第1位:上下行方向 第2位:列车种类 后2位:列车运行次序	前3位:列车识别符 后2位:列车目的地符	前2位:列车目的地 中间2位:列车种类 后2位:列车运行次序

2.3.3 列车运行图分类

根据区间正线数目、列车运行速度、上下行方向列车数和同方向列车运行方式等条件,列车运行图的分类如下:

1. 按区间正线数目的不同,列车运行图可分为单线运行图、双线运行图和单双线运行图。

(1)单线运行图:列车运行图上,上下行列车都在同一正线上,上下行方向列车交会必须在车站进行。在城市轨道交通系统中,单线运行图很少使用。

(2)双线运行图:列车运行图上,上下行列车在各自的正线上运行,上下行方向列车交会可在区间或车站进行。

(3)单双线运行图:单双线运行图兼有单线和双线运行图的特点,列车在单线区间和双线区间分别按单线运行图和双线运行图运行。

2. 按列车运行速度的不同,列车运行图可分为平行运行图和非平行运行图。

(1)平行运行图:列车运行图上,同方向列车的运行速度相同。

(2)非平行运行图:列车运行图上,同方向列车的运行速度不相同。

3. 按上下行方向列车数目的不同,列车运行图可分为成对运行图和不成对运行图。

(1)成对运行图:列车运行图上,上下行方向的列车数目相等。

(2)不成对运行图:列车运行图上,上下行方向的列车数目不相等。

4. 按同方向列车运行方式的不同,列车运行图可分为连发运行图、追踪运行图和越行运行图。

(1)连发运行图:列车运行图上,同方向列车的运行以站间区间为间隔,采用连发运行图时,在连发的一组列车之间不铺画对向列车。

(2)追踪运行图:列车运行图上,同方向列车的运行以闭塞分区(轨道电路区段)或制动距离加上安全防护距离为间隔,即在一个区间内允许有一列以上同方向列车运行。采用追踪运行图必须是安装自动闭塞设备的线路。

(3)越行运行图:列车运行图上,同方向的技术条件不同的列车可以在车站办理越行作业。采用越行运行图必须是车站有越行线配置、安装自动闭塞设备的线路。

城市轨道交通系统的列车运行图因其系统特征所致,一般均为双线、平行、成对、追踪运行图。

5. 按运行图实际使用,主要依据客流情况的不同,列车运行图分为工作日运行图、双休日运行图、节假日运行图及特殊运行图。

(1)工作日运行图主要是周一至周五工作日使用的运行图,因一天内各个时段的客流分布很不均衡,在早高峰和晚高峰行车间隔比较小,投入运营的列车较多,过高峰时段后部分列车回库退出运营,相对行车间隔较大。

(2)双休日运行图主要是双休日使用的运行图,客流在一天内各个时段比较平稳,没有很明显的早、晚高峰,全天的行车间隔相对比较均衡。

(3)节假日运行图主要是节假日使用的运行图,客流在一天内各个时段比较平稳,没有很明显的早、晚高峰,但客流比双休日大一些,全天的行车间隔相对比较均衡,但行车间隔较双休日小。

(4)特殊运行图主要用于特殊情况时使用的运行图,需要相关运营管理部门专项编制,如举行F1赛事、世游赛事等大型文体活动时。

列车运行图在使用过程中可以转换为不同的形式,如列车运行时刻表的形式,可用于车站办理行车作业;如首末班车时刻表及列车运行间隔的形式,可对外公布,供乘客查询使用,见表2-8和表2-9。

表 2-8　××号线首末班车时刻表

站名	首班车发车时刻		末班车发车时刻	
	往 A 站↑	往 K 站↓	往 A 站↑	往 K 站↓
A 站	—	06:00	—	22:30
B 站	06:23	06:02	22:23	22:32
C 站	06:21	06:04	22:21	22:34
D 站	06:18	06:08	22:18	22:38
E 站	06:14	06:11	22:14	22:41
F 站	06:11	06:14	22:11	22:44
G 站	06:09	06:16	22:09	22:46
H 站	06:07	06:19	22:07	22:49
I 站	06:04	06:21	22:04	22:51
J 站	06:02	06:24	22:02	22:54
K 站	06:00	—	22:00	—

表 2-9　××号线列车运行间隔

周一～周五			
名　　称	时　　段	列车间隔	
		往 A 站	往 K 站
早高峰	7:00—9:00	约 4 min 30 s ～ 5 min	
晚高峰	16:00—20:00	约 6 min	
其他时段		约 6 min～7 min 30 s	
周六、周日			
名　　称	时　　段	列车间隔	
		往 A 站	往 K 站
早高峰	8:00—10:00	约 5 min	
晚高峰	17:00—21:00	约 6 min	
其他时段		约 6 min 30 s ～7 min	

2.3.4　列车运行图要素

列车运行图要素的实质是把列车运行过程按空间或时间上衔接的特征划分为若干单项作业。在空间关系上，把列车运行过程划分为列车在区间运行、列车进站停车、列车启动出站、列车停站和列车折返等单项作业；在时间关系上，分别确定每一单项作业的开始、终了和延续时间。决定单项作业时间的主要因素有：活动设备和固定设备的技术条件、作业的质量要求、作业人员数量和作业环境条件。

1. 列车区间运行时分

列车区间运行时分是指列车在两个相邻车站间的运行时间标准，通过牵引计算和列车试运行相结合的方法计算确定。区间运行时分应根据列车在每一区间的两个车站上不停车通过和停车两种情况分别确定。列车不停车通过两个相邻车站所需的区间运行时分称为纯运行时分。因列车到站停车和列车起动出站而增加的时间为停车附加时分和起动附加时分，停车、起动附加时分应根据车辆类型、列车编组辆数，以及进、出站线路的平纵断面条件等进行确定。

$$T_{运} = t_{纯运} + t_{起} + t_{停} \tag{2-4}$$

式中　$T_{运}$——列车区间运行时分(min)；

$t_{纯运}$——列车不停车通过两个相邻车站所需的区间运行时分(min)；

$t_{起}$——起动附加时分(min)；

$t_{停}$——停车附加时分(min)。

由于上下行方向线路平纵断面条件，以及列车运行速度的不同，区间运行时分还应按上下行方向和各种列车分别确定。列车区间运行时分的运行区间距离为车站中心线的距离。列车的不同区间运行方式如图 2-11 所示。

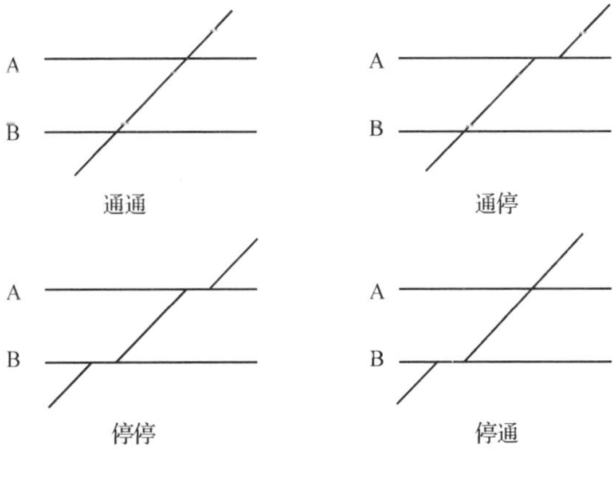

图 2-11　列车的不同区间运行方式

2. 列车停站时分

列车停站时分的设置是为了供乘客上下车，列车停站时间取决于下列因素：车站上下车人数；平均上(下)一个乘客所需时间，该项时间取决于车辆的车门数及车门宽度、车厢内的座椅布置方式、站台高度和车站客运组织措施等；开关车门时间；车门和屏蔽门的不同步时间；确认车门关妥与信号显示时间。

列车停站时间的计算公式为：

$$t_{站}=\frac{(p_{上}+p_{下})t_{上(下)}}{n_{高峰}md}+t_{开关}+t_{不同}+t_{确认} \tag{2-5}$$

式中 $t_{站}$——列车停站时间(s)；

$p_{上}$——高峰小时车站上车人数(人)；

$p_{下}$——高峰小时车站下车人数(人)；

$t_{上(下)}$——平均每上(下)一个乘客所需时间(s)；

$n_{高峰}$——高峰小时开行列车数(列)；

m——列车编组数(辆)；

d——每车每侧车门数(扇)；

$t_{开关}$——开关车门时间(s)；

$t_{不同}$——车门和屏蔽门开关不同步时间(s)；

$t_{确认}$——确认车门关妥与信号显示时间(s)。

按公式(2-5)计算的列车停站时间一般应适当加一余量并取整数。停站时间多少主要取决于车站的客流，大客流车站相对停站时间长，在实际工作中，通常将全线各站的列车停站时间确定为 3～4 种时间标准，一般采用较多的如 30 s、45 s、60 s 等。

3. 列车在折返站停留时间

列车在折返站停留时间也称为折返作业时分，指列车在折返站办理各项作业时所需时间。折返作业时间受折返线折返方式、列车长度、列车制动能力、信号设备水平、司机操作水平等多因素的影响。

在站后折返时，按作业顺序，列车在折返站应办理的作业有以下五项，如图 2-12 所示。

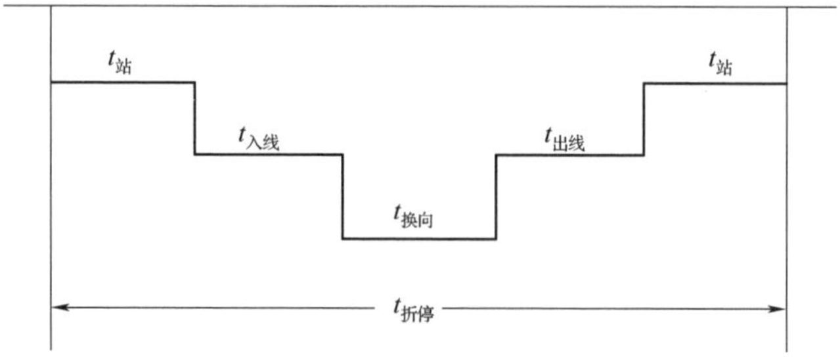

图 2-12 列车在折返站停留时间(站后折返)

(1)在站线上，开车门、乘客下车作业。

(2)列车入折返线走行。

(3)在折返线上，列车换向作业。

(4)列车出折返线走行。

(5)在站线上,乘客上车、关车门作业。

在站前折返时,列车在折返站应办理的作业有以下两项:

(1)在站线上,乘客上车、下车与开、关门作业。

(2)在站线上,列车换向作业。

上述两项作业可平行进行。

上述各个单项作业时间可根据分析与查标相结合的方法计算确定。综合各个单项作业所需时间,即为列车在折返站的停留时间。

4. 列车折返出发间隔时间

列车折返出发间隔时间是指折返列车在折返站的最小出发间隔时间,该项时间主要取决于折返线的布置、采用的折返方式等。

5. 列车出入停车场作业时间

列车出入停车场作业时间是指列车在停车场与正线防护信号机间的运行时间,列车在正线防护信号机与列车始发站间的运行时间,以及列车在进入区间正线前等待信号开放和确认信号的时间。前两项时间可通过牵引计算和列车试运行相结合的方法计算确定。第三项时间可根据分析与查标相结合的方法计算确定。

6. 追踪列车间隔时间

追踪运行的两列车在运行过程中互相不受干扰的最小间隔时间称为追踪列车间隔时间。影响追踪列车间隔时间的主要因素包括:列车停站时间、列车运行控制方式、列车间隔距离、列车运行速度、接近车站线路的平纵断面和行车组织方法等。

固定闭塞线路和移动闭塞线路的追踪列车间隔时间不同,移动闭塞线路的追踪列车间隔时间更小。

2.3.5　列车运行图的编制

在新线投入运营,既有线技术设备、客运量或行车组织方式发生较大变化时,均需要进行列车运行图的重新编制。列车运行图的编制质量,对城市轨道交通运营工作的好坏会产生直接影响。

1. 列车运行图的编制要求

(1)保证列车运行安全:应符合《行规》等行车规章的有关规定,严格遵守行车作业程序和各项时间标准。

(2)合理运用设备:充分利用线路通过能力,在满足客流需求的同时,经济合理地使用车辆设备,提高车辆满载率和旅行速度;折返设备通常是全线能力的限制因素,合理安排折返作业程序,尽可能安排平行作业;合理安排施工维修时间,保证列车运行与车站客运作业过程的协调。

(3)方便乘客:根据客流变化的规律,合理规定运营非高峰时段的列车运行间隔，以减少乘客的候车时间，最大限度地节约旅客在途时间，包括在站候车、随车运行、中转换乘等。

2. 编制步骤与编图资料

(1)编图步骤：

列车运行图的编制由运营管理部门负责组织，大体经历研究讨论、编制方案、铺画详图和计算指标四个阶段，具体工作步骤如下：

① 按编图要求与编图目标确定编图注意事项；

② 收集编图资料，对有关问题组织调查研究和试验；

③ 修订运行图应总结分析现行列车运行图的完成情况和存在问题，提出改进意见；

④ 编制列车运行方案：确定全日行车计划、计算所需运用列车数量等；

⑤ 征求调度、车站、车辆部门对列车运行方案的意见，并进行必要的调整；

⑥ 根据列车运行方案铺画详细的列车运行图，编制列车时刻表；

⑦ 对列车运行图的编制质量进行全面的检查，并计算列车运行图指标；

⑧ 将编制完毕的列车运行图、列车时刻表与编制说明等报有关部门审核批准。

(2)编图资料：

① 运营时间；

② 分时最大断面客流量；

③ 全日行车计划、列车折返能力、列车交路方案与列车停站方案；

④ 运用车数；

⑤ 线路通过能力、列车折返能力、列车出入段能力、换乘站设备能力（在客流高峰时间，如果各线列车同时到达换乘站，由于大客流集中到达，会造成站台、收费区和非收费区的拥挤，在编制列车运行方案时应安排各线列车交错到达换乘站）与车站存车线能力（在终点站、区间个别车站设有停车线，可存放一定数量列车，在日常运行时可作为停车维护用，在夜间可存放列车减少空驶里程，均衡早上发车秩序）；

⑥ 列车区间运行时分、列车停站时间、列车在折返站停留时间、列车折返出发间隔时间、列车出入车辆段作业时间、追踪列车间隔时间；

⑦ 列检、列车上线调试与乘务员作息安排；

⑧ 与其他交通方式的衔接，包括大交通系统如铁路、港口、机场、公路交通枢纽等；城市交通方式如公交、自行车、其他车辆等；

⑨ 对现行列车运行图完成情况的分析。

3. 列车运行图的铺画

列车运行图铺画分两步进行。第一步编制列车运行方案，着重解决列车运行图的全面布局问题；第二步铺画列车运行详图，即详细规定每一列车在各个车站上的到达、出发或通过时刻。在铺画列车运行图前，首先应确定车站中心线的位置。

(1)确定车站中心线

① 按区间实际里程比率确定：即按整个区段内各车站间实际里程的比例来画横线。采用这种方法时，列车运行图上的站间距完全反映实际情况，能明显地表示出站间距离的大小。但由于各区间的线路和纵断面不一样，使列车运行速度有所不同，这样列车在整个区段的运行线往往是一条斜折线，既不整齐，也不易发现列车在区间运行时分上的差错，所以一般不采用这种方法。

② 按区间运行时分比率确定：即按整个区段内各车站间列车运行时分的比例来画横线。采用这种方法时，可以使列车在整个区段的运行线基本上是一条斜直线，既整齐又美观，也容易发现列车在区间运行时分上的差错，故多被采用。

具体确定方法如图 2-13 所示，某轨道交通线路下行列车单程纯运行时分共计 26 min，首先在列车运行图上确定该线路两终点站 A 与 B 的位置，在代表终点站 B 的横线上向右截取等于26 min或者 26 min 整倍数的线段，得分割点 E，连接 A、E 两点，得一斜直线；然后自终点站 A 起，根据各区间下行列车的运行时分在代表终点站 B 的横线上向右依次截取相应的线段，得到相应的各分割点；接着以各分割点作为基点作横轴的垂直线，得到垂直线与斜直线的各交点；最后过各交点作横轴的平行线，得到该线路各站的车站中心线。

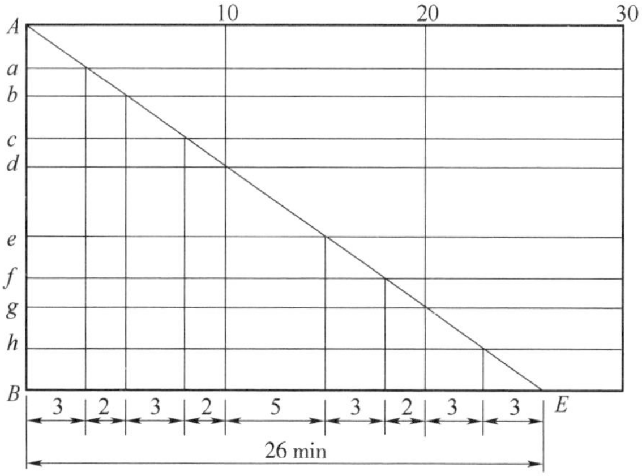

图 2-13　按区间运行时分比率确定车站中心线

(2)铺画列车运行详图

铺画列车运行详图，即在一分格列车运行图上精确铺画每条列车运行线，详细规定列车在每个车站的到达、出发和通过时刻、在折返站的停留时间等。列车铺画自列车出停车场起，确定该次列车始发站后，从始发站铺画至折返站，完成折返作业后，由折返站出发向区间铺画。

铺画详图时，应注意确保行车安全和乘客安全。为此必须做到：

① 遵守列车区间运行时分和列车停站时间标准；

② 遵守列车在折返站停留时间和列车折返出发间隔时间标准；

③ 遵守追踪列车间隔时间；

④ 遵守乘务员作息时间标准；

⑤ 列车在车站折返时，停在折返站上的列车数应与该站的站线数相适应。

目前，城市轨道交通列车运行图基本实现编制的自动化，开发了编制城轨列车运行图的软件，功能主要包括铺画列车运行线、安排运用车组、安排乘务人员和数据管理等，编图效率大大提高。

4. 列车运行图指标计算

列车运行图编完后，必须对运行图的编制质量进行全面的检查。检查的主要内容有：

(1)运行图上铺画的列车数和折返列车数是否符合要求；

(2)列车运行线的铺画是否符合规定的各项时间标准；

(3)列车在车站折返时，同时停在折返线的列车数是否超过该站现有的折返线数；

(4)换乘站的列车到发密度是否均衡；

(5)列车乘务员的工作和休息时间是否符合规定的时间标准。

在检查并确认运行图满足规定的要求后，计算列车运行图指标。列车运行图主要指标有：

(1) 每天运营营业时间：首班车发车时间至末班车终点站终到时间，如某条线路营业时间为 18 h 42 min(04:55—23:37)。

(2) 开行列车数：凡列车在运营线路上行驶一个单程，其中包括载客列车和空驶列车，长交路和短交路列车均按一列计算，开行列车数按列车种类和上下行分别计算。

(3) 列车周转时间，具体的计算见本章第 4 节。

(4) 列车折返时间，根据不同的折返类型，结合信号系统类型分别计算。

(5) 运用列车数，具体的计算见本章第 4 节。一般来说运用车组数在不同时段有所差别，高峰时段运用列车数较大，非高峰时段较少，同时根据运营需要在有存车条件的车站线路及停车库存放备车，以便在发生突发情况时使用。

(6)行车间隔,早高峰时段的行车间隔最小,其次是晚高峰时段,其余时段行车间隔相对较大。

(7)列车技术速度,计算公式为

$$v_{技}=\frac{L}{t_{旅}-t_{停}} \tag{2-6}$$

式中　$v_{技}$——列车技术速度;

L——列车单程运行距离;

$t_{旅}$——列车单程旅行时间;

$t_{停}$——列车单程停站时间总和。

列车单程旅行时间包括列车在区间的运行时间、在各个中间站的停站时间以及在各中间站的停车、起动附加时间。

(8)旅行速度(又称运送速度),计算公式为

$$v_{旅}=\frac{L}{t_{旅}} \tag{2-7}$$

式中　$v_{旅}$——列车旅行速度;

L——列车单程运行距离;

$t_{旅}$——列车单程旅行时间。

(9)旅客输送能力,计算公式为

$$旅客输送能力=\sum(旅客列车数\times列车定员) \tag{2-8}$$

(10)全日车辆总走行公里:轨道交通车辆为运送乘客在运营线路上所走行的里程,它包括图定的车辆空驶里程和由于某种原因列车在中途清客或列车在上述车站通过后仍继续载客的车辆空载里程。计算公式为

$$全日车辆总走行公里=\sum(旅客列车数\times列车编组辆数\times列车运行距离) \tag{2-9}$$

(11)车辆日均走行公里(称日车公里):每一运用车辆每日平均走行公里数。计算公式为

$$车辆日均走行公里=全日车辆总走行公里/\sum全日分时运用车数 \tag{2-10}$$

其中全日运用车辆数可近似地取早高峰小时的运用车辆数。

为了进一步评价新运行图的质量,除计算新运行图的各项指标外,还应与现行运行图进行比较,分析各项指标提高或降低的主要原因。列车运行图经最后批准后,为了保证新图能够正确和顺利地实行,必须在实行新图之前做好下列准备工作:

(1)发布实行新图的命令;

(2)印刷并发布列车运行图和列车时刻表;

(3)拟定保证实现新图的技术组织措施;

(4)组织学习,使职工了解、熟悉新图规定的要求;

(5)做好车辆和司乘人员的调配工作；

(6)根据新图的规定，组织控制中心、各站、车场修订现有工作细则。

2.4 车辆运用计划

车辆运用计划是指在一定类型的设备和行车组织方法条件下，为完成一定的运输任务而制定的车辆使用计划。

2.4.1 车辆运用分类

为完成乘客运送任务，轨道交通必须设置车辆基地，配属一定数量的车辆。车辆按运用上的不同，分为运用车、检修车和备用车三类。

1. 运用车

运用车是指为完成日常客运任务而配备的技术状态良好的车辆。运用车按下式计算：

$$N_{运用}=\frac{n_{高峰}\theta_{列}\ m}{60} \tag{2-11}$$

式中 $N_{运用}$——运用车数(辆)；

$n_{高峰}$——高峰小时开行列车数(列)；

$\theta_{列}$——列车周转时间(min)；

m——列车编组辆数(辆)。

列车周转时间是指列车在线路上往返一次所消耗的全部时间。它包括了列车在各区间的运行时间，在各中间站的停站时间以及在两端折返站的折返停留时间。列车周转时间按下式计算：

$$\theta_{列}=\sum t_{运}+\sum t_{站}+\sum t_{折停} \tag{2-12}$$

式中 $\sum t_{运}$——列车在线路上往返一次各区间运行时间的和(min)；

$\sum t_{站}$——列车在线路上往返一次各中间站停站时间的和(min)；

$\sum t_{折停}$——列车在折返站停留时间的和(min)。

确定运用车组数的方法有分析法和图解法两种。

分析法计算运用车组数的公式如下：

$$N_{车组}=\frac{\theta_{列}}{t_{间隔}} \tag{2-13}$$

式中 $N_{车组}$——运用车组数(组)；

$t_{间隔}$——行车间隔(min)。

图解法确定运用车组数如图 2-14 所示，在列车运行图上，垂直于横轴的截取线(J)与列车运行线、折返站停留列车的交点数即为运用车组数,即 4 组。

2. 检修车

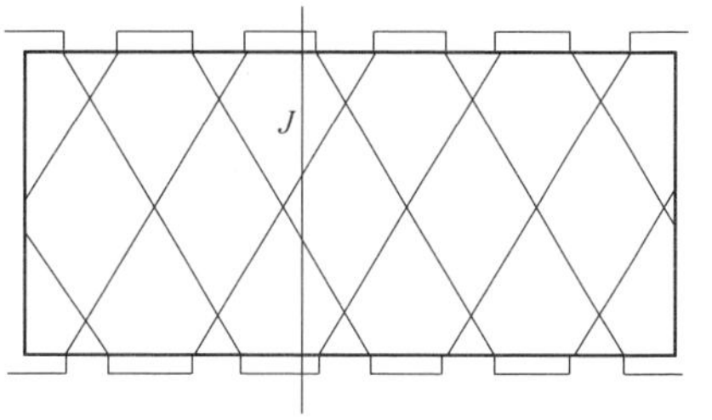

图 2-14 运用车组数图解

检修车是指处于定期检修状态的车辆。城市轨道交通车辆运行一段时间后,各部件和构件由于振动或者磨耗会产生松动、变形或损坏,为确保列车运行安全、保证车辆技术状态良好和延长车辆使用寿命,需要定期对车辆进行各种修程的检修。目前,国内轨道交通实行计划维修和故障维修相结合的车辆检修制度。

城市轨道交通车辆的检修一般分为日检、双周检、月检(双月检)、定修、架修和大修(厂修)。车辆检修修程、检修周期根据车辆各部件使用寿命和车辆运用环境等因素综合考虑确定。在实行预防性计划检修制度时,车辆定期检修通常是按车辆运用时间和走行公里先达到者执行。

所谓日检是指每天的日常检查,对容易出现危及行车安全的各主要部件(如轮对、弹簧、转向架、受电弓、车钩、车门风动开关装置、车体、车灯等)进行外观检查、故障修理。一般安排在列车运营结束回库以后,第二天运营出库之前,不需要另外安排停留时间。

关于车辆检修的双周检、双月检及定修,有些城市轨道交通为了减少车辆扣车时间,保证投入正线运营的车辆数,提出均衡修的概念,即将列车一年的维修保养工作分摊到 12 个月中完成,一般每月修 1 天或 2 天。某地铁线路的车辆检修制度见表 2-10。

表 2-10 车辆检修修程、周期及停时

检修修程	检修周期		检修停时(日)
	运用时间	走行公里(万公里)	
日检	—	—	0
均衡修	—	—	1~2
架修	5 年	50	25
大修	10 年	100	40

3. 备用车

备用车是指为完成临时紧急运输任务或为替换退出运用故障列车而储备的技术状态良好的车辆。备用车数一般控制在运用车数的 10%左右。备用车原则上停放在停车场内或者在线路中具有存车条件的车站(具备存车条件的折返站和中间站)。

2.4.2 车辆运用计划

车辆运用应按计划进行，车辆运用计划根据列车运行图与车辆检修计划进行编制。车辆部门在完成夜间列车检修作业后，根据车辆的修程和状况，向停车场运转部门提供目前车辆的检修情况以及可供使用的列车。停车场运转部门收到车辆部门的列车使用计划后，根据列车运行图的要求（主要是上线列车数量和上线时间），排定运用车组的出段顺序、时间、待发股道和担当车次，以及回段顺序、时间和股道，并在运营开始前和列车回库前分别通知行车调度。

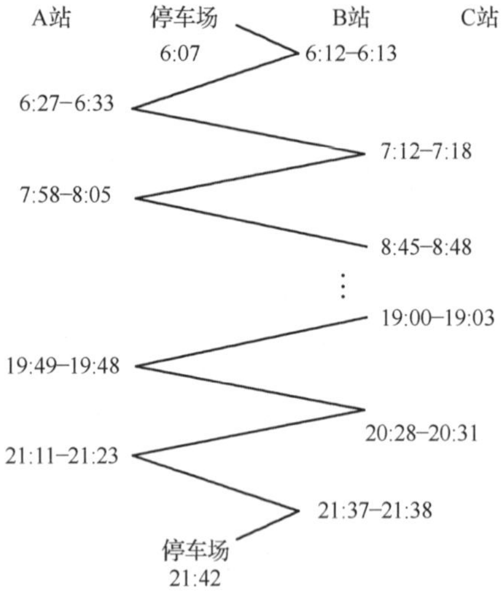

图 2-15　列车周转图

停车场周转部门根据列车运行图铺画列车周转图（图 2-15），车辆运用计划以列车周转图的形式规定了全日对应各出入段顺序的运用车组在正线上往返运行的列车交路，在两端折返站的到、发时刻，以及出入段时间和顺序。同时也对乘务员的出、退勤时间、地点和值乘列车车次以及工间休息和途中用餐等进行了安排。

第3章　列车运行组织

3.1　列车运行概述

3.1.1　列车

列车是指以正线运行为目的、按规定车辆数编成并具有列车标志的车组。电动列车标志包括列车前后两端缓冲梁上方的头灯、尾灯及列车前端右上角列车目的地标志。

列车运行主要是指列车在正线上的运行。在双线行车时，地铁、轻轨列车按右侧单向运行。

按列车用途分类，列车分为：专运列车、载客列车、检测列车、调试列车、空驶列车、救援列车和施工列车。

3.1.2　行车闭塞法

为了保证列车运行的安全，在组织列车运行时，通过设备或人工控制（信号或凭证），使连续发出列车保持一定间隔距离安全行车的办法，称为行车闭塞法。闭塞的作用主要是保证列车在区间行车的安全及提高通过能力。

为了保证列车之间的间隔距离，可采用时间间隔法和空间间隔法来实现。时间间隔法指按一定的时间间隔开行列车，即列车按照事先规定好的时间发车，使两个列车之间间隔按一定的时间运行。但是，当列车在区间内发生了事故（停车或分离等），这种方法就不能保证列车在区间运行的安全。空间间隔法指按一定的空间间隔开行列车，把轨道线路分成若干线段（区间、闭塞分区或轨道电路区段），在每个区段内，只准许一列车运行，即前行列车和后续列车之间保持一定的距离运行。因此，空间间隔法比时间间隔法更安全可靠，正常情况下轨道交通采用空间间隔法行车，只是在特殊情况下，如一切电话中断时才准许采用时间间隔法，并且要有安全保证措施。

闭塞按实现方式，可分为自动闭塞、半自动闭塞、人工闭塞（电话闭塞）。

1. 自动闭塞

自动闭塞就是根据列车运行及有关闭塞分区状态自动变换信号显示，司机凭信号行车的闭塞方法。其特征为：把站间划分为若干闭塞分区，有分区占用检查设备，可以凭通过信号机的显示行车，也可凭机车信号或列车运行控制的车载信号行车；站间能实现列车追踪；办理发车进路时自动办理闭塞手续，自动变换信号显示。

(1)适用条件

在地铁运营期间，电动列车实施列车自动控制系统(ATC)的自动闭塞法行车。

(2)占用区间及发车凭证

采用ATC列车自动控制系统的自动闭塞法行车时，列车占用区间的凭证为列车收到的速度码，列车发车凭证为发车表示器显示的稳定白色灯光。

(3)对行车间隔的要求

采用ATC列车自动控制系统的自动闭塞法行车时，前后相邻列车之间的安全运行间隔由列车自动防护系统(ATP)自动实现。

(4)按区间线路是否划分固定的闭塞分区，自动闭塞信号系统分固定闭塞(含准移动闭塞)和移动闭塞两种。

固定闭塞将区间线路划分为若干个闭塞分区，一般由轨道电路或者计轴装置来划分闭塞分区，同时具有列车定位和占用轨道的检查功能。列车运行间隔为若干个闭塞分区，每个闭塞分区设定速度等级。列车制动的起点和终点总是在分界点位置，追踪目标点为前行列车所占用闭塞分区的始端，后行列车从最高速度开始制动的起始点(计算点)为要求开始减速的闭塞分区的始端，如图3-1所示，目标点和制动起始点相对固定，空间间隔的长度也固定。

固定闭塞在列车运行速度控制方式上有速度码、目标速度和目标距离控制方式。通常所说的准移动闭塞主要指采用目标距离控制方式时的闭塞，但是由于它划分有固定的闭塞分区，所以还是划归为固定闭塞大类。列车运行间隔介于固定闭塞和移动闭塞之间，每个闭塞分区不设定速度等级，采用一次制动。追踪目标点为前行列车所占用闭塞分区的始端，并留有一定的安全距离，后行列车从最高速度开始制动的起始点(计算点)是根据目标距离、目标速度及列车本身的性能计算决定，如图3-1所示，目标点相对固定，但是制动的起始点随着线路参数和列车本身性能不同而变化的，空间间隔的长度也不固定。

移动闭塞没有固定划分的闭塞分区，从闭塞概念上存在虚拟划分的闭塞分区，采用目标距离控制方式。列车运行间隔按后行列车制动距离加上安全防护距离控制，列车运行间隔是动态的，列车制动的起点和终点均无分界点位置限制。追踪目标点为前行列车的尾部，并留有一定的安全距离，后行列车从最高速度开始制动的起始点(计算点)是根据目标距离、目标速度及列车本身的性能计算决定，如图3-1所示，目标点随前行列车移动而移动，制动的起始点随着线路参数和列车本身性能不同而变化。一般采用无线通信和无线定位技术来实现。移动闭塞的列车追踪间隔是最小的，可以达到80 s。

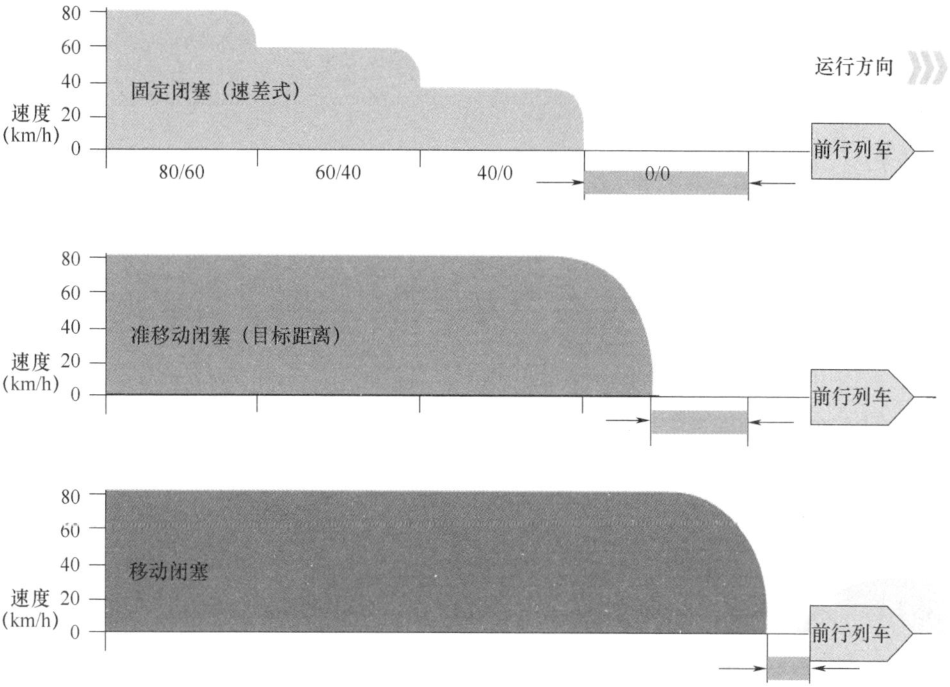

图 3-1　不同闭塞类型的列车追踪间隔

2. 半自动闭塞

半自动闭塞法是指在车站值班员参与下，设备确保一定范围的闭塞空间（如一站一区间、二站两区间）空闲的一种行车闭塞法。采用半自动闭塞法行车时，人工办理闭塞手续，列车凭出站信号机的开放显示作为列车占用区间的凭证，列车出发后出站信号机自动关闭，列车发车间隔达到设定范围的闭塞空间空闲的要求。发车站行车人员必须在办理好闭塞手续后才能开放出站信号机，列车出发后出站信号机自动关闭，列车到达接车站后，由行车人员确认列车完整到达后，办理解除闭塞手续，在未满足设定范围的闭塞空间空闲时，不能再办理闭塞手续，出站信号机不能再次开放。半自动闭塞是轨道交通建设过渡期间使用的一种人机结合办理闭塞的方式，目前使用较少。

3. 电话闭塞

电话闭塞法指无需专门的行车设备，由相邻两站（场、段）通过电话联系形式确认区间空闲，并以发出电话记录号码的方式办理闭塞的行车组织方法。电话闭塞法的启用、取消及实施区段根据行车调度发布的调度命令内容执行。

办理电话闭塞法时通过发车站和接车站之间的电话联系，在证实区间空闲的前提下，由调度员向车站值班员下达书面命令启用，发车站值班员填写路票，并交与司机，列车司机根据路票的指令运行至接车站；列车到达接车站后，司机将路票交还给接车站值班员，区间闭塞解除。这种闭塞方法在交接凭证和检查区间空闲状态，都是依靠人工来完成。

(1)适用条件

地铁运营初期基本闭塞设备尚未安装到位或基本闭塞设备发生故障不能使用，或在夜间停营期间开行工程列车、轨道车或其他非规定制式列车，或在其他特殊情况时，为达到区间内只有一列车运行目的而采用的闭塞法。

(2)占用区间凭证及发车凭证

采用电话闭塞法行车时，列车、轨道车、工程车站间行车[运行至下一车站(场、段)]的凭证为路票，发车凭证为车站助理值班员的发车手信号。

(3)对发车间隔的要求

采用电话闭塞法行车时，列车发车间隔必须达到“设定范围的闭塞空间”(终端站除外)的要求。

3.1.3 联锁

1. 联锁的定义及作用

联锁是信号、进路及道岔间相互依存，相互制约的关系，同时是保证列车在车站范围内行车安全及提高通过能力的方式。进路是指列车或者车列运行的路径，进路的排列涉及道岔位置的转换，道岔开通的位置决定了列车运行的进路，信号机起到防护列车运行进路的作用。

2. 联锁关系

(1)进路的联锁要求

① 建立进路

所谓建立进路，就是把进路上的道岔转换到进路所要求的位置，开放防护该进路的信号机。进路的始端一般为信号机，进路包括信号机所防护的轨道区段和道岔，一架信号机同时可防护几条进路，即可作为几条进路的始端；进路的终端可以是信号机、站界标以及警冲标、股道终端。调车进路和列车进路一样，始端是由防护该调车进路的调车信号机和出站兼调车信号机开始，终端则视具体情况而定。进路分接车进路、发车进路、调车进路、通过进路。

建立进路：按压进路始、终端按钮，使相应的选路电路工作(进路上道岔，由进路的终端至始端顺序动作)；检查所选进路上道岔位置正确、进路空闲、敌对进路没有建立；锁闭所选进路上的所有道岔；取消敌对进路建立的可能性；开放相应的信号。

② 进路锁闭与解锁

进路的锁闭和解锁是指进路中的道岔区段的锁闭和解锁。为了保证行车安全，信号开放时，必须把进路上所有的道岔锁闭在规定的位置，并且把敌对信号机锁闭在未建立的状态，这种锁闭叫进路锁闭。解锁指列车通过所排列的进路，联锁设备自动解除道岔的电气锁闭，允许道岔动作。进路锁闭有2种：预先锁闭和完全锁闭。进路的解锁方式有3种：取消进路的解锁、正常解锁和人工解锁。

a. 预先锁闭和解锁

当进路锁闭，且信号机开放后，但列车尚未驶入接近区段，进路处于预先锁闭状态。如果此时关闭信号机，锁闭的进路可立即解锁。解除预先锁闭可以采用直接取消进路方式。

b. 完全锁闭和解锁

当进路锁闭，且信号开放后，列车已驶入接近区段，进路已处于完全锁闭状态（接近锁闭）。如果此时关闭信号，进路不允许立即解锁。完全锁闭有两种解锁方式：正常解锁和人工解锁（或称限时解锁）。

正常解锁指列车由进路始端进入，驶离进路终端后，进路自动解锁，可分为一次解锁和逐段解锁两种方式。一次解锁指列车通过全部道岔区段以后，进路一次性解除锁闭。逐段解锁指列车每通过一段轨道区段就立即解锁一段，但逐段解锁必须进行3点检查：检查待解锁区段及其后方区段的占用和出清，以及待解锁区段前方区段的占用状态。

人工解锁指当列车驶入接近区段后，列车没有通过进路，而需要临时变更进路时，或者当列车通过进路而进路不能用正常解锁时，或者由于停电等非正常情况，引起区段锁闭时，为了使原有的进路解锁，而采用的进路非正常解锁方式。一般是车站值班员，按压控制台或者计算机的总人工解锁按钮，并按压相应的道岔区段故障解锁按钮，一般有30 s或1 min的延时。人工解锁必须确认无车占用，保证安全情况下慎重使用。

c. 轨道电路

轨道电路主要可以检测列车所在位置和向列车传输速度或距离信息。轨道电路可分为有绝缘轨道电路（设置绝缘节）和无绝缘轨道电路[设置S型连接器（S-bond）或阻抗连接器等]。

轨道电路可划分为：道岔区段轨道电路、无岔区段轨道电路、站内轨道电路和区间轨道电路等。轨道电路由送电端和受电端（轨道继电器）组成，具体原理如图3-2所示。

当轨道电路内钢轨完整，且没有列车占用时，轨道电路继电器吸起，表示轨道

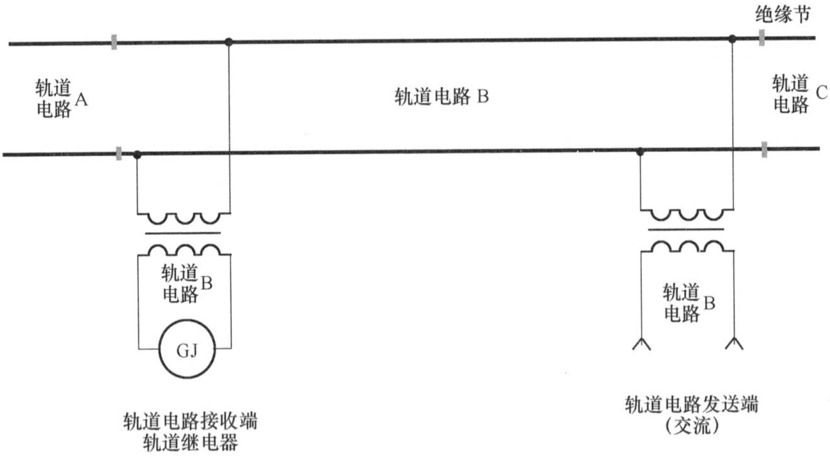

图 3-2 轨道电路原理图

电路空闲,没有列车占用。当列车进入轨道区段,轨道电路电流被列车轮对分路,导致轨道继电器落下,表示该轨道区段已被列车占用。

(2)道岔的联锁要求

道岔根据建立进路的要求而自动转动,道岔转动必须满足:①道岔区段空闲或者区段没有锁闭;②进路在解锁状态,即进路没有锁闭;③通过办理进路操纵(按压进路的始端和终端按钮)或单独操纵道岔(按压定位和反位操纵按钮);④道岔没有被单锁。

道岔转动一经启动,必须转到底,并锁在所处位置;道岔转不到底(有异物等)可以反转回原来位置,以防电机过载,不允许道岔处在四开状态;道岔转换结束,自动切断电机电路。如果道岔被挤,应有挤岔表示。

列车或者车辆通过道岔时,道岔不能转换;信号机开放后,该进路上的有关道岔不能扳动,其敌对信号机不能开放。

(3)信号的联锁要求

根据联锁要求,信号机开放必须满足一定的条件:

① 进路上的道岔,都已经处于进路所要求的位置并已经被锁闭;

② 进路上所有的轨道区段都处于空闲状态;

③ 与所建立进路的敌对进路没有建立;

④ 除了自动信号与连续通过信号,不允许信号自动重复开放;

⑤ 进站信号机的红灯灯丝必须完好。

当进路上有关道岔开通位置不对或敌对信号机未关闭时,该信号机不能开放;列车进路向占用线路上开通时,有关信号机不能开放(引导信号除外);被挤道岔未恢复前,有关信号机不能开放。

列车进入信号机内方后,信号自动关闭;进路取消或人工解锁时信号机关闭;道岔发生挤岔,防护该进路的信号机自动关闭。

3. 联锁设备

城市轨道交通联锁主要采用集中联锁方式,采用集中联锁时所有道岔和信号机都由车站值班员集中操纵。集中联锁包括电气集中联锁和计算机联锁两种。

电气集中联锁是由继电器组成的逻辑电路来实现各种联锁关系。计算机联锁用计算机完成联锁逻辑关系的联锁装置,除了输出接口部分是继电器以外,都由计算机完成。目前城市轨道交通较多采用这种联锁方式。

3.2　正常情况下的列车运行组织

3.2.1　列车运行组织作业流程

1. 运营开始前

(1)控制中心

控制中心负责确认线路上所有施工检修作业已经完成、注销,线路空闲,无侵限,触网供电设备运行正常;根据运营计划,与场内行车人员核对运行图,并听取当日运用车使用情况汇报,建立或核对当日运用的时刻表(计划运行图),并检查时刻表内容无误;检查无线对讲系统,确认无干扰,通话质量良好;确认CCTV、广播、电话等设备正常;确认控制中心的ATS设备(CATS)主机、通信机工作正常,工作站以行车调度口令登录,并处于在线联机状态,清除告警窗内所有无效的告警;确认中央工作站、显示屏显示正确、一致,所有集中站控制权按调度指令处于正常状态,线路无异常占用。运营前30 min,对全线信号设备(道岔、信号机)进行测试,确认运行方向、道岔位置、信号机状态、进路显示正确;各终端站折返模式在主用状态或处于正常循环模式,系统的调整方式处于自动调整;以CATS系统时间为标准,与车站值班员、运转值班员校对时间。

(2)车站

车站负责确认车站管辖范围内所有施工检修作业已经完成、注销,线路空闲,无侵限,运营设备运行正常;对本站信号设备(道岔、信号机)进行测试,道岔位置及信号机状态、进路显示正确;开启相关运营设备,打开车站出入口卷帘门。

(3)信号楼/运转值班室

信号楼/运转值班室确认场内所有影响列车出库的检修施工已注销,出库进路空闲,无侵限,触网供电设备运行正常;确认场内信号设备(道岔、信号机)状态正常;确认电动列车投运列数符合当日运行计划要求,并对当日运用车使用情况向调度进行汇报；严格按列车时刻表做好列车发车工作，与行车调度校对以控制中心ATS钟点为准的钟表时间，负责列车司机在出乘前的钟表时间对校。

(4)司机

司机按规定对列车进行技术作业检查，确认列车无线电话和车厢广播使用功能良好，确认车载ATC设备正常、铅封良好，确认车辆设备良好，并在出乘前向运转值班室校对钟表时间。

2. 日常运营

控制中心以调令方式通知各行车岗位人员运营开始及当日运营计划，并监控列车的运行；信号楼/运转值班室根据运营计划进行发车作业；车站监视列车的运行，做好车站的客运组织作业；司机负责日常的列车驾驶。

(1)出场作业

列车在转换轨一度停车，接收ATP信息，转换至规定的驾驶模式并确认允许的出场信号后方可动车进入正线，如超过一定的图定出场时间，信号机还未正常开放，及时与行车调度联系。

(2)区间运行

司机根据接收到的允许速度码及轨旁信号机的允许信号行车，行车期间必须做好瞭望工作，并按规定进行列车广播；遇紧急情况立即采取停车措施，汇报行车调度，按行车调度命令执行；行车调度对运营异常列车应及时询问，如有设备故障及时通知相关部门，并根据现场情况及时发布相应调度命令。

(3)车站到达

司机进站前加强瞭望，并按规定广播；遇紧急情况必须立即采取停车措施，汇报行车调度。车站做好列车到达广播工作，维持站台秩序。

(4)乘客乘降

列车到站停准后司机进行车门、屏蔽门的开启，监护乘客上下列车，确认发车表示器指令，待乘客乘降作业基本完毕，关闭车门、屏蔽门，确认无夹人、夹物后，进行出发作业。车站做好广播和站台秩序维护工作。

(5)车站出发

司机确认收到允许速度码，防护信号机显示允许信号后动车。此时司机必须加强瞭望，并按规定进行广播。车站做好广播和站台秩序维护工作。

(6)列车折返

列车在折返车站须进行清客作业，列车进出折返线按照“正线调车”规定执行。列车在折返线按规定位置停车后，司机进行操纵端转换作业。车站做好广播和站台秩序维护工作。

(7)入场作业

入场列车不得携带乘客，车场行车人员负责根据运行图或调度命令，办理入场信号的开放，列车在转换轨处转换驾驶模式，退出正线系统。

3. 运营结束后

控制中心负责安排列车回库，待所有运营列车回库后，以调令方式通知各行车岗位运营结束。打印当日运行图，完成运营质量统计及各类记录的填记、汇总。根据施工计划安排施工作业。

车站关闭客运服务设备，清场完毕，关闭出入口和设备电源，车站工作人员对车站进行安全巡视。根据施工计划办理要点、登记和注销手续。

信号楼/运转值班室填记工作日报表，安排列车回库配合检修、洗车作业。根据施工、调试计划安排调车计划。

司机驾驶列车入场后，退出无线注册，完成运营情况记录单并交运转值班员。

3.2.2　列车运行调整

列车在行车过程中由于设备故障、乘降拥挤、途中运缓或作业延误等原因，发生列车延误时，需根据列车运行的实际情况及时进行调整，按恢复正点和行车安全兼顾的原则，尽可能在最短时间内使列车恢复正点运行。

在进行列车运行调整时，须考虑到列车运行调整后对运营的影响，服务的影响。正常情况下，当列车出现延误时调整方式主要有：扣车、调整终点站发点，改变运行等级(调整区间运行时分)，调整停站时间，运休列车(收车)，加开列车，列车替开，变更交路，改变折返方式，载客通过等。

1. 扣车

遇突发情况时，为防止列车可能在区间长时间停留或列车进入前方非安全区段，可采用扣车进行运行调整。扣车指通过将列车扣停于车站站台，增加列车在车站的停站时间，达到确保列车安全、实现运行调整。因安全因素进行的扣车，必须在确认安全后方可取消扣车；因运行调整而进行的扣车作业，原则上单站扣车时间不大于5 min。

2. 调整终点站发点

由于某种原因，实际列车上线数少于图定列车数或线路发生拥堵时，可采用调整终点站发点措施；遇早高峰时段，为避免列车晚点，也可采取终点站早发措施，但应控制在2 min内。

3. 改变列车运行等级(调整区间运行时分)

除线路故障造成的区间限速外，为减少或增加列车在区间的运行时分，可采用改变列车运行等级的措施进行运行调整。

4. 调整停站时间

通过扣车或更改车站停站时间，以缩短列车与前后列车的间隔。

5. 运休列车（收车）

由于设备故障等原因，造成线路拥堵严重，可采取安排列车回库、进存车线（折返线）停运的措施。

6. 加开列车

遇突发性客流增加或列车晚点造成客流积聚时，可进行备车的加开，达到增加运力，缓解客流压力。

7. 列车替开

为减少列车晚点，可采用备车替开计划列车（换表）措施，恢复列车按图行车。

8. 变更交路

如前方区段异常，不允许列车进入或为均衡不同区段列车运能（大小交路列车密度的变更，上下行列车密度的变更），可采用变更列车终到目的地措施，进行运行调整。

9. 改变折返方式

当终点站具有 2 条及以上折返线时，在列车高密度到达的情况下，可采取 2 条折返线交替折返，以缓解车站的到达压力，有效及时地开通区间；当终点站具备站前站后折返模式时，在站后折返设备发生故障时（如道岔故障），可采用站前折返方式，有效降低故障影响。

10. 载客通过

在车站不具备乘客安全乘降条件以及列车晚点可能或已经造成后续列车发生拥堵时，可安排载客列车在部分车站通过，以达到恢复行车间隔，确保线路通畅和乘客人身安全的目的。载客通过是调整列车运行间隔，组织按图行车的重要手段，作业要求如下：

（1）广播故障的列车、车站不办理通过作业。

（2）在高峰时段，凡不影响后续列车正点运行及该车在始发站出发时间，不准客车通过。

（3）图定载客的首、末班车（对外公布承诺的首、末班车）不办理通过作业。

（4）与后续列车间隔大于 8 min（图定行车间隔大于 15 min 以上）的不办理通过作业。

（5）不允许办理连续 2 列车载客通过同一车站。

（6）原则上载客通过的列车一次通过车站不得超过 3 站。

（7）通过车站作业原则上在始发站乘客上车前安排，如必须在中途办理载客通过作业时，应提前 2 站通知有关车站、司机（危及行车、人身安全、公安指令等突发情况除外)，由车站、司机做好广播宣传工作。

(8)载客通过车站时列车限速 45 km/h，有屏蔽门车站在屏蔽门关闭时限速 60 km/h(如列车速度码低于限速要求，按照速度码要求运行)。

(9)载客通过指令的下达，应首先通知车站，再布置列车执行。书面跳停命令，由始发车站交司机(书面跳停命令，针对有计划和长时间跳停的区段、车站，如节日期间车站按计划封站、新线开通等，临时跳停按口头命名执行)。

(10)载客通过执行的方式有：根据不同线路的信号特征及车辆特征，一般情况下可以分为列车设置、中央设置和车站设置 3 种。

3.2.3 非运营列车作业

1. 调试列车

调试列车作业原则上在非运营期间执行，作业包括车辆调试、信号调试及其他需用列车完成的测试作业。司机负责调试列车车况检查，若车况不符合调试要求，汇报行车调度，行车调度可取消调试计划；动车调试作业须由行车调度发布书面命令，司机根据调度命令规定的行车作业方式出入库、运行至规定车站，调试过程由调试负责人负责指挥调试作业。运营期间的调试作业，调试列车必须具备完备的信号系统，严禁安排调试列车进行载客作业。

2. 施工列车、检测列车

工程车辆原则上在非运营期间开行，运营期间开行需经批准后方可执行。工程车辆在进入运营线路前，施工负责人必须对其技术状态进行全面检查，确保行车和设备安全；工程车辆进出运营线路必须办理施工计划，并由行车调度发布书面命令，列车根据调度命令规定的行车作业方式开行。工程车辆运行途中不得解编，推进运行时须由列车前部调车员进行引导。

3. 转线车辆

转线作业原则上在非运营期间执行，运营期间开行需经批准后方可执行。转线车辆在转线作业前，必须对其技术状态进行全面检查，确保行车和设备安全；转线作业必须由行车调度发布书面命令，列车根据调度命令规定的行车作业方式由车场运行至转线接口车站，两线接口车站间列车以电话闭塞法运行；转线车辆到达邻线接口车站后根据调度命令规定的行车作业方式运行至邻线车场。

3.2.4 施工检修作业管理

城市轨道交通各专业系统设备都有一定的检修维护要求，在保证正常运营的前提下，设备检修维护、调试等工作都安排在运营结束以后，集中在同一个有限的时间、空间和工作平面内完成。因此，车站的施工检修作业必须统一计划、统一指挥、统一组织、统一协调。

施工检修作业指影响线路设备功能、使用和行车安全的各种施工。施工检修作业必须坚持“确保安全、统筹兼顾，提高效率”的方针，贯彻执行“列车运行、施工兼顾”的原则。“按照专业管理、流程控制、协调配合、分工负责”的要求，共同确保施工检修和列车运行安全。

1. 施工检修作业的分类

(1)施工检修作业按照施工性质可以分为不影响行车作业的施工和影响行车作业的施工两类。

① 不影响行车作业的施工检修作业

不影响行车作业的施工是指在车站进行的不影响正线运营的施工检修作业，无须经行车调度员批准，在确保不影响安全的情况下，由车站值班员安排落实，如站厅更换广告牌等。

② 影响行车作业的施工检修作业

影响行车作业的施工是指在车站进行的影响正线运营的施工检修作业，必须经行车调度员批准，由车站值班员审核施工计划单与施工通告一致，上报并征得行车调度员同意后方可进行施工，例如信号设备检修、道岔检修等作业。

施工性质的确认主要根据施工中是否进入线路，施工中是否动用或影响行车设备，在车站站台进行施工是否侵入限界。如果施工作业内容符合 3 项中任意一项或一项以上的就认定为影响行车的施工检修作业。

(2)施工检修作业按作业性质、覆盖范围及影响程度分为日常作业施工、专项与大修作业施工及抢修施工 3 类。

① 日常作业施工指影响列车运行的信号、联锁、闭塞、通信、传输、供电、触网、车辆、线路、隧道(桥梁)、车站等设备的日常维护、检修、试/实验、监护，且施工结束后设备状态及功能不发生改变的作业，列车在运营线路内进行的司机培训、列车转线、转场等施工作业。

② 专项与大修作业施工指线路的信号、联锁、闭塞、通信、传输、供电、触网、车辆、线路、隧道(桥梁)、车站等设备的安装、调试、改造、扩容、大中修工程等作业项目，涉及改变设备功能、状态或设备功能产生限制条件的作业，在列车运营线路内进行的车辆调试、信号调试作业，涉及上层网的通信、传输设备调试、扩容、改造作业，涉及 110 kV 及以上主变电站停役超过 24 h 的施工检修作业，外部施工(建筑、桥梁、管道、电力通信线路)涉及影响列车运行线路安全的线路保护作业，在列车运营线路内进行的运营演练。

③ 抢修施工指线路的信号、联锁、闭塞、通信、传输、供电、触网、车辆、线路、隧道(桥梁)、车站等设备发生故障从而危及行车安全或大幅降低行车效率，须立即或

在运营结束后安排组织抢修的施工作业。

2. 施工检修作业计划

施工检修作业计划由需进行施工检修的单位申报，统一由指定的部门进行审核、协调、批复，最终编制计划下发申报单位、车站及有关施工部门。施工检修作业根据施工检修计划时间可分为季度计划、周计划和抢修计划。

3. 施工检修作业的办理

城市轨道交通运营管理单位应制定《施工检修作业管理办法》，并严格按规定办理施工检修作业。总调度所负责编制施工检修作业计划，并组织实施和监督实施，按照施工要求进行设备停送电操作以及发布施工及动车的调度命令。车站值班员负责车站管辖范围内的施工作业，审核施工登记人员的资质及办理施工登记、注销手续，负责施工开始前的作业交底、安全交底，作业过程中的组织、指挥，并进行施工作业前安全措施的落实、撤除、检查、签认，结束后确保施工场所工完场清，人员撤离，现场处于安全状态。

(1)施工登记

施工负责人在人员、工具、物资等准备工作全部到位后，凭已批准的施工申请单和有效工作证件提前 15 min 到对应车站登记申请要点。车站值班员在确认施工负责人的身份以及施工申请单与施工通告一致后，要求施工负责人进行统一登记，并向调度员申请施工要点。调度员在接到车站值班员的汇报后，根据施工检修计划通告的安排，确认具备施工条件，发布许可作业的施工令号。施工负责人在接到车站值班员的施工许可通知后，确认作业起止时间及作业范围，在采取必要的安全防护措施后，方可进入线路开始施工作业。施工作业令登记号是区间封锁，施工作业人员占用区间的凭证。施工检修作业的登记、注销手续，原则上在同一地点办理。

(2)施工注销

施工检修作业应在规定时间内进行注销作业，注销前施工负责人应确认工完场清、现场无遗留的施工机具、施工防护措施撤除、具备正常行车作业条件，若施工检修作业中动用了与运营有关的设备，需在施工结束后通知该设备管理单位和使用单位检查确认，试验完好恢复正常运营状态后方可办理施工注销手续。施工负责人向车站值班员申请注销，车站值班员确认施工结束，设备试验正常以及施工场地、人员、工具清，办理注销手续，向行车调度员汇报，由行车调度员发布施工注销命令号码。接到注销命令号码后，施工负责人方可离开。施工作业注销令号是人员出清线路，区间封锁解除，区间空闲的凭证。

(3)施工延长

施工方因特殊情况不能按时完工时，施工负责人应在原定施工检修截止时间前 20 min 与车站值班员联系。车站值班员接延时施工申请后与行车调度员联系，得到批准后方可延长到许可的作业时间。施工方在不注销原施工的情况下对延时施工进行重新登记，施工命令号不变，延时施工登记的开始时间就是施工负责人对延时施工的申请时间。在规定的延时时间内完成施工作业后，按施工注销要求办理施工注销，施工负责人对延时施工和原施工同时注销。二次施工注销采用同一命令号，原施工的注销时间即是延时施工的开始时间，车站值班员将注销命令号填写在两次施工的施工结果栏右上方，并签字确认。

4. 施工异地注销

异地注销车站必须为实际施工区段内的车站。如需办理异地注销作业，施工负责人应在施工登记时向登记站值班员说明施工注销地点。施工登记站值班员在向调度员进行施工要点时，需将异地注销情况告知调度员，在得到调度员同意施工的施工令号后，登记站行车值班员应通知注销点行车值班员，两站均须做好施工登记记录。施工结束后，施工负责人到注销站向值班员申请注销，经调度员同意后下达施工注销号，注销站值班员负责将注销号通知登记站值班员。登记站车站值班员在接注销站车站值班员电话后，办理施工异地注销登记。

5. 动车施工检修作业

动车施工是指在施工过程中需要列车（含工程车、调车机车）配合的检修作业。动车施工前必须编制专项的施工组织方案，明确施工负责人、施工内容、施工区段、停车点、施工作业时间、发车点、列车类型、编组形式、列车数量、运行路径、进路要求、列车作业速度、安全防护措施等作业内容。

施工列车由停车点运行至施工作业登记点或由施工作业注销点运行至停车点的运行，由行车调度负责组织行车人员实施，按照行车调度发布的调度命令规定的闭塞方式行车。在施工列车到达施工登记地点，施工负责人提出施工申请后，行车调度应按照施工方案中明确的进路要求，预先办理好施工区段内的列车进路，确保施工区段内进路开通且道岔锁闭；行车调度将进路准备完毕后，方可发布封锁区间的调度命令与施工登记号码。

施工负责人在得到允许施工调度命令与施工登记号码后，方可开始动车施工作业。自此时起至施工注销时止，施工区段内的列车运行由施工负责人负责指挥，如因调试需要需对列车运行的进路进行变更时，施工负责人或施工方案中指定的专人须至相应车站办理进路准备（开通路径）的申请，车站值班员根据施工单位提出的列车运行路径需求，准备列车运行所需的进路，并确保道岔位置锁闭。施工负责人应随时掌握施工区段内的进路、道岔位置变更情况（开通路径情况），在确认列车前方行车路径上的进路及道岔位置符合施工作业要求时，方可命令列车动车，行车运行过程中，列车司机根据施工负责人或施工方案中指定的专人的命令驾驶列车。

在动车施工过程中，如涉及信号调试作业，施工单位需动用ATS设备时，施工单位需在施工组织方案中提出明确要求，由施工负责人或施工方案中指定的专人负责进路准备及列车的指挥工作，并负责列车运行过程中设备、人员的安全。自调度命令、施工登记号发布时起，施工区段内的ATS设备操作权移交给施工单位。当列车运行的进路是通过排列进路确保道岔锁闭、开放信号机的方式或通过道岔单操单锁、手摇道岔加钩锁器方式或排列与列车行进方向反向的进路确保道岔锁闭、信号机不开放的方式的，施工负责人应向司机进行明确交底，命令列车司机按照信号方式行车。

6. 特殊的车站施工作业

(1)接触网停电施工

距离接触网小于1 m的施工检修作业须申请接触网停电，作业期间须做好验电、挂接地线等安全措施。施工负责人在得到行调同意的施工登记号后请具有相应资格的人员(持证上岗)进行相关区段的触网验电、挂接地线；接地线应挂在施工作业面两端施工人员可视范围内，不得超过施工区段范围。在确认施工所需的触网验电、挂接地线等安全措施全部完成后，方可开始施工。施工结束后，应及时拆除接地线，在确认所有防护措施撤除后，方可办理施工注销手续。停电施工作业过程中发生跳闸短路现象，应保护现场，并立即撤离施工人员。

(2)车站动火施工

施工作业过程中如要进行动火作业，必须按照相关动火管理规定办理施工动火审批，严禁在无动火证的情况下进行动火作业。运营期间施工方如需在车站进行动火施工作业，车站先确认相关单位开出的动火证在有效期内，动火操作人员持有有效的操作证；再确认施工地点无易燃易爆品，具有相应的消防设施、有安全隔离措施；如施工地点附近无消防设施，车站必须借手提式灭火机给施工方；在施工结束后，车站必须确认现场无火灾隐患方可办理施工注销。

(3)车站道岔及站界内股道清扫作业

① 车站道岔的擦拭作业

道岔必须每天擦拭，由专人负责。车站行车值班员须在根据检修施工通告和相关调度命令确认无动车作业的情况下，向调度所申请擦拭车站道岔，经总调度所同意、下放控制权并下达调度命令号码，作业人员在车站按规定办理登记。道岔擦拭时，应在操纵台对擦拭道岔进行单锁，车站控制室要有人监护，不准随意扳动道岔；擦拭道岔人员一律穿绝缘鞋，披反光背心，携带对讲机，擦拭前施放木楔，无关人员不得擅自进入道岔区；如需转换道岔，室内监护人员与现场擦拭人员应进行联系，说明道岔号码及定、反位，现场擦拭人员要离开道岔。道岔擦拭完毕，要认真清理现场，清点工具，撤除木楔，并检查有无妨碍列车运行及道岔转换的物品；试验道岔及确认良好后，与行车调度员办理控制权上交手续并按规定办理注销；将擦拭的道岔编号及擦拭后试验情况填写在“车站生产日志”。

② 车站站界内股道的清扫作业

车站值班员须在根据检修施工通告确认无跟踪动车，且未接到调度所临时增开列车的调度命令的情况下，于图定末班列车前方站开出后向调度所申请清扫车站站界内股道。经调度所同意并下达调度命令号码，车站行车值班员与相邻车站联系，作业人员在车站登记、做好安全防护后(如有必要须带好通信工具)，清扫作业方可开始。清扫一条股道的作业时间一般不超过 15 min。作业完毕必须立即向调度所办理注销手续。

7. 施工作业安全防护

(1)凡需进入线路的施工必须为 2 人及以上，设置专人防护，作业人员必须穿着反光背心，在作业点两端设置安全警示标志，并根据作业性质及作业要求使用其他安全防护用品。

(2)动车作业区域原则上不安排其他施工检修作业，两列或两列以上动车在同一线路同时作业时，相邻动车的安全防护距离至少为两站一区间或一站两区间。

(3)动车作业与人工作业在同一线路同时作业时，人工作业与动车作业的安全防护距离至少为一站一区间。

(4)电动列车作业与接触网停电在同一线路同时作业时，电客车作业所在的供电区段与接触网停电区段的安全防护距离至少为一个供电区段。

(5)在线路安全防护要求与接触网安全防护要求同时存在的情况下，应选取较大值。

(6)特殊的施工检修作业必须有特殊的安全防护规定，如接触网停电施工和动火施工的安全防护。

3.3 非正常情况下的列车运行组织

非正常情况主要是指列车运行控制等设备出现故障，本线或其他线路发生突发事件，列车需降级运行或无法继续执行正常的计划。

3.3.1 信号系统故障时的列车运行组织

1. ATC 系统故障

ATC 系统故障是指 ATP、ATS 和 ATO 3 个子系统发生故障，此时列车运行组织方法如下：

(1)ATO发生故障,列车驾驶模式应降级为ATP人工驾驶,在ATP车载设备的监护下,按速度码显示运行。

(2)ATP车载设备发生故障,列车接收不到速度码。故障列车行车闭塞方式由自动闭塞降级为人工闭塞,按照人工限速模式或切除ATP驾驶模式运行,并按照规定的速度运行至就近的存车线、折返线或出入库线退出运营。

(3)ATP轨旁设备发生故障,ATO车载设备接收不到速度码。此时如是小范围的设备故障,在确认故障区段无列车占用且闭塞条件满足行车安全条件后,列车可以按照人工限速或切除ATP的驾驶模式运行,并按照规定的速度通过故障区段;如是大范围的设备故障(两个及其以上站间区间),则停止使用自动闭塞法(ATC自动闭塞),改为集中站人工控制,实施集中站间电话闭塞法行车。

(4)ATS子系统自动功能发生故障,改为调度集中控制,由行车调度员人工排列列车进路和进行列车运行调整。在控制中心对所管辖的信号机或道岔失去控制作用或控制中心显示屏或显示器失去显示作用或不能正常显示时,由调度集中控制(中控)改为集中站局部控制(站控),由集中站行车值班员办理闭塞、排列进路、开闭信号和接发列车。

2. 集中站电气联锁故障或计算机联锁故障

集中站电气联锁故障或计算机联锁故障,进路无法排列,道岔失去联锁保护。必须安排扳道员至现场采取手摇道岔并加钩锁器确保列车进路安全。如果多个集中站发生故障,则改为电话闭塞法行车。

3. 手摇道岔接发车

发生信号或道岔故障,需以手摇道岔方式接发列车时,列车控制方式应由中控改为站控,由车站派出扳道员到现场,手摇道岔并加钩锁器确保进路安全,人工向列车发送手信号接发列车。

4. 列车切除ATP

列车发生车辆或信号故障,必须切除ATP运行时。故障列车的行车闭塞方式由自动闭塞降级为人工闭塞,行车调度专人监控指挥确保列车安全,进路由人工预先办理,按照规定的速度运行至就近的存车线、折返线或出入库线退出运营。

一般,切除ATP的列车必须立即在最近的车站清客,运行时应确保切除ATP列车与前方列车至少保持一站一区间的安全距离,同一时段线路上切除ATP运行的列车数量原则上不超过2列。

3.3.2 其他正常情况下的列车运行组织

1. 列车故障救援

运营列车故障需要救援时,行车调度指定救援列车,发布连挂列车行车方式、运行目的地及动车的救援命令，列车进路由人工预先排列，连挂列车按照规定的速度就近退出运营线路。

一般情况下，连挂列车运行时应确保切除 ATP 列车与前方列车至少保持一站一区间的安全距离；列车救援时遵循正向救援的原则，正向救援是指由故障车的后续列车担当救援列车实施救援。救援列车原则上应由非载客列车担任，救援列车和被救援列车在车站时必须先清客再执行救援作业。被救援列车在区间时救援作业完毕后必须在就近车站清客。特殊情况下也可由载客列车担任救援列车，在救援连挂完毕且在就近车站清客后，连挂列车才能退出运营。

2. 列车反向运行

当列车反向运行时，列车进路由人工排列，行车调度员下达列车运行方向、运行终点、运行方式和速度的调度命令。行车调度安排专人对列车运行过程进行全程监控，并做好反向运行列车与对向列车的安全间隔防护。

一般情况下，具备反向 ATP 防护功能的，运行列车根据 ATP 指令速度运行；不具备的 ATP 防护功能的，按照切除 ATP 的作业规定执行；反向运行列车与对向列车的安全间隔原则上至少保持一站一区间的空闲。

3. 列车退行

列车办理停站作业时越过规定停车位置，且列车冲出站台不超过 1 节车厢，后方列车距站台末端大于 100 m，方可组织列车退行，如不满足上述条件，列车在该站办理通过作业。

列车退行进路（含防护进路）上所有道岔位置锁闭于正确位置，由人工确认进路安全。司机得到允许退行的调度命令后，按照规定的驾驶模式、速度进行退行对位作业，列车退行对位必须得到调度命令授权，严禁擅自退行。

4. 屏蔽门/安全门故障

（1）滑动门无法打开

当列车停稳，有 1～2 扇滑动门无法正常开启时，对应列车车门的乘降作业改由其他车门进行。门体故障无法排除时，车站先打开每节车厢对应的一扇滑动门办理上下客作业，若故障处理超过 5 min 时仍无法排除时，则可安排列车在本站办理通过作业。

（2）滑动门无法关闭

当列车车门关闭，有 1～2 扇滑动门不能正常关闭时，对故障门体采取隔离停用或互锁解除激活的措施处置。当多扇或全部滑动门不能正常关闭且故障无法排除时，可对故障门体采取隔离停用、激活互锁解除或单侧屏蔽门/安全门弃用的措施停用。

(3)列车无速度码

当站台端控制盘显示屏蔽门关闭、车门关闭且状态良好,车载设备无故障,但列车无法收到速度码的情况时,在确认无夹人夹物后,可采取激活互锁解除的措施处置,待列车驶离站台后将屏蔽门运行模式切换至手动控制模式。若后续列车在发车时故障仍无法排除,在采取激活互锁解除的措施处置后,采取单侧屏蔽门/安全门弃用的措施停用。

(4)门体发生“打火”现象

当屏蔽门门体发生“打火”现象,应立即采取该侧屏蔽门/安全门停电弃用的措施,同时电力调度配合车站进行相应的电力操作。若故障仍未排除,在采取激活互锁解除的措施处置后,采取单侧屏蔽门/安全门弃用的措施停用。

5. 人车冲突

当发生人车冲突后,车站立即激活站台紧急关闭按钮,保护现场处置人员的安全,紧急关闭按钮需在下线路处置人员全部出清线路后方可恢复。

人车冲突发生在侧式站台的站线时,应及时封锁相邻线路的行车作业,必须将邻线后续列车扣在后方车站或令其站外停车;若站台区域邻线已经有车处于发车状态,可令列车确认安全后,手动驾驶限速通过。

6. 外来人员进入区间

当发生外来人员进入区间后,事发区间立即打开区间照明,两端车站派出工作人员封堵两端站台出口。

行车调度通知车站派员登乘列车,列车以人工驾驶模式限速进入事发区间查看,发现擅闯人员应随时停车,并将人带上列车客室送至下一车站警务站处理。如果未能找到擅闯人员,则后续第二、第三列车应以人工驾驶模式限速继续查找,若仍未发现异常情况,可取消事发区间的列车限速,但有关车站仍应加强对该区间站台出口的巡视。如事发区间属于地面、高架线路或有旁通道时,行车调度员应对邻线进行类似的安排和处置。

7. 恶劣天气

根据可能对地铁运营造成影响的气象条件,恶劣天气主要包括台风、大风、暴雨、雷电、暴雪、高温、寒潮、冰雹和大雾等气象现象。根据气象等级和对运营的影响程度,一般采取人工驾驶、限速运行、停运的措施处置。

(1)台风、大风

当天气预报发布台风/大风蓝色或黄色预警时,可根据列车在区间的平稳情况,采取人工 ATP 驾驶模式、降低运行速度运行。

天气预报发布台风/大风红色、橙色预警时,可根据列车在区间的平稳情况,采取人工 ATP 驾驶模式、降低运行速度或停止运行的措施处置。

(2)暴雨

当发生暴雨天气时,根据暴雨天气下能见度具体条件,采取改变列车驾驶模式、调整列车运行速度的措施处置。

(3)雷电

当发生雷电天气时,应严密关注高架、地面区段列车的运行状况和设施设备运作情况,发现异常情况,合理组织排故。列车在高架、地面区段运行时,如遭遇雷击,司机应尽快将列车惰行至站台,合理排除故障,切勿臆测操作。

(4)高温

当发生高温天气时,应严密关注高温条件下高架、地面区段列车的运行状况和设施设备(道岔、钢轨)运作情况,发现异常情况,立刻启动相应的应急措施处置。

(5)大雾

当发生大雾天气时,根据能见度具体条件,采取改变列车驾驶模式、调整列车运行速度的措施处置。

(6)暴雪、寒潮、冰雹

当发生暴雪、寒潮天气时,应严密关注低温条件下高架、地面区段列车的运行状况和设施设备(道岔、钢轨)运转、损坏情况,发现异常情况,立刻启动相应的应急措施处置。

3.4 列车运行自动控制系统

城市轨道交通的信号系统,是保证列车运行安全和提高行车效率的重要设施。由于城市轨道交通的行车密度高、站间距离短,对列车运行的安全性和自动化程度也有更高的要求。必须用一种能实现列车速度自动控制和列车运行间隔自动调整的信号系统来实现,这就是列车运行自动控制系统(ATC)。ATC 系统将车载信号作为主体信号,传递给列车的是具体的速度或距离信息,根据与先行列车之间的距离和进路条件,在车内连续地显示出容许的速度信息,或按设定的运行条件达到该容许速度的距离信息,根据上述信息列车自动地控制运行速度,进行超速防护,以达到自动调整行车间隔的目的,并实现列车在车站的程序定位停车。

3.4.1 列车运行控制概述

列车运行控制的一般原理是:自动检测追踪运行列车的位置、速度和线路的平纵断面等信息,并将检测到的信息传输到控制中心;控制中心根据接收到的信息和列车运行图资料,自动生成对车载设备与地面设备的控制命令;车载设备与地面设备根据控制命令自动对列车运行间隔与速度等实施具体的控制。在采用的列车检测技术中，目前使用最多的是轨道电路技术，其他还有计轴设备、交叉感应环线和无线通信等技术。

根据列车控制技术的发展水平，轨道交通的列车运行控制主要有采用传统信号的列车运行控制、基于轨道电路的列车运行控制和基于通信的列车运行控制三种方式。

1. 采用传统信号的列车运行控制

自动闭塞信号设备将区间正线按传统原则划分成若干个固定的闭塞分区，每个闭塞分区内设置一个独立的轨道电路，每个闭塞分区的入口处设置通过信号机进行防护，通过信号机的显示随着列车运行而自动改变，轨道电路将列车运行位置的变化与通过信号机的自动显示联系起来。

轨道交通常用的自动闭塞类型通常是三显示自动闭塞和三显示带防护区段自动闭塞。三显示自动闭塞信号是指区间通过信号机的显示有红、黄、绿 3 种灯光，列车按图定速度在绿色灯光下运行，如图 3-3 所示；三显示带防护区段自动闭塞是在三显示自动闭塞基础上增加 1 个闭塞分区作为防护区段，如图 3-4 所示，在带防护区段的情况下，通过信号机显示绿色灯光表示列车运行前方至少有 3 个闭塞分区空闲，1 个黄色灯光表示列车运行前方还有 2 个闭塞分区空闲，1 个红色灯光表示列车运行前方最多有 1 个闭塞分区空闲，不准列车越过该信号机。如果司机因失去警惕而未采取停车措施时，自动停车装置将起作用，使行驶的列车自动停车。

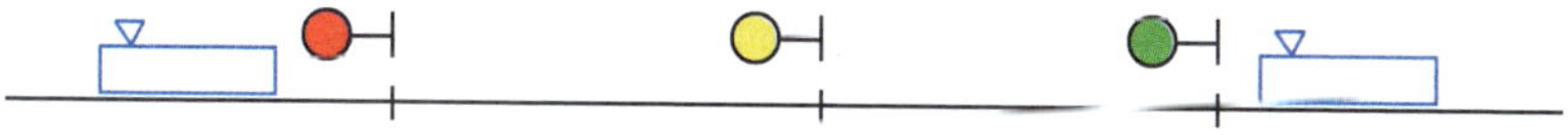

图 3-3　三显示时的信号显示

图 3-4　三显示带防护区段时的信号显示

当列车在区间追踪运行时，列车间隔时间取决于列车间隔距离与列车运行速度，而列车间隔距离主要取决于闭塞分区的数目及其长度。闭塞分区的长度，应同时满足大于或等于“列车制动距离加上一个安全距离余量”和“大于或等于列车长度”。

2. 基于轨道电路的列车运行控制

通常所称的列车自动控制系统（ATC）指基于轨道电路的列车运行控制系统，包括列车自动监控（sutomatic train supervision ，ATS ）、列车自动防护（automatic train protection，ATP ）和列车自动运行（automatic train operation，ATO ）3 个子系统，它是一套完整的管理、控制、监督系统，具有列车指挥自动化和列车运行自动化功能。

ATS子系统采用软件方法实施联网，通信及指挥列车安全运行。发送和接收各种行车命令的ATP子系统，保障列车的运行安全，完成列车运行进路控制、速度控制和实现列车运行超速防护，相关信息经校验后，送至车载ATO子系统。ATO子系统实现列车运行的自动控制，进行速度自动调整控制和列车在车站的程序对位停车控制。3个子系统既相对独立，又相互联系，以保证列车安全、快速、短间隔地有序运行。

基于轨道电路的ATC系统，是当前我国列车自动控制系统的主要模式。采用ATC系统时，区间正线划分成若干个固定的轨道电路区段，不设通过信号机，使用车载ATP速度信号（也称速度码）作为主体信号。车载信号不是色灯显示，它反映列车运行具体的目标速度和目标距离。在道岔区段，为了确保列车在道岔区段的运行安全，设置地面信号机，当列车在运行时，收不到速度（距离）信号，列车必须按照地面信号机的显示运行。后续列车与先行列车之间的行车间隔与闭塞分区的划分有关，即后续列车与先行列车不可能运行在同一个闭塞分区，后续列车必须保证在先行列车所占用的闭塞分区的分界点前停车。与采用传统信号设备的列车运行控制比较，采用ATP子系统能使列车在确保行车安全的前提下缩短列车间隔和提高运行速度，从而提高线路通过能力。

上海轨道交通1号线ATC系统的闭塞设计参照三显示带防护区段自动闭塞原理，2号线和3号线参照三显示不带防护区段自动闭塞原理。

3. 基于通信的列车运行控制（CBTC）

基于通信的列车运行控制系统（communication based train control，CBTC），是一种采用先进的通信、计算机技术，连续控制、检测列车运行的移动闭塞方式控制系统。它摆脱了用轨道电路判别列车对闭塞分区占用与否，突破了固定或准移动闭塞的局限性。该系统的使用代表着目前世界上列车运行控制系统的发展趋势，也是近年来城市轨道交通领域认可采用的一种移动闭塞方式。

移动闭塞（Moving block）是缩小行车间隔，提高行车效率的有效途径。其列车运行的安全保证，不再依赖轨道电路的划分，也不依赖轨道电路向列车传送数据信息；而是基于列车与地面之间的双向无线通信，后续列车与先行列车之间始终保持制动距离，加上动态安全保护距离。不同闭塞制式的列车运行间隔示意图如图3-5所示。

3.4.2 基于轨道电路的列车运行自动控制系统（ATC）

1. ATC系统结构

ATC系统的设备分布于控制中心、车站信号设备室、轨旁及列车上。ATC系

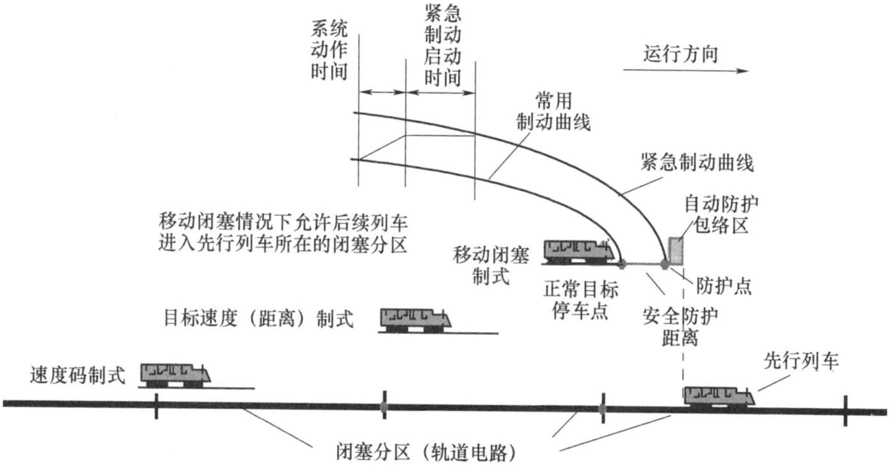

图 3-5 不同闭塞制式的列车运行间隔示意图

统的结构图如图 3-6 所示。

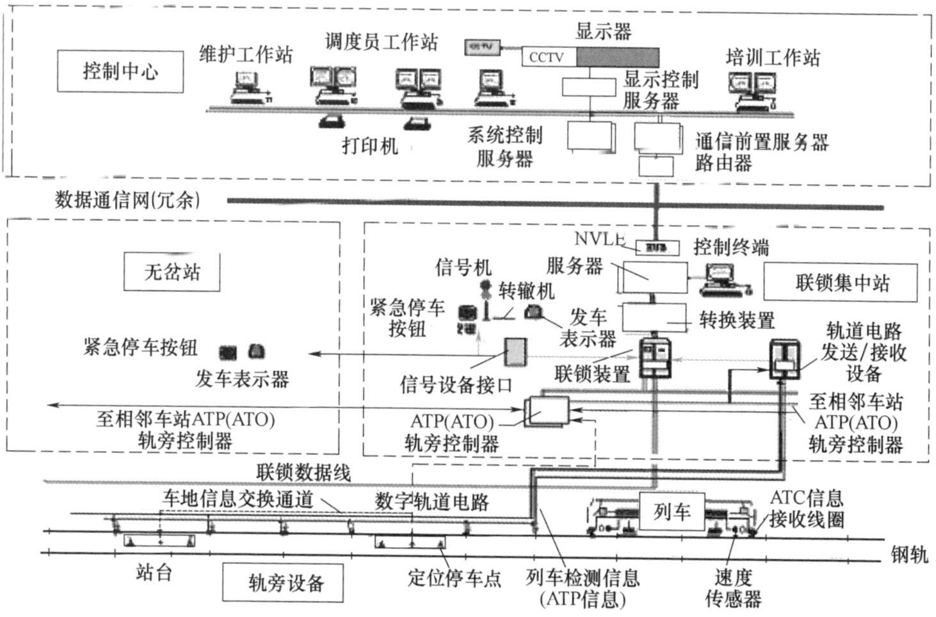

图 3-6 ATC 系统结构

(1)控制中心设有作为 ATC 系统中枢的系统控制服务器及其用于调度控制的工作站；数据传输系统，包括通信前置服务器、路由器以及数据通信网等，实现控制中心与全线车站信号设备室之间的实时数据交换；调度员通过调度员工作站下达行车控制命令。现场的列车在线信息，车次号信息以及道岔、信号机的状态信息等，由壁式大屏幕显示屏或背投显示屏及调度员工作站显示。

（2）联锁集中站设备室的工作站，接收调度员的控制指令，通过联锁装置，排列进路、开放信号，并将列车在线信息、信号设备的状态信息等传送给控制中心。通过音频轨道电路，发送列车监测信息，用于检查轨道区段内有、无列车占用，并向列车发送限速命令或允许运行的目标距离信息、门控命令、对位停车指令等。

（3）列车上ATC设备，接收并解译地面送来的调度指令和ATP速度命令或距离信息，完成速度自动调整和车站程序对位停车，实现列车的自动运行；并将列车的运行状态和设备状态信息，经车站工作站传送给控制中心。

每条线路都设有停车场（有的停车场兼车辆检修作业），停车场与正线之间通过出入库线相连，停车场独立设置计算机联锁系统，同时设有与正线相一致的ATS终端；停车场内进路控制完全由停车场信号楼的值班员操作，但是列车的出库和入库进路和信号机的控制，必须由停车场和相关正线车站的值班员协调完成。

2. ATC系统功能

（1）控制中心的主要功能

① 列车运行和调整控制。

② 时刻表的编辑、修改和存储及时刻表的调整控制。

③ 列车位置的实时监视和列车运行轨迹记录。

④ 运行图管理。

⑤ 列车运行进路的自动设置，车站联锁状态的监督。

⑥ 线路监控和报警控制、故障记录等。

（2）联锁集中站ATC设备的主要功能

① ATS子系统

- 列车的进路控制指令及其表示。
- 遥控指令的解译及表示数据的编辑。
- 折返模式控制指令。
- 旅客向导信息、目的地信息的显示。
- 运行等级设定等。

② ATP/ATO子系统

- 轨道区段空闲的检测。
- 列车运行进路和列车安全间隔控制。
- 列车限速控制。
- 车站程序定位停车控制。

- 定位停车校核，列车车门和站台屏蔽门开、闭控制。
- 停站时间控制及目的地选择等。
- 车—地交换信息的编译。
- 车—地信息交换。

(3)车载 ATC 的主要功能

① ATS 子系统

- 接收非安全控制信息。
- 接收运行等级及其目的地等数据。
- 发送列车状态的自诊断信息。
- 旅客向导信息的提供等。

② ATP/ATO 子系统

- 接收和解译限速指令。
- 根据限速，对列车进行速度自动调整控制和超速防护。
- 测速、测距。
- 定位停车程序控制和定位停车点校核。
- 控制车门开、闭，发送站台屏蔽门开、闭信息等。
- 自动折返和出发控制等。

3. ATC 系统的控制模式

城市轨道交通通过 ATC 系统，在控制中心集中控制列车运行，当遥控发生故障或运行需要的情况下，可以将权力“下放”，由相应的联锁集中站进行控制。而列车的操纵，在设置 ATO 子系统的前提下，可以实现列车的自动运行、自动折返；也可以由司机进行人工操纵，由 ATP 子系统进行超速防护。ATC 系统的控制模式因不同厂商有不同的称呼，但其控制方式的内容，基本上大同小异。

(1)行车调度的控制方式

① 集中控制模式

- 全自动模式

ATC 系统根据列车运行时刻表，由控制中心自动办理进路，调度全线列车的运行。

- 自动调度模式

根据运行时刻表自动办理列车进路，但列车在车站的停站时分、运行等级等，由调度员进行调整。

- 集中人工模式

列车的始发进路由调度员人工办理，列车运行目的地、列车在各站的停站时间、出发时间、运行等级等都由调度员设定。

② 站控模式

上述 3 种均为集中控制方式，在调度员授权下，可将控制权下放给车站，由车站值班员对所管辖区段的列车运行进路进行控制。

(2)列车操纵模式

列车的操纵模式，因列车和信号系统而异，而且根据不同的信号系统其模式的名称也不相同。

① ATO 模式

在 ATO 模式下，司机根据操作规程，关闭列车车门，完成出发检查后，按下出发按钮，列车自动启动运行，在区间根据地面限速指令，自动调整列车运行速度，列车到达下一站，自动完成程序定位停车控制。

② 手动 ATP 模式

在该模式下，司机关闭车门和执行出发检查后，手动启动，列车由 ATP 系统进行超速防护，车站的停车控制也由司机负责操纵。

③ 慢速前行模式

在手动 ATP 模式下，列车收不到有效的机车信号，或显示为零限速，这时司机按低于 20 km/h 的限速慢行，以使列车寻找机车信号，当收到有效的机车信号后，可以转为手动 ATP 模式。根据线路信号系统制式的不同，名称也不尽相同，有些称为 CLOSE IN 模式，也有称为 RMO 模式。

④ 反向模式

在反向模式下，限制列车以不超过 10 km/h 的速度反向运行，当速度超过 12.5 km/h 时，车载 ATP 子系统会施加全常用制动。

⑤ ATC 关闭和旁路模式

该模式下，车载 ATC 系统输出均被隔离，不起作用，由司机人工驾驶列车，并负责运行安全。另外，如果 ATP 子系统还在调试过程中或 ATP 子系统出现故障，列车只能以 ATC 旁路模式。

列车运行过程中，如果司机随意改变运行模式，将导致列车紧急停车。

4. 列车自动监控(ATS)子系统

列车自动监控(ATS)子系统，是指挥列车运行的控制、监督设备。主要功能包括列车的调度和追踪、运行时刻表的调整控制和监督，列车进路的控制和表示，系统状况、报警信息的显示和记录，统计汇编、系统仿真和诊断。ATS 系统由控制中心的 ATS 设备(CATS)和联锁集中站 ATS 设备(LATS)组成，两者之间由数据传输系统(简称 DTS)连接及进行双向信息传输。

(1)控制中心的 ATS 设备(CATS)

CATS 系统主要有 3 种运行模式:在线控制、模拟运行和运行回访模式,其中在线控制是 CATS 的主要控制功能,它主要有五个控制内容,即信号控制、列车描述、列车调整、时刻表控制和列车运行图绘制。

① 信号控制功能

信号控制功能是指对全线所有车站(车辆段除外)信号设备的控制,其主要内容如下:

a. 设置控制模式

控制模式是指遥控(中控),还是站控。它的设定是系统控制的关键,遥控是指由控制中心对全线各联锁集中站进行控制;站控是由控制中心授权,相应的联锁集中站才具有控制权。控制模式的转换,由控制中心和车站双方配合完成,紧急情况下,可由集中站直接执行紧急站控,它也属于站控模式。站控模式要转换至遥控模式,必须将该联锁集中站的信号系统"复原",经控制中心同意后,才可返回遥控模式。

b. 设置终端模式

线路两端的折返站以及具有折返功能的中间站,都可以设置终端折返模式。终端折返站设有 3 种终端模式:

模式 1:用折返线 1 进行列车折返;

模式 2:用折返线 2 进行列车折返;

模式 3:用空闲的折返线,进行列车折返,优先为折返线 1。

模式 3 为最常用的终端折返模式,也是默认模式(但是实际运营过程中,调度员一般根据"惯用"的原则,固定采用模式 1 或模式 2,很少采用模式 3,所以造成对信号系统轨道电路有一定的影响)。当终端折返模式设定后,车站信号设备根据列车运行的目的地号,自动地排列进路,并开放相应的信号。

c. 进路控制和信号机控制

进路的建立和取消,以及信号机的开放和关闭,是信号控制功能中涉及行车安全的重要内容。为了确保行车安全,控制中心不能直接单独操纵现场的某个道岔,也不能直接操纵某个信号机的开放和关闭。ATS 系统在控制中心设有人工进路控制功能,调度员可以采用进路操纵方式,通过工作站的显示屏,操纵鼠标,点击进路的始端和终端,建立或取消进路;信号机随着进路的建立而开放,并根据列车占用进路的情况而自动关闭。控制中心可以对全线所有车站的信号机或某个联锁集中站的信号机,设置成"连续通过"信号或"自动"信号的信号机工作模式。"连续通过"信号和"自动"信号,其进路的排列以及相应信号机的开放,都由车站联锁设备完成。所谓连续通过信号,是指以该信号机为始端的进路,是连续的通过进路,列车通过该进路后,进路将再次自动排列,该信号机会自动开放。自动信号是指:该信号机为始端的进路,为自动进路,车站信号设备将根据列车的目的地号,自动地排列列车进路,并当列车到达该信号机的接近区段时,自动地开放信号。

d. 呼叫车站

当控制中心调度员要与车站值班员联系时,若电话联系不上,可使用“呼叫车站”功能,使该车站控制台上的铃声响,提醒车站值班员与调度员联系。

② 列车描述功能

列车描述包括3部分内容,即车次号、司机号和列车号。它们各由五位数组成,其中车次号的前3位为运行号,后2位为目的地号,运行号是运行列车的标识,是系统把列车和时刻表相联系的基础,也是系统控制和表示列车的基础。目的地号指明列车运行的终点站,它是系统触发车站信号控制的重要参数,据此可以为列车自动排列进路。在运行过程中,系统将各次列车的目的地号,传送给车站信号设备,以控制列车进路,所以车次号是列车描述中很重要的部分。列车经过车—地信息交换点(设于停车场出库线、各个车站的站台区域、折返线等处),通过ATS子系统,自动地得到正确的目的地号,此后列车每经过一个车站都会自动得到更新的目的地号信息。司机号,由司机在车上人工输入,并通知调度人员,说明哪一位司机在操纵哪一列车。列车号的设置,是为了使系统跟踪列车的运行,从而产生车辆运行里程报告。

上述列车运行的车次号、目的地号、司机号及列车号可以设置、修改和删除。在控制中心显示器的车号窗中,自动地跟踪相应的车号信息。车号信息设置方式不是固定的,运行管理人员可以根据不同线路情况自行设定,但是同一个控制中心的不同线路其设置应相同。

③ 列车运行调整功能

列车运行调整功能的作用是:调度和调整列车的运行。

a. 系统调度模式的设置

不同的线路其系统调度模式不尽相同,一般有4种模式:全人工模式、人工调度模式、人工调整模式和自动调整模式,不同的调度模式反映了系统自动控制的程度。

全人工模式,系统的自动控制功能不起作用,所有的控制、调度、调整均依赖于调度员指挥。

人工调度模式,是指列车的调度和运行的调整依赖于调度员指挥,但系统具有自动进路功能,也具有时刻表和车号自动管理功能。

人工调整模式,指运行调整要依赖于调度员,系统除具备人工调度模式的自动控制功能,还具有自动调度功能,即根据时刻表和调度模式,按时自动地调度列车从折返站(或车辆段)出发。

自动调整模式，是调度自动控制最高级别，系统除具有人工调整模式的全部功能外，还具有自动调整功能，能根据时刻表，自动地调整列车停站时间及运行等级，以保证列车的安全、正点运行。

b. 列车调度方式的设置

自动调整模式中，如果有 2 列车同时在终端折返线 1 和折返线 2 上等待出发，其调度方式有两种，一种是按列车运行顺序来调度列车的方式，另一种是按列车的车号来调度列车的方式。

c. 列车运行控制

(a)列车进入系统的自动控制

当列车由停车场出库线出发，进入正线运行前，列车必须在停车场出库线的车—地信息交换点，自动设置正确的列车号，当到达下一个车—地信息交换点，可从系统接收正确的列车号。与时刻表相对应的列车，进入正线就成了时刻表列车，必须接受系统对其的自动控制。若取消对列车的自动控制，则该列车成为非时刻表列车，当恢复自动控制后，该列车又成为时刻表列车，系统也恢复对它的自动控制。

(b)站台控制

站台控制包括：列车的停站时间设置、列车运行等级设置、扣车和终止停站设置、"跳停"设置等。列车在正线运行，除了始发站的发车时间外，正线的运行时间包括区间运行时间和停站时间，由于各个区间的长度是固定的，决定其区间运行时间的关键是运行速度，而运行速度又取决于 ATS 子系统向列车发送的运行等级。ATS 运行等级一般分为 4 级，等级 1 和等级 2 对应的速度较高，而等级 3 和等级 4 对应的速度较低。调整运行等级，也即调整列车在区间的运行速度和时间。控制停站时间和调整运行等级，是保证列车按时刻表正点运行的主要方法。

• 停站时间的设置

在自动调度模式下，由系统根据时刻表和列车运行的正点误差值，自动调整停站时间。在人工调度模式下，人工设定车站的停站时间。各个车站的停站时间，在系统设计时，已经根据该车站的客流量等因素进行设定，一般设有 20 s、25 s、30 s、35 s 和 40 s，当然可以根据线路情况进行调整。

• 运行等级的设置

在自动调度模式下，系统根据列车运行时刻表和列车运行正点误差值，自动调整该列车的运行等级。

• 扣车和终止停站

在特殊情况下，将列车扣于某站，从而使该站的发车表示器不亮，列车不按时刻表规定的时间出发，所以扣车功能使原来设定的停站时间不起作用。反之终止停站功能，使该站的发车表示器立即点亮，列车随之出发。

• "跳停"

"跳停"是指列车在该站不停车，"跳停"功能可以对单个列车，也可以对全部列车，也可以设定于某个时间段的某个站，一般用于空车或晚点较多的列车。要实行某站"跳停"功能时，必须在"跳停"站的前一站发车前，将此信息告知列车，并在进入"跳停"站的站台区域时，再次得到确认。

• 下一车号的设定

一般情况下，终端折返站下一趟列车的时间和列车号，是根据时刻表由系统自动设定的，也即依据始发站的列车调度和发车数据，系统自动地把时刻表中下一个车号按序推进，当自动功能发生错误时，可人工设定下一趟列车的车号，并在调度员工作站上显示。

④ 时刻表控制功能

时刻表控制功能仅供调度员使用，以管理和调整在线时刻表和计划时刻表。计划时刻表是指准备投入在线控制的时刻表，而在线时刻表是指正投入在线控制的时刻表。调度员选择时刻表管理员所创建的某一种基本时刻表，以进行必要的调整。所以调度员可根据基本时刻表，建立计划时刻表，继而建立在线时刻表；当然也可以从系统中删除计划时刻表或在线时刻表，以增加或删减车次；也可以进行时间偏移调整。

⑤ 列车运行图绘制功能

系统在"在线控制"情况下，能绘制当天和前一天的列车运行图，也可以绘制其中某一段时间的运行图。列车运行图有计划运行图(即计划时刻表的运行图的形式)，实际运行图(记录列车运行轨迹)，以及合二为一的复合运行图。

(2)联锁集中站 ATS 设备(LATS)

在全线各联锁集中站的信号设备室都设有 ATS 设备，一般称其为 LATS。它不仅在控制中心授权下，完成进路控制等功能，也是控制中心与列车之间信息交换的中介，控制中心通过数据通信系统与 LATS 系统进行数据交换。

通常在遥控情况下，车站值班员监视被控车站的线路及列车运行状态，在 CATS 授权下，车站值班员可以控制被控车站的信号设备，指挥列车运行。在特殊情况下也可以"紧急站控"。当需要"站控"时，向控制中心发出请求，在调度员同意的情况下，CATS 系统可设置"站控"模式。车站值班员得到"站控"指令后，可执行车站控制功能，其中包括进路的排列和信号的开放、临时限速命令控制、站台紧急停车控制、道岔的单独操纵、扣车和催发、引导进路的锁闭及引导信号的开放控制、终端折返站的折返模式控制以及改变运行方向控制等等；道岔的单独操纵和引导信号的控制，只允许在站控的情况下完成。

(3)列车与地面通信(TWC)系统

列车与地面的信息交换系统(简称 TWC 系统)，是列车与地面之间的半双工 ATS 信息交换系统。TWC 系统与 DTS 系统相结合，完成控制中心、联锁集中站与列车这三者的信息交换，使三者有机地结合，构成一个完整的系统。TWC 系统交换的信息，是"非安全"调度信息和列车状态信息。

不同的 ATC 制式，采用不同的 TWC 系统，其传输方式和内容都不相同。典型的为以站内轨道电路和站内轨道区段敷设环线为载体的两种 TWC 系统。

以轨道电路为载体的车—地通信系统中，地面通过钢轨来发送 TWC 信息，列车通过 TWC 天线送出车载 TWC 信息，它与程序对位停车无直接关系。而利用敷设于钢轨之间的环线作为 TWC 信息传输通道的制式中，该环线不仅是车—地信息交换媒介，也作为车站程序对位停车的定位校正设备。

5. 列车自动防护(ATP)系统

列车自动防护(ATP)子系统实现列车运行安全间隔防护和超速防护，是安全的子系统。通过 ATP 子系统检测列车位置并向列车传送 ATP 信息(目标速度信息或目标距离信息)，列车收到 ATP 信息，自动实现速度控制，确保列车在目标距离内不超过目标速度的前提下安全运行。

ATP 子系统包括轨旁 ATP 设备和车载 ATP 设备，ATP 轨旁设备根据前行列车位置及运行速度、区间运行限制速度、轨道电路区段进口速度、线路平纵断面参数、道岔号码机开通方向等信息确定后行列车的最大允许速度；车载设备将列车的最大允许速度与实际运行速度进行比较，并根据比较结果自动改变牵引工况(制动或加速)，实现超速防护和制动，零速检测、车门控制、后退防护等。

ATP 子系统与 ATS、ATO、车站联锁设备等都有接口相连。如在有联锁设备的车站，ATP 设备在确认道岔和信号联锁状态正确、进路办妥的情况下，才允许列车进入或通过车站。

(1)速度码制式的 ATP 子系统

基于音频无绝缘轨道电路、速度码制式的 ATP 子系统，是典型的模拟式 ATP 系统。无绝缘轨道电路的分界点不设绝缘节，用阻抗联接器作为轨道区段的区分设备，平时轨道电路的发送端通过阻抗联接器发送列车检测信息，在轨道电路的另一端，通过阻抗联接器将接收到的列车检测信息送至解调设备，使相应的轨道继电器动作，证实该轨道区段空闲。当列车占用该轨道区段时，该轨道电路的发送端迎着列车方向通过阻抗联接器增发速度命令信息，速度命令信息是指列车运行至该区段出口端的目标速度。

后续列车根据与先行列车的间隔距离和进路条件，其对应的闭塞分区的限速是不同的。如图 3-7 所示，先行列车在 0T 区段，1T 必须空闲，后续列车若在 2T，则后续列车收到的限速应为 0 速，即后续列车在闭塞分区 2T 的出口端，必须停车，并有 1T 闭塞分区作为保护距离；若 1T、2T 空闲，后续列车在 3T，那么后续列车接收到的是 20 km/h 的速度命令，同理，当 1T、2T、3T、4T、5T、6T、7T 都空闲，运行于 nT 的后续列车，其接收到的速度命令为 80 km/h 的信息。当然根据线路情况，车辆性能、轨道电路特性等，应进行闭塞设计，划分合理的闭塞分区，从而产生 ATP 速度命令控制线，作为 ATP 速度命令选择的逻辑依据。

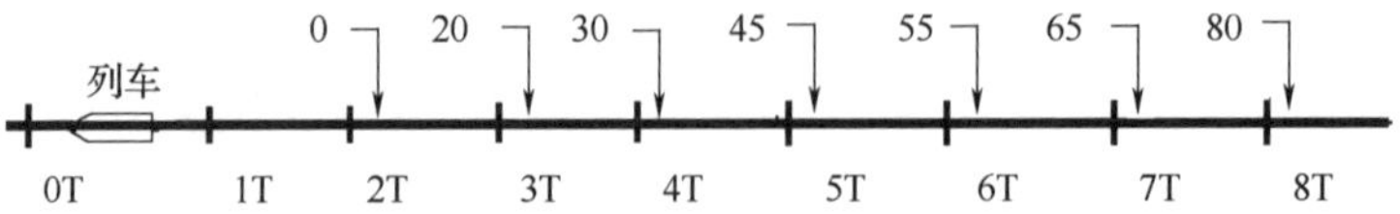

图 3-7 音频无绝缘轨道电路 ATP 速度命令控制线(单位:km/h)

这种方式的速度控制为阶梯式速度控制，它又可分为出口速度控制方式和入口速度控制方式。进入一个闭塞分区的速度称为入口速度，驶离速度称为出口速度。

出口速度控制方式监控列车驶离闭塞分区前运行速度不超过给定的出口速度命令码，如图 3-8 所示。阶梯式实线为出口速度控制线，粗虚线为列车实际减速运行线，列车从最高速至零速的实际减速运行线为分段曲线组成的一条不连贯曲线组合。如果列车驶出每一个闭塞分区前速度超过出口速度控制线，列车将紧急制动，因此，采用出口速度控制方式不会使列车冒出闭塞分区。

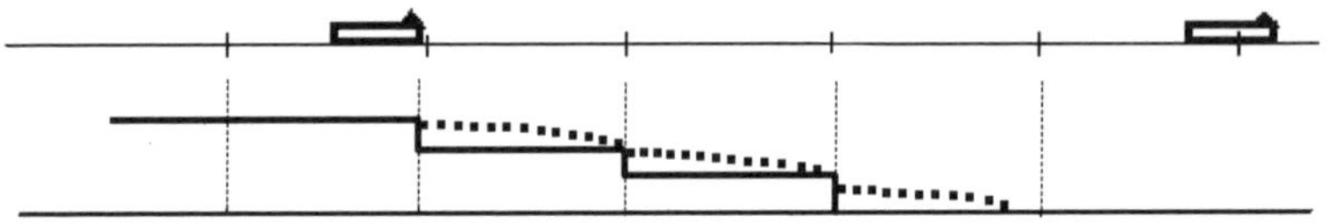

图 3-8 阶梯式出口速度控制方式

入口速度控制方式监控列车在本闭塞分区内的运行速度不超过给定的入口速度命令码，采取人控优先的方法，控制列车不超过下一闭塞分区入口速度值。如图 3-9所示，阶梯式实线为入口速度控制线，粗虚线为列车实际减速运行线，列车从最高速至零速的实际减速运行线为分段曲线组成的一条不连贯曲线组合，细虚线为“撞墙”后的紧急制动曲线。所谓“撞墙”指列车在本闭塞分区的出口即下一闭塞分区入口处的速度超过了给定的入口速度值，碰撞了入口速度控制线。一旦列车进行紧急制动，列车必然会越过第一红灯进入下一闭塞分区，因此必须要增加一个闭塞分区作为安全防护区段，俗称双红灯防护。

阶梯式速度控制，只是对每一个闭塞分区的入口速度或出口速度进行控制，对

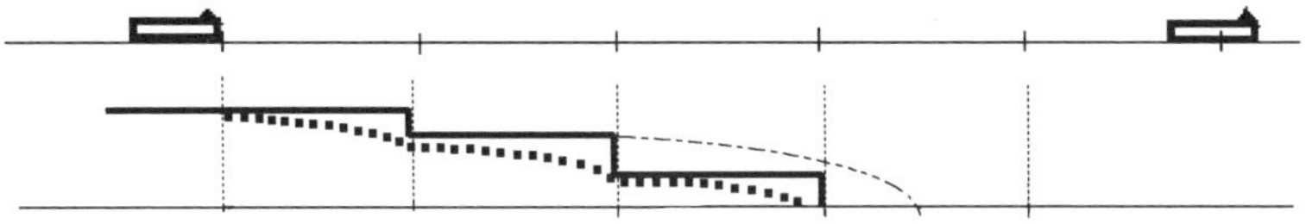

图 3-9　阶梯式入口速度控制方式

列车速度控制不连续，因此地对车载所需要的信息量是较少的，设备相应简单些。

(2)数字编码轨道电路的 ATP 系统

国内城市轨道交通的多条线路，都采用基于数字编码轨道电路的 ATP 系统，它也是准移动闭塞 ATC 系统的主要制式。数字编码轨道电路的车载信号信息，以发送"目标速度"信息为主；发送"进路地图"或"目标距离"的数字报文车载信号信息的 ATP 系统，也已得到运用。

① 典型的"目标速度"模式的 ATP 子系统

相比模拟轨道电路而言，数字编码轨道电路的"分割"，是用 S 型连接器(S-Bond)来区分，它的两端直接连接到两根钢轨上。每一段轨道电路，都设有各自的轨道电路控制器，其数据信息，通过"环线"和"S-Bond"，将 ATP 信息感应耦合至钢轨。在轨道电路迎着列车运行方向的一端为发送端，发送列车监测信息和车载信号信息，列车入口端为轨道电路列车监测信息的接收端，轨道电路的发送端和接收端根据列车运行方向而转换。轨道耦合单元作为轨道电路接收/发送的接口，通过环线，将数据信息耦合至"S-bond"，再送至轨道，信号设备室与轨道耦合单元之间，通过电缆相连。

轨道电路所传送的信息，包括轨道电路的识别号、列车运行方向、下一个轨道区段的载频频率标识、最大的线路允许速度、目标速度、至目标速度的距离、列车到站允许打开车门、列车编组用挂钩和脱钩、轨道电路主/备控制器及分叉点等。智能化的车载系统根据所接收的数据信息，确认列车位置，控制列车安全运行。

这种方式采用曲线式速度控制，它指根据列车运行的速度分级，每一个闭塞分区给出一段速度控制曲线，对列车运行进行速度控制。如图 3-10 所示，粗实线为曲线式速度控制线，列车从最高速至零速的控制减速线为分段曲线组成的一条不连贯曲线组合，列车实际减速运行线只要在控制线以下就可以。一旦列车超速碰撞了速度控制线，列车将实施紧急制动。因为速度控制是连续的，所以列车不会超速太多，紧急制动的停车点不会冒出闭塞分区，可以不增加一个闭塞分区作为安全防护区段，但需留有适当的安全距离。

分段制动速度控制曲线是根据每一个闭塞分区的线路参数和列车自身的性能计算而定，闭塞分区的线路参数可以通过地对车信息实时传输，也可以预先在车载

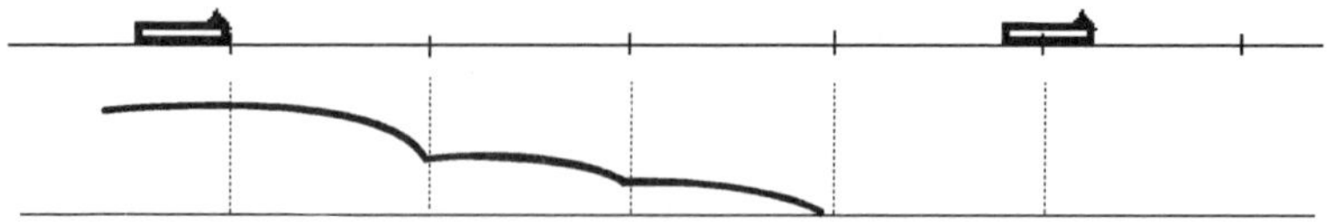

图 3-10 分段曲线式速度控制

信号设备中存储并核对取得。

分段曲线式速度控制一般制动速度控制曲线是不连贯和不光滑的，也可以是利用计算机技术做成连贯和光滑的，如图 3-11 中粗虚线所示。但粗虚线所示的制动速度控制曲线实际上是各闭塞分区入口速度控制值的连接线，该制动速度控制曲线是不随列车性能和线路参数的变化而变动的，具有唯一性，与目标距离连续式一次速度控制模式曲线不同，所以其本质上还归属速度控制范围。上海轨道交通 2 号线采用这种速度控制方式。

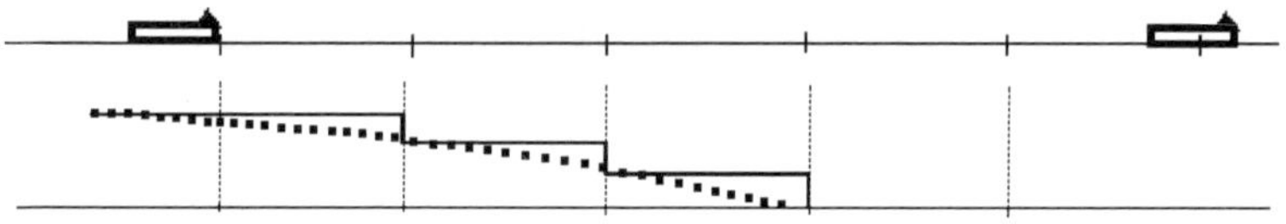

图 3-11 连续曲线式速度控制

② “距离定位”模式的 ATP 子系统

与“目标速度”模式相比，“距离定位”模式的 ATP 子系统，列车运行的间隔不依赖于轨道电路的划分，与后续列车的追踪运行间隔，不取决于与先行列车之间间隔几个闭塞分区，而取决于与先行列车之间应大于制动距离，因此它划分轨道电路数量可以大大减少，见表 3-1。另外轨道电路向列车传送的信息是列车前行的“进路地图”，这个数据在同一个线路区段是相同的。列车根据所在的位置，所接收的轨道数据、进路描述、可运行的距离和临时限速等这些与行车安全相关的变量，算出其运行速度。

表 3-1 不同制式轨道电路数量的对比

ATP 制式	线路长度(km)	车站(座)	道岔(组)	轨道电路数量
模拟“速度码”制式	14.6	13	—	258 个区段
数字“目标速度”制式	17	12	27	220 个区段
数字“目标距离”制式	25	19	30	160 个区段

轨旁设备通过轨道电路，向列车连续传输静态和动态的数据，车载系统接收的数据信息中包括：向列车传送运行的“进路地图”和调度指令。列车不论在线路的任何位置，都一直知道可安全运行的距离，该“可运行距离”原则，使列车预知驾驶

指令，取得最佳行车间隔时间。

目标距离速度控制方式根据目标距离、目标速度及列车本身的性能确定列车制动曲线，不设定每个闭塞分区速度等级，制动模式为连续式一次制动速度控制的方式。连续式一次速度控制模式若以前方列车占用的闭塞分区入口为追踪目标点，为准移动闭塞；若以前方列车的尾部为追踪目标点，则为移动闭塞。如图3-12所示，粗实线为目标距离速度控制线，列车从最高速至零速的控制减速线为一条连贯和光滑的曲线，列车实际减速运行线需要在速度控制线以下，一旦列车超速碰撞了速度控制线，列车将实施紧急制动。因为速度控制是连续的，所以不会超速太多，紧急制动的停车点不会冒出闭塞分区，不需增加一个闭塞分区作为安全防护区段，设计时需留有适当的安全距离。这种控制方式不仅增强了列车运行的舒适度，而且列车追踪运行的最小安全间隔缩短为安全保护距离，有利于提高线路的通过能力。如上海轨道交通3、4号线和广州地铁1、2号线均属此类。

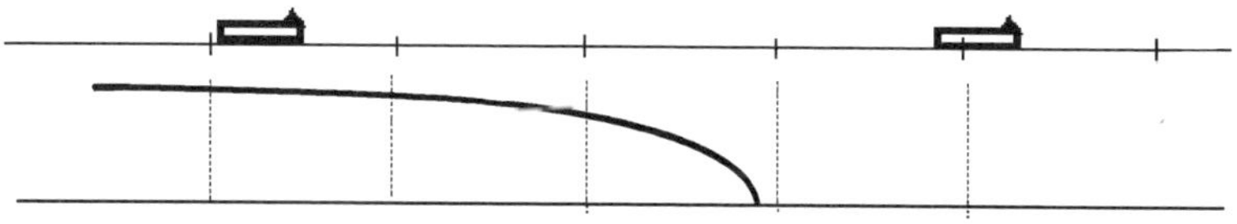

图3-12　目标距离速度控制

ATP子系统是确保列车运行安全的关键设备。轨道电路的长度根据运行需要设定，一般为100～400 m；轨道电路自动检测线路上运行列车的位置，并通过轨道电路向列车传送列车运行的目标速度指令，列车若在ATO控制模式下运行，则列车运行速度不会超过指令速度。而轨旁ATP子系统目前主要通过轨道电路向列车传送ATP速度（距离、进路地图）信息，在ATP驾驶模式下，自动进行速度控制，确保列车运行速度不会超过ATP目标速度，若由人工驾驶，司机疏忽超过了该速度指令，则列车自动停车装置立即启动，迫使列车自动停车，以避免追尾相撞事故的发生。另外，有了这套系统，可以设定运行中的列车距前方列车的最小追踪距离，这一距离是由列车编组、运输重量和速度决定等因素决定的紧急制动距离，如A型车6节编组运行速度在20 km/h时，制动距离一般为100 m。有了最小追踪运行距离，再考虑一定的安全技术速度，就可以据此编制高密度的列车运行图。

6. 列车自动运行（ATO）子系统

列车自动运行（ATO）子系统是实现列车自动运行的子系统，是非安全子系统，能自动完成列车在站间的运行速度控制，包括出发加速控制、惰行控制、减速控制以及在车站的程序对位停车控制；ATO子系统与无人驾驶系统是两个不同的概念，前者替代了司机的部分操作功能，并不能取消司机。

ATO 子系统主要是对车载而言，地面主要是程序对位停车设备和对位模块等相关硬件的配置。城市轨道交通车载 ATC 设备，一般都集中设在列车头尾两端司机室内。

(1)速度调节功能

车载 ATO 模块的调速器，以渐进和恒定的速率，加速列车到达由限速设定的运行速度，当列车到达限定速度后，通过连续比较实际速度和限速，控制列车的牵引和制动系统。根据 ATP 速度命令、ATS 运行等级及车站停车曲线所决定的最低参考速度，来控制、调节列车的速度，使列车速度保持在上述参考速度的 0～5 km/h的范围内，速度调节器将列车的实际速度和上述参考速度进行比较，并计算正(提供动力)或负(制动)牵引力。

牵引力计算中应考虑列车的实际速度与参考速度间的速度差，以及加速度的大小等因素，以将列车速度尽可能地控制在参考速度的范围内。当新的牵引力计算出来后，被送至车载 ATO 接口，将该命令送给车辆牵引系统。车辆牵引系统接口，决定了向列车提供动力(正牵引力)、制动(负牵引力)或惰行(零牵引力)。而电压源的电压大小，规定了最大牵引力的比例。

(2)车站程序对位停车控制

对位停车控制方式，一般采用“距离控制”方式为多。所谓“距离控制”，是根据制动动作点到对位停车点的距离，以及列车实际速度，列车质量、天气情况、空走时间、线路条件等算出其制动曲线，并在对位停车点附近进行阶段缓解，以不断修正与对位停车点之间的误差。

根据 ATC 制式的不同，对位停车方式有曲线式制动和台阶式制动 2 种。

① 台阶式制动

以模拟轨道电路为基础的 ATC 系统，在距对位停车点规定的距离处，设置用于对位停车的标志器，标志器设置的多少和设置的距离，视列车性能而异，一般为 3～4 个点。列车停车用控制信息，是借助于非连续的几个点的固定信号，这种方式称为台阶式制动。

为了实现列车在车站的程序对位停车，在接近车站的区间及站台区域，在离对位停车点 350 m、150 m、25 m 和 8 m 处，分别设有标志器(传感器)，另外在对位停车点还设有对位线圈。图 3-13 和图 3-14 为相应的传感器。

当列车进入站台区域，站台区段轨道电路的 ATP 接收器，检测到列车到达车站，这时通过站台区段相关设备使该运行方向的对位模块工作，将信息送至标志器线圈和对位线圈。列车收到信息，进一步修正制动曲线，列车到达停车点，车上对位天线置于站台对位线圈上方时，车辆与地面的天线间感应耦合才发生，证实列车已到达定位停车点。

图 3-13　定位停车用的传感器

图 3-14　定位停车用的
25 m、8 m 传感器和对位线圈

列车已到达定位停车点，经列车 ATO 系统确认，向列车控制系统，发出列车停站信号，保证列车的制动。当检测到列车速度为零，证实列车已停稳后，列车向地面送出列车停站信号，该信号被车站对位模块接收、解译，使站台对位继电器工作。这时站台轨道电路区段的发送端，向列车发送开门信号，列车收到此信息，使相应的门控继电器动作，司机按压与门控继电器相对应的门控按钮后，才可打开站台侧的列车车门。

在设有站台屏蔽门的情况下，列车收到打开车门信号后，通过对位天线送出打开屏蔽门信号，信号需要校对信息，驱动屏蔽门控制单元(DCU)，使与列车长度相对应的屏蔽门打开。

当停站结束，站台区段轨道电路停发开门信号，使车载门控继电器失磁，司机可关闭列车车门；同时轨旁发出关闭屏蔽门的信号，屏蔽门控制单元启动关闭屏蔽门。

② 曲线式制动

曲线式制动是基于列车不断地接收数字信息，传输媒介可以是数字轨道电路也可以是无线通信。数字编码轨道电路，可以连续地向列车提供实时信息，包括列车离开对位停车点的距离，而且通过设在站台区域的交叉环线的交叉点或信标，对对位停车控制进行定位修正，保证停车的精度，也提高了停车制动时的舒适性。相比台阶式制动，其对位停车的启动点离对位停车点更近。

在数字编码轨道电路中，采用在站台区域设置 TWC 环线的方式，根据环线“交叉点”来进行列车定位的校正(或称为重新定位)。在以“距离定位”为原则的数字报文式轨道电路为基础的 ATC 系统中，采用在站台区域设置“定位信标”的方法，对执行车站程序对位停车控制的列车，进行定位校准，距离定位信标图如图 3-15 所示。

3.4.3　基于无线通信的列车运行自动控制系统(CBTC)

移动闭塞 ATC 系统是利用列车和地面间的双向数据通信设备，使地面信号

(a)

(b)

图 3-15 “距离定位”信标图

设备可以得到每一列车连续的位置信息，并计算出每一列车的运行权限，动态更新发送给列车，列车根据接收到的运行权限和自身的运行状态，计算出列车运行的速度曲线，实现精确的定点停车，实现完全防护的列车双向运行模式。移动闭塞方式的 ATC 系统通常采用无线通信、地面交叉感应环线、波导等媒体，向列控车载设备传递信息。本节主要介绍基于无线通信的列车运行自动控制系统(CBTC)。

1. CBTC 系统的系统结构

基于无线通信的 CBTC 系统，是指通过无线通信方式来确定列车位置和实现车—地双向实时通信，自动控制列车运行的信号系统。CBTC 的主要组成部分有：列车自动监控子系统(ATS)、数据库存储单元(DSU)、区域控制器(ZC)、车载控制器(VOBC)、数据通信系统(DCS)。系统结构示意图，如图 3-16 所示。

列车上的车载控制器，通过探测轨道上的应答器，查找它们在数据库中的方位，确定列车绝对位置；而利用列车本身自动测量、计算自前一个探测到的应答器起已行驶的距离，确定列车的相对位置。列车车载控制器，通过列车与轨旁设备的双向无线通信，向轨旁 CBTC 设备报告本列车的精确位置。轨旁 CBTC 设备，根据各列车的当前位置、运行方向、速度等要素，同时考虑列车运行进路、道岔状态、线路限速以及其他障碍物的条件，向所管辖的列车发送“移动授权极限”，即向列车传送运行的距离、最高的运行速度，从而保证列车间的安全间隔距离。CBTC 列车运行控制系统的基本原理如图 3-17 所示。

(1)车载控制器(VOBC)

车载控制器具备列车自动防护(ATP)子系统和列车自动运行(ATO)子系统的所有功能，如图 3-18 所示。

它的主要功能：

① 确定列车位置

列车在线路上检测到两个相邻的应答器，实现列车位置定位的初始化；然后列

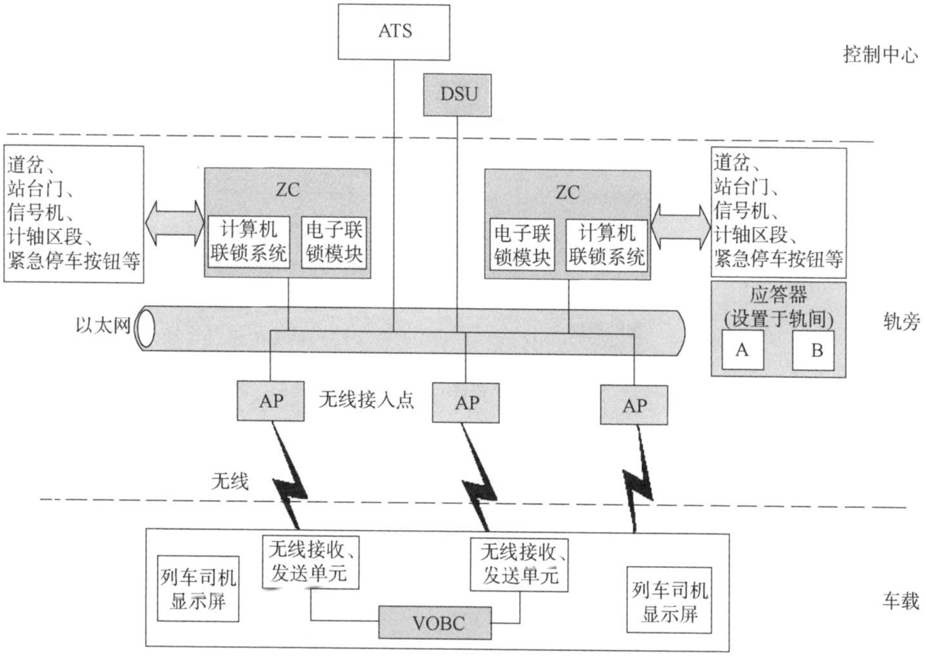

图 3-16 CBTC 系统结构示意图

车根据测速传感器和加速度计,对运行过程的距离进一步细化定位,由于线路数据库,唯一地定义了线路上所有应答器的位置,所以运行过程中列车检测到轨道应答器(信标)所提供的同步点信息,实现列车的定位校正。但列车实际定位位置,应根据列车向区域控制器报告的列车车头和车尾位置,加上车头、车尾的不确定误差和在报告传输过程中的运行距离(估计),以及先行列车尾部潜在的倒溜距离。列车定位原理示意如图 3-19 所示。

列车进入停车场出库线,车载控制器接收初始化信标的地点信息,为进入正线运行接收距离信息创造条件;列车进入转换区域,车载控制器主动与区域控制器(ZC)通信,意味着列车进入区域控制器的控制区域,无论是刚刚进入系统或从一个区域控制器区域转移至另一个区域,列车都会向区域控制器发送包括列车所在位置信息在内的数据信息,表示列车已经进入该区域控制器的管辖区域。车载控制器,通过数据通信系统与控制中心 ATS 直接通信。ATS 周期性地接收到从各列车发来的列车所在位置和列车状态报告。

② 强制执行移动授权控制

车载控制器执行区域控制器对列车的移动授权命令,动态计算安全距离,确定列车目标运行速度,监督由测速传感器测得的实际速度;实现防倒溜监督和障碍物

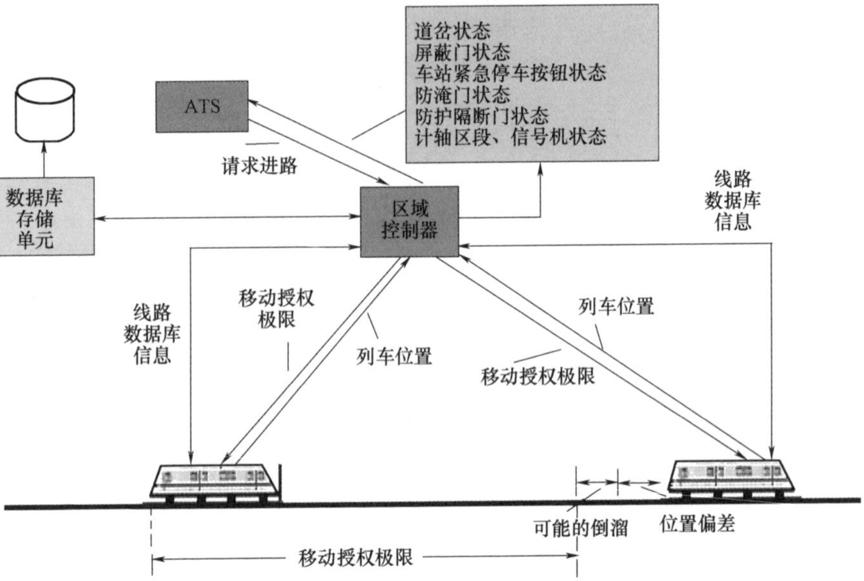

图 3-17 CBTC 列车运行控制系统的基本原理图

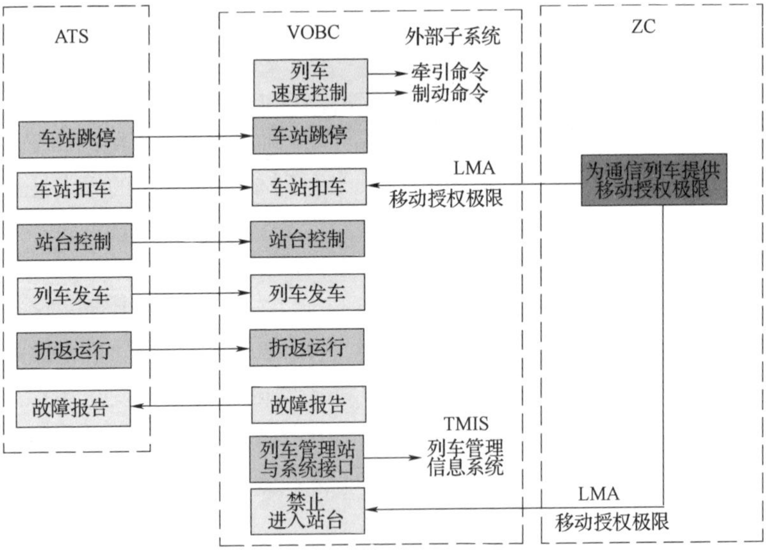

图 3-18 CBTC 车载控制器功能框图

移动监督(在自动模式下),并能在安全运行速度限制范围调整列车速度。

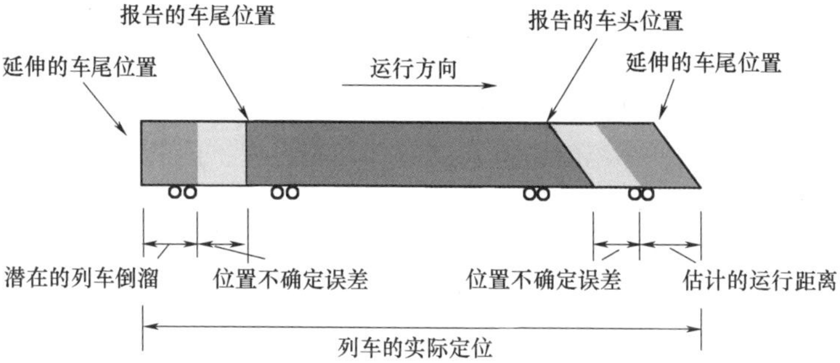

图 3-19　CBTC 列车定位原理示意图

③ 车门控制和安全联锁

列车到达对位停车点，确认速度为零，允许自动开启相应侧的车门。

(2)区域控制器(ZC)

区域控制器是故障导向安全的轨旁子系统。在每个联锁区，设置一个区域控制器，而且以三取二的冗余配置。由区域控制器实现与所控制区域内所有列车的安全信息通信；实现联锁控制；向所管辖区域内的每列车发送移动授权限制(LMA)。区域控制器的功能示意如图 3-20 所示。

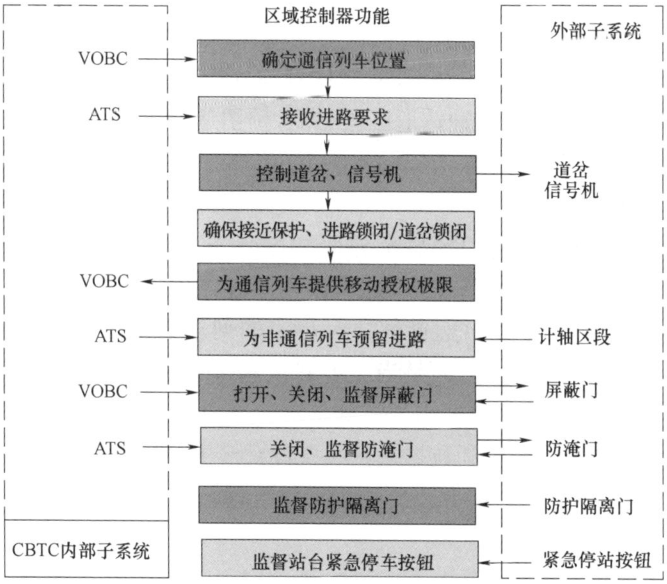

图 3-20　CBTC 区域控制器功能框图

它的主要功能有：

① 跟踪列车和发出移动授权限制

区域控制器根据列车的位置报告跟踪列车,为所控制区域内的每列车确定移动授权限制(LMA)。列车的移动授权限制是从列车尾部到第一个障碍物间的轨道区段,所谓障碍物包括列车、关闭区域、失去位置表示的道岔以及任何外部产生的因素,如紧急停车按钮、站台屏蔽门、防淹门和隔离保护门的动作等。

区域控制器通过列车的当前位置、行车方向及轨道当前的状态来确定 LMA,将列车的移动授权限制信息传递给列车的车载控制器,车载控制器负责在移动授权限制的范围内行车。另外区域控制器还会将列车移动授权限制范围内的道岔和信号机状态发送给列车,车载控制器就会监控与道岔和信号机相关的列车。在区域控制器确定道岔是为该列车预留的,而且列车运行方向正确,道岔被锁闭以后,才允许列车驶入道岔区域。

② 与列车监控子系统通信,实现进路排列

区域控制器根据列车监控子系统(ATS)的进路命令,向列车监控子系统报告道岔状态和轨道占用情况,以及告警、出错信息,并通过区域控制器对道岔实施控制和状态监视,当列车通过和接近道岔时,能防止道岔转换;在确保道岔转到正确的位置并锁闭后,允许列车进入道岔区域。

③ 站台屏蔽门的控制和状态监视。

④ 侵入轨道障碍物的监视和检出。

⑤ 实现与相邻区域控制器的通信,实现列车在两个相邻区域控制器间的交接,并将列车移动授权由一个控制器管辖区延伸到相邻控制器。

⑥ 为非通信列车提供计轴轨道区段检测,预留运行进路。

(3)其他设备

列车自动监控(ATS)子系统是一个非安全子系统,它为控制中心调度员提供人机界面。CBTC 系统的 ATS 显示界面如图 3-21 所示,它与基于轨道电路的 ATC 系统的 ATS 显示界面有很大区别,其列车在线路上的位置不再是所占用的轨道区段,而是具体的位置,并且能够显示更多的列车数据信息,但这些数据信息不能直接显示在 ATS 界面上,而是当点击列车时,该列车所对应的相关数据以列表的方式,显示给调度人员。

数据库存储单元(DSU)和数据通信系统(DCS)主要用于数据的存储和数据的传输。

2. CBTC 的主要功能

(1)ATS 子系统功能

ATS 子系统为中心调度员提供用户操作界面,ATS 的功能主要包括:

① 监视和显示功能

列车位置及功能的监视;列车控制子系统功能状况的监视;道岔、站台、屏蔽门

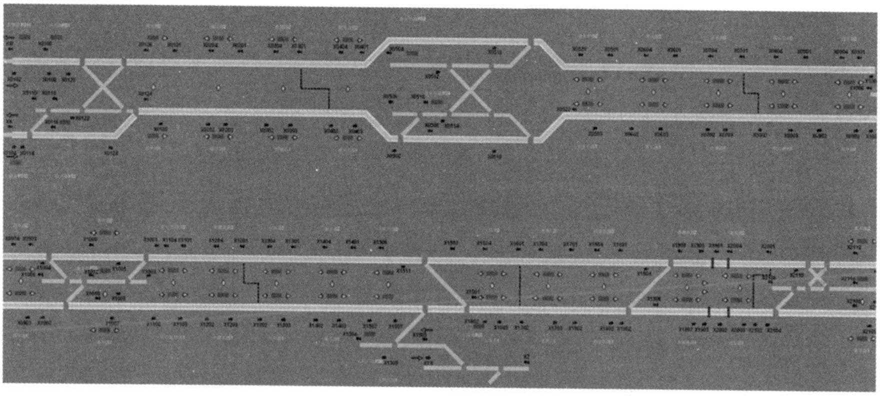

图 3-21 CBTC 系统的 ATS 显示界面

及侵入轨道障碍物的监视和显示。

② 列车运行调整控制功能

基于运行线分配的列车进路排列；根据系统延迟或调度员要求，调整列车运行参数，按时刻表要求，对列车运行进行调整，以保证运行间隔和计划运行图的实施。

③ 管理、维护

为管理报表、维护及运营分析收集数据，提供完善的人机界面。

④ 接口

提供站台乘客广播系统接口，提供站台旅客向导系统界面，SCADA 命令和状态显示，并与远程 SCADA 单元接口。

⑤ 车站控制

与轨旁设备通信，实现停站时分控制、跳停及扣车等功能；以及车载广播的触发、报警监督；并向 ATS 报告等。

(2)ATP 子系统功能

基于车—地间无线"通信"连续地检测整个系统内的列车位置，根据最小安全停车距离，控制列车间的安全间隔，实现进路、信号、道岔的联锁关系。

① 自动排列列车运行进路，实现联锁控制；当列车进入道岔区域，必须检查道岔位置正确，并在已锁闭的前提下，才允许列车进入该道岔区域。

② 根据安全运行要求，按驾驶模式规定，限制列车运行速度，也可以临时进行速度限制。

③ 提供车门安全控制，实现屏蔽门和列车门的联锁控制。

④ 实现制动和牵引的联锁，监督所有列车的运行方向，监督列车的倒溜，监督车辆非预期的运动，列车完整性监督，轮径校准，空转/打滑检测和补偿，防淹门和防护隔离门监督，紧急停车按钮监督，关键报警和事件的记录等。

(3)ATO 子系统功能

ATO 子系统，根据 ATS 所提供的运行类型，提供符合乘客舒适度标准的列车运行速度，实现定位停车控制。驾驶台的司机显示器如图 3-22 所示。

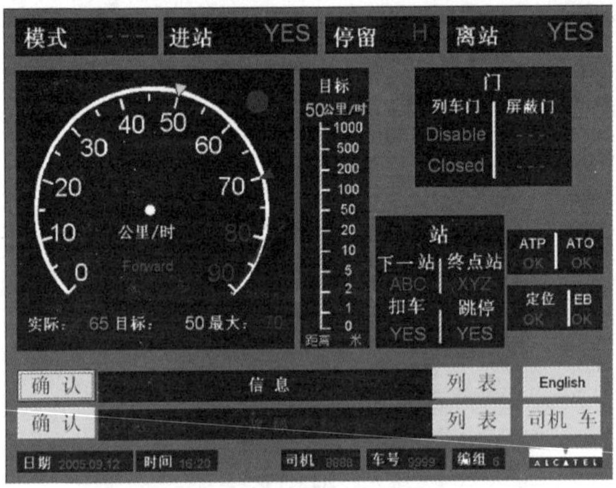

图 3-22　驾驶台的司机显示器

① 根据列车运行进路条件，为列车在区间运行提供相应的速度曲线。

② 配合 ATS 子系统，实现车站“跳停”“扣车”“催发”等调整功能。

③ 实现车站程序对位停车，对位停车点的校准和“零速”检测，使停车精度达到±0.25 m，列车定位停车以后，发送站台屏蔽门控制命令。

④ 提供列车将会打开哪侧车门的信息，当列车停于对位停车点并施加停车制动时，车门才能自动打开，但由驾驶员关闭列车门。

⑤ 给司机显示单元(TOD)发送运行所需的各种实时信息及“报警”信息，并向 ATS 报告。

3.5　全自动运行系统列车运行组织

3.5.1　全自动运行系统概述

世界上一些大城市经过几十年甚至上百年的建设，已形成了城市轨道交通网，城市轨道交通已成为市民出行的主要公共交通工具。

近十余年来，我国城市轨道交通发展速度明显加快，特别是北京、上海、广州等城市，正在加速新线建设并逐步形成城市轨道交通网络，这将从根本上解决城市的公交困难状况。

随着科学技术的发展以及自动化程度的提高，世界上城市轨道交通系统的运行模式也在发生变化。近几十年中，其发展大致经历了三个阶段：

1. 人工驾驶模式阶段

列车的驾驶员根据运行图在独立的信号系统中驾驶列车运行，并得到 ATP(列车自动保护系统)的超速监控与保护。

2. 人工驾驶的自动化运行模式阶段

列车设驾驶员，主要操作任务是为乘客上下车开、关车门，给出列车起动的控制信号；而列车的加速、惰行、制动以及停站，均通过 ATC(列车自动控制)信号系统与车辆控制系统的接口，经协调配合自动完成。

3. 全自动运行模式

列车的唤醒、起动、行驶、停站、开关车门、故障降级运行，以及列车出入停车场、洗车和休眠等都不需要驾驶员操作，完全自动完成。

我国近几年建设的新线，多属于人工驾驶的自动化运行模式。但纵观当今世界，科学技术的进步正在使城市轨道交通技术发生着革命性的变化。借助于全新的设计理念，计算机网络控制技术的应用，集成电路、电子元器件和机电部件的可靠性提高，生产制造工艺技术的革新等，已使城市轨道交通系统的可靠性、安全性也大幅提高；自动化程度的提高，使人工干预的内容越来越少，并已达到列车驾驶员的职能完全由“自动化”系统来替代的程度。城市轨道交通技术正进入一个崭新的时期，即“全自动运行模式”的发展期。全自动运行系统作为先进的城市公共交通系统，代表了城市轨道交通领域的发展方向。全自动运行线路车辆车厢布置如图 3-23 所示。

图 3-23　全自动运行线路车辆车厢布置

(1)基本概念

全自动运行(FAO)系统是基于现代计算机、通信、控制和系统集成等技术，实现列车运行全过程自动化的新一代城市轨道交通系统，是一套高度自动化系统。

按照 IEC 62290 标准的定义，全自动运行有两个等级：DTO 和 UTO（统称为 FAO）。在正常运营情况下，由自动化设备取代司机自动驾驶列车在全线运行，其中，DTO(driverless train operation)为无司机有人值守下的列车自动运行（自动化等级为 GoA3）；UTO(unattended train operation)为无人值守下的列车自动运行（自动化等级为 GoA4）。此外，目前广泛应用的 CBTC 系统可以定义为 STO (semi-automatic train operation)为有司机监督下的 ATO 驾驶。

全自动运行系统中，列车出发前从休眠状态自动唤醒，完成自检之后自动出库，并开始在正线按照时刻表运营，完成站间行驶、到站停车、自动开关车门、自动发车离站、自动折返，并在完成运营后自动回库、自动休眠等，还可实现列车、车站和控制中心之间的自动联动。今后，随着智能化水平的不断提高，整个信号系统也将在 FAO 技术的基础上进一步提高智能化、信息化、自动化水平。

(2)全自动运行系统的等级分类

目前，全自动运行技术根据五个方面特征划分为四级，即从 GoA1 到 GoA4，如图 3-24 所示。这个五个方面包括列车运行类型、行驶中调整列车、列车停车、关闭车门和干扰事件下运行，具体如下。

列车运行基本功能		自动化等级				
		GoA0	GoA1	GoA2	GoA3	GoA4
		TOS	NTO	STO	DTO	UTO
确保列车运行安全	确保进路安全	×	√	√	√	√
	确保列车运行间隔安全	×	√	√	√	√
	确保列车速度安全	×	√	√	√	√
列车驾驶	控制加速和制动	×	×	√	√	√
轨道的监督	避免与障碍物碰撞	×	×	×	√	√
	避免与人碰撞	×	×	×	√	√
乘降作业的监督	控制车门	×	×	×	×/√	√
	避免列车和列车间隙对人造成伤害；避免列车和站台间隙对人造成伤害	×	×	×	×/√	√
	确保列车启动运行的安全	×	×	×	×/√	√
列车的运营	列车投入或退出运营	×	×	×	×	√
	监督列车状态	×	×	×	×	√
紧急情况的检测和处理	执行列车诊断，检测火灾/烟雾，检测脱轨，处理紧急状况	×	×	×	×	√/OCC

图 3-24　全自动运行等级分类

GoA0：司机目视驾驶，类似于有轨电车；

GoA1：在ATP防护下的完全人工驾驶，由司机控制列车的启动，停止，车门的开关，以及突发情况的处理；

GoA2：半自动驾驶，车辆的启动、停止是自动运行，但是司机室配备一名司机开动车辆，控制车门的开关，以及应对紧急情况下列车的驾驶。大部分地铁ATO系统是这个级别；

GoA3：无司机驾驶，列车的启动、停止是自动化的，但列车配备一名服务人员，列车服务人员控制列车车门的开关以及紧急情况下对列车的控制；

GoA4：完全自动驾驶，列车唤醒、休眠、启动、停止、车门的开闭，以及紧急情况下的列车运行全部为自动驾驶，不需要任何一名工作人员参与。

3.5.2 全自动运行系统运行组织

1. 行车组织

全自动运行区域应按照正线和车辆基地的全自动运行功能部署情况进行划分，其中车辆基地全自动运行区域宜包括出入段线、停车列检线、洗车线、牵出线等。

运营规则、行车组织方案及行车组织细则应涵盖正常、非正常和应急情况下的各类运营场景。

全自动运行系统应优先采用自动驾驶模式(FAM)运营时间内不宜频繁切换运行模式。若确实需要切换运行模式或多种模式并存运行的，运营单位应有相对应的规则与程序。

UTO运行模式下，现场运营人员的覆盖程度应能满足应急响应时间的要求。应明确各故障远程处置与现场处置的优先级。

2. 调度指挥

运营单位应建立责权清晰的生产调度管理体系。应采用运营控制中心集中调度指挥模式，正常情况下应以系统自动运行为主，非正常或应急情况下可转为传统非全自动运行的调度指挥模式。

调度员的岗位职责应包括以下主要内容：

(1)车辆远程监控及乘客服务；

(2)列车的远程休眠、唤醒等操作；

(3)故障时应根据故障现象进行判断，对于远程无法判断或处理的故障，应尽快安排相关人员现场处理；

(4)列车发生乘客报警、烟雾火灾报警、迫停区间等突发事件时与乘客通话并进行远程广播；

(5)正线、车辆基地及主变电所供电系统的远程监控与管理，火灾报警系统、车站环境与设备监控系统的中心级远程监控。

对于设有备用控制中心的全自动运行系统，运营单位应制完善的管理办法与流程，规定主备控制中心控制权转换、应急人员调配等相关内容。

启动降级模式前，调度员应详细了解现场情况，核实启动条件；因降级造成列车运行晚点时，调度员应及时发布相关信息。

调度员在进行故障或灾情远程确认及复位前，应与车上值守人员、现场运营人员或乘客核实现场情况。

3. 列车运行

列车应能按要求在规定位置实现自动唤醒，并按照列车运行计划自动上线运行。DTO 运行模式下，车上值守人员应在指定时间和指定位置登乘列车，登车前应做好安全防护工作。

列车在正线运行时，DTO 运行模式下的行车及服务关键设备系统工作状态的巡查工作应由车上值守人员完成；UTO 运行模式下的列车巡查工作宜由现场运营人员完成。

轨道车及末班车宜采用非 FAM 运行。

DTO 运行模式下，调度员和车上值守人员应监护列车运行；遇非正常及应急情况时，车上值守人员现场优先处置，调度员远程配合。UTO 运行模式下，调度员应远程监护列车运行，现场运营人员按要求巡视；非正常及应急情况时，远程与现场处置的优先级和配合方式应根据实际情况确定，并分别制定预案或处置方案。

DTO 运行模式下，列车因故迫停车站或区间时，车上值守人员应按要求进行现场处置；UTO 运行模式下，列车因故迫停车站或区间且无法远程处置时，现场运营人员应根据相关预案及时登车处置并做好登车前安全防护工作，确实需要立即远程组织乘客区间疏散的，应按预案处置。

当列车上发生乘客跌倒、摔伤、夹人夹物等紧急情况时，车上值守人员或现场运营人员应及时处置。

4. 车站行车组织

车站行车规章制度应包括行车设备使用与管理、与行车有关的客运组织工作、故障及灾情处置程序及作业时间要求等内容。

应加强对全自动运行的新增风险点和车站行车相关设备进行监控，对乘客乘降过程进行监视，发现故障或异常应及时处理。

运营单位可根据全自动运行系统的特点逐步推行车站岗位复合机制，以实现精简高效。

全自动运行系统由中心控制改为车站控制时，车站行车值班员或多职能队员（站控）应加强监控列车运行情况，并根据调度员命令及时开展相关行车组织工作。

5. 客运组织与服务

客运服务质量管理、客运组织方案及突发事件处置程序应满足不同运行模式的需求。应通过多种形式向乘客宣传全自动运行系统的安全乘车理念和突发事件应对知识。DTO及UTO运行模式下对特殊乘客的服务质量不应降低。

(1)客运组织

运营单位应分别制定不同运行模式的客运组织分级管控机制及管理措施。站台关门按钮、站台急停按钮、清客确认按钮、站台门与列车间防夹探测装置及等全自动运行辅助设备的故障处置方案应满足客运组织的需求。

UTO运行模式下,车上值守人员应配合车站工作人员组织列车清客作业,避免乘客滞留客室或载客回库。UTO运行模式下,车上值守人员应配合车站工作人员进行站台乘降作业管理,重点关注关门过程中的乘客抢上抢下行为及影响乘降作业的设备故障,及时做好客流疏导。

发生大客流时,调度员可采取调整停站时间、增加运力等措施满足客流需求;车站工作人员应加强监控站台乘客的滞留情况,采取有效的客流管控措施,保障车站客运组织的安全有序。

全自动运行系统的乘客服务信息发生播报错误时,现场工作人员应采取有效干预措施纠正错误信息,降低信息播报错误导致的影响并及时上报。

(2)客运服务

应通过标识、广播、提示音、乘客信息显示、视频设备等多种方式为乘客提供客运服务及安全应急等信息,满足全自动运行客运服务质量要求。

DTO运行模式下,车上值守人员应为客室乘客提供问询、为特殊乘客提供帮助等服务。UTO运行模式下,调度员应根据乘客需求通过视频监控系统、紧急呼叫装置、远程广播等辅助手段为客室内乘客提供必要的服务,现场运营人员在对车站或列车进行巡查的过程中可为乘客提供问询、为特殊乘客提供帮助等服务。

应及时通过远程人工控制或系统自动控制为乘客提供适宜的照明、制冷和采暖等服务。应持续培养乘客自助服务的意识及设备自助使用的能力。

6. 车辆基地行车组织

车辆基地全自动运行区域内应能实现列车的自动休眠、自动唤醒、自动出入段、自动洗车、自动调车等功能。应根据运营管理需求明确车辆基地内的列车运行模式。

运营控制中心宜能实现对车辆基地全自动运行区域的控制,并按相关要求可实现控制权在运营控制中心和车辆基地之间的转换。

全自动运行区域的停车线应具备列车的自动唤醒和自动休眠功能,且运营控制中心及车辆基地控制中心应能对列车休眠、唤醒、运行、清扫等状态进行管理和控制。

应对车辆基地停车列检库自动门及洗车库自动门(如有)等重要设备进行监控,如遇故障及时采取有效措施。

3.5.3 全自动运行系统安全管理

运营单位宜通过岗位职责复合、乘客自助服务及部分服务外包等形式实现人力资源优化的目标。专业岗位作业人员应经过系统岗位培训后持证上岗，涉及特种作业要求的人员应参加专业培训，并取得相关部门颁发的特种作业操作证或特种设备作业人员证方可上岗。

在线路运行等级、设备功能及规章制度等条件发生变化时，运营单位应组织对相关岗位人员进行专项培训与考核。运营单位应定期对相关岗位人员的岗位技能及应急处置能力进行考核与培训，以保障在非全自动运行情况下的运行安全与效率。

1. 人员管理

(1)调度员

调度员应根据岗位工作标准，接受相关岗位知识与技能培训，包括全自动运行系统特有的相关知识与技能。

承担车辆故障处置职责的调度员应接受车辆故障排查、车辆故障远程处理等相关内容的培训。

承担乘客服务职责的调度员应接受乘客沟通与服务等相关内容的培训。

承担车辆基地调度员职责的调度员应接受车辆基地内行车组织、施工管理等相关内容的培训。

(2)车站行车人员

车站行车人员员应接受全自动运行系统新增风险点及操作事项的理论培训，以及全自动与非全自动运行情况下的设备操作练习。

(3)车上值守人员

车上值守人员应掌握突发事件应急处置流程，熟悉全自动运行系统的新增风险点和安全措施，确保乘客和行车安全；应根据全自动运行系统的值守方式掌握乘客问询与帮助、服务礼仪、急救等方面的知识与技能；应定期开展进入和退出 FAM 的操作练习、手动驾驶训练、应急故障和突发事件处置演练等。离开值守岗位连续六个月以上，应经过考试合格后方可继续上岗。

独立值守的车上值守人员在非 FAM 下的累计运行里程应不少于 5 000 km；应经过系统的理论知识和实操技能培训，并接受针对所属线路的全自动运行场景、作业指导书等方面的专项培训。

(4)设施设备维护人员

设施设备维护人员应接受全自动运行系统相关知识的学习与培训，掌握全自动运行区域内相关维护作业的流程、要求以及相应的安全防护措施；应接受全自动运行系统相关设备发生故障时的应急处置培训；宜加强本专业外相关专业知识与技能的培训，满足维护人员岗位复合的需求。

(5)其他人员

其他运营管理人员应接受全自动运行系统相关知识与技能的学习与培训。

2. 安全管理

(1)区域划分及安全管理

车辆基地全自动运行区域和非全自动运行区域之间应设有物理隔离，并实现分区管理。

运营单位应明确全自动运行列车与非全自动运行列车在转换区域进行模式转换时的规则与程序。

停车库的各防护分区之间应设有物理隔离，并设人员防护开关及制定相配套的作业管理措施。

(2)人员出入及防护

停车库内各防护分区的出入口处应设有门禁系统，并设置不同权限控制人员进出。

停车库宜设有与列车行驶区域相隔离的人员安全行走区域。

工作人员进入防护分区时应激活人员防护开关，建立相应封锁区域；关闭人员防护开关前应确保所有人离开封锁区域。

(3)风险管控与应急预案

城市轨道交通全自动运行系统投入运营前，应通过初期运营前的安全评估；应建立风险管控机制与隐患排查机制，识别并排查不同运行模式下的安全风险与隐患，并及时采取相应的管控措施；应建立健全安全检查机制，明确DTO与UTO运行模式下的全自动运行区域和非全自动运行区域的安全检查要求和内容，宜利用信息化、智能化等技术手段开展安全检查。

运行模式变更前应对行车组织规则、岗位要求、设施设备可靠度、应急预案及应急能力等内容进行安全评估。

3. 应急管理

应急机制、应急预案、应急演练、应急物资及应急能力等应急管理体系中的各要素应涵盖不同运行模式的相关要求。

应急预案应涵盖不同运行模式及各类运营场景，并实现分级分类管理。

DTO与UTO运行模式变更过渡期间应有相应的应急预案予以保障。

运营单位应制定应急演练计划并定期组织开展应急演练。

应急演练应在不同运行模式及运行模式变更过渡等环境下开展，实操演练可在全自动运行的模拟环境下开展。

3.5.4 全自动运行技术的发展前景

随着新技术的不断发展，未来轨道交通的技术融合趋势更加强烈。全自动运行、基于车车通信的列控系统、基于新一代无线通信技术的车地通信及互联互通技术等新技术、人工智能将融合到以全自动运行为核心的技术发展潮流当中。

基于车车通信的列车控制技术由车载控制器计算移动授权，将会进一步减少轨旁设备的数量，提高系统的可靠性、安全性，满足全自动运行对高可靠性、安全性的需要。

基于新一代通信技术 4G、5G 无线通信技术的车地通信将会大幅度提高车辆与地面控制中心的数据传输带宽、数据传输实时性，为全自动运行列车的远程控制、状态检测、应急处置提供强有力的技术支撑。

互联互通的范围和内涵将有很大扩展。目前欧洲正在研究基于新一代通信技术互联互通的列控系统，旨在实现铁路与轨道交通互联互通的技术标准。我国轨道交通互联互通的国家重点研发项目也在开展当中，未来融合互联互通技术、新型车地通信技术、车车通信列控技术、人工智能技术的全自动运行技术将不断创新和发展，为实现安全、高效、准点、舒适、节能的运营目标发挥更大作用。

第 4 章　行 车 设 备

行车设备主要包括线路、车站、道岔、信号、通信设备、供电设备及屏蔽门设备等。在每日运营前必须保证所有设备的正常及完好。

4.1　线路和车站

4.1.1　线路

1. 线路的分类

(1)按铺设方式,城市轨道交通线路可分为:地下线路、地面线路和高架线路。

地下线路铺设于隧道内,主要采用混凝土整体道床,主要由隧道、整体道床、侧沟、轨枕(混凝土长枕、混凝土短枕、支撑块等)、钢轨、扣件、钢轨联结零件等组成,城市的中心区域普遍采用这种形式。

地面线路铺设于地面,普遍采用碎石道床,主要由路基、碎石道床、侧沟、轨枕(木枕、混凝土枕等)、钢轨、扣件、钢轨联结零件等组成,中心区域以外的区域可以采用这种形式。

高架线路铺设于城市高架桥面之上,一般沿城市道路一侧或中央铺设,普遍采用混凝土整体道床,主要由高架桥、整体道床、侧沟、混凝土支撑块、钢轨、扣件、钢轨联结零件等组成,城市外围区域主要采用这种形式。

(2)按功能,城市轨道交通线路可以分为正线和辅助线,辅助线包括渡线、折返线、存车线、联络线等。

① 正线

正线是连接两个车站并从区间伸入或贯穿车站、行驶载客列车的线路。正线还可分为区间正线和车站正线。正线分上、下行,实行双线右侧行车。

② 辅助线

辅助线指为列车提供折返、停放、检查、转线及出入段作业的线路,它包括:渡线、折返线、存车线、出入段(场)线和联络线等,一般行驶不载客运行的列车。

为使列车、车辆能从一条线路转入另一条线路,可以设置渡线。线路有单渡线和交叉渡线两种。单渡线由 2 副单开道岔和道岔间的直线段组成,交叉渡线由 4 副单开道岔和 1 副菱形交叉组成,如图 4-1 和图 4-2 所示。

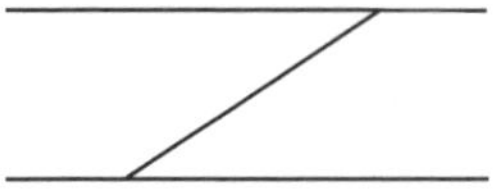

图 4-1　单渡线示意图

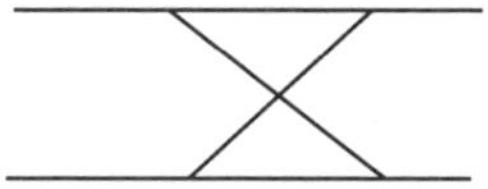

图 4-2　交叉渡线示意图

折返线是供列车折返的线路，有单折返线、双折返线、环形折返线等，折返线的布置应尽可能保证线路最大通过能力的实现，在城市轨道交通中环形折返线较少使用。如图 4-3、图 4-4 和图 4-5 所示。

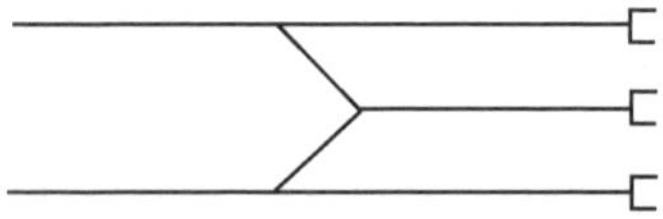

图 4-3　单折返线示意图

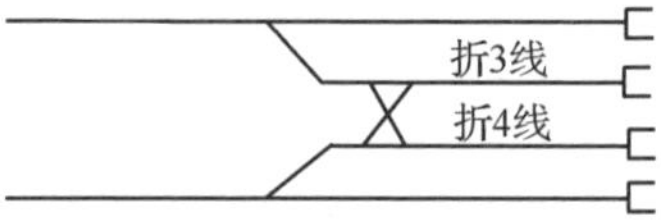

图 4-4　双折返线示意图

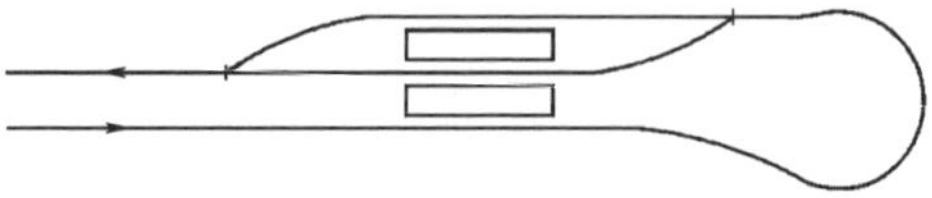

图 4-5　环形折返线示意图

存车线是临时停放列车的线路，存车线的设置应兼顾运营功能需要与车站造价控制。

联络线用于连接两条不同线路。如上海地铁 1、2 号线人民广场车站设置有联络线，以方便列车的转线作业。联络线的设置应在网络规划时确定，方便城市轨道交通车辆等大型设备的运输，一般城市轨道交通都与铁路线路设有联络线。

城市轨道交通线路的编号先编正线，用罗马数字表示，下行正线一侧为单数（Ⅰ），上行正线一侧为双数（Ⅱ）。辅助线用阿拉伯数字表示，靠近下行线侧的辅助线一般编单数(3,5,…)，靠近上行正线一侧为双数(4,6,…)。

2. 轨道线路的组成

轨道线路一般由钢轨、接头联结零件、轨枕、扣件、道床和轨道加强设备等组成，是城市轨道交通列车行车的基础，是城市轨道交通运营的重要设备之一。

(1)钢轨

钢轨是轨道最重要的组成部件，它直接承受列车的荷载，依靠钢轨头部内侧面和机车车辆轮缘的相互作用，引导列车运行。钢轨横截面为工字形截面，分轨头、轨腰和轨底三部分，轮轨关系如图 4-6 所示。

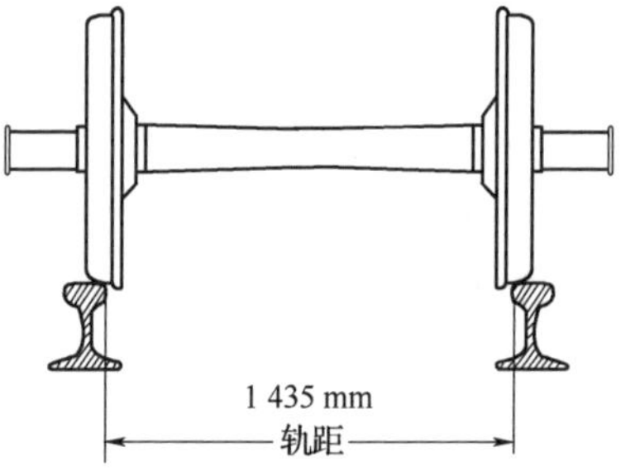

图 4-6　轮轨关系图

① 按每米质量，把钢轨分为：75 kg/m 轨、

60 kg/m 轨、50 kg/m 轨、43 kg/m 轨、38 kg/m 轨等。一般来说，城市轨道交通正线选用60 kg/m的钢轨，停车场选用 50 kg/m 的钢轨。

② 按单根钢轨的长度，钢轨又可分为：标准轨、缩短轨等。标准轨的长度有 12.5 m 和 25 m 两种。一般 60 kg/m(含)以上钢轨采用 25 m 标准轨；其余 50 kg(含)以下钢轨长度既有 25 m 标准轨，也有 12.5 m 标准轨。

(2)接头联结零件

接头联结零件主要由接头夹板和接头螺栓将钢轨与钢轨的端部连接起来，利用接头夹板与钢轨之间的摩擦力，将钢轨接头处前后两根钢轨的间隙——轨缝控制在一定的限度内。钢轨接头联结零件主要包括接头夹板、接头螺栓、螺母、垫圈等，如图 4-7 所示。钢轨接头分为普通接头、异型接头、导电接头、绝缘接头、胶结接头和冻结接头等。

(a)

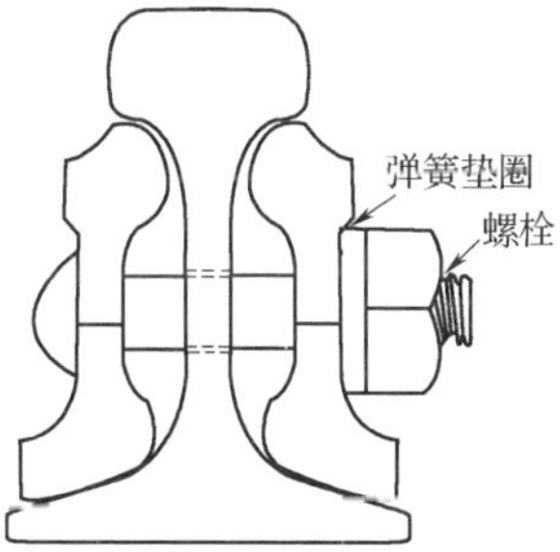

(b)

图 4-7 钢轨接头

(3) 轨枕及扣件

① 轨枕

轨枕是轨下基础部件之一。它的功用是支承钢轨，保持轨距和方向，并将钢轨对它的各向压力传递到道床上。轨枕分为木枕和钢筋混凝土枕，这两种轨枕主要用于停车场和地面线的碎石道床。

② 扣件

扣件是钢轨与轨枕或其他轨下基础连接的重要联结零件，它的作用是固定钢轨，阻止钢轨纵向和横向位移，防止钢轨倾斜，并能提供适当的弹性，将钢轨承受的力传递给轨枕或道床承轨台。一般扣件都由钢轨扣压件和轨下垫层两部分组成。

目前在国内城市轨道交通中使用的扣件大致可分为传统扣件、DT 系列扣件、WJ 系列扣件、弹簧扣件和减震扣件 5 种，常见扣件如图 4-8 所示。

(4) 道床

道床是铺设在路基之上，轨枕之下的结构层，它主要有承受并传递荷载，稳定轨道结构的作用。道床从结构和形式上可分为碎石道床和整体道床两种。

(a)

(b)

图 4-8 常见扣件

① 碎石道床结构简单，容易施工，减震、减噪性能较好，造价低。但其轨道建筑高度较高，造成结构底板下降，加大隧道的净空，排水设施复杂，养护工作频繁，更换轨枕困难。因此城市轨道交通的隧道内和高架混凝土桥面上的轨道线路一般不采用碎石道床，而一般在地面线及停车场道岔区域，采用木枕或钢筋混凝土枕的碎石道床。

② 整体道床也称无碴道床，其特点是整体性好，坚固、稳定、耐久；轨道建筑高度小，减少隧道净空，轨道维修量小，适应地铁和轻轨交通运营时间长、维修时间短的特点，但其弹性差，列车运行引起的震动、噪声比较大，造价比较高，施工时间长。整体道床主要有无枕式整体道床、轨枕式整体道床、弹性整体道床等类型。

3. 其他

(1)轨距

轨距是指轨道上两股钢轨头部内侧以下一定距离(城市轨道交通与国家铁路都采用 16 mm)处，两作用边之间的最短距离，如图 4-6 所示。目前国内实行的标准轨距为 1 435 mm。

(2)曲线

轨道交通线路平面上由直线和曲线组成，曲线是线路的薄弱环节之一，它与线路性质、车辆性质、行车速度、地形地物条件等有关。为保证列车运行的平顺和安全，应采用大半径的曲线，曲线半径越大允许列车通过线路的速度就越高，对列车的轮轨磨耗越小，但占地越大。

因受到城市空间限制和造价的影响，曲线半径不可能无限大，在满足运行速度和车辆技术要求情况下，地铁正线的最小曲线半径为 300 m，在困难情况不能小于 250 m；高架轻轨线正线最小曲线半径一般不小于 200 m，困难条件下不小于 100 m；车场线上最小半径为 30 m。

另外，A 型车的最小曲线半径要求比 B 型车大。车站的站台段线路应设在直线上，在困难的地段可设在曲线上，其半径不应小于 800 m。曲线地段一般不设置道岔。

(3)曲线超高

列车在曲线轨道上运行时，会产生离心力，离心力过大会影响行车安全。为平衡离心力的作用，在曲线轨道上设置外轨超高，即把曲线外轨适当抬高，车身倾斜，车辆重力的水平分力可以抵消离心力，达到内外两股钢轨受力均匀、垂直磨耗均等，减小离心加速度，增加旅客舒适度，提高线路稳定性和行车安全。曲线外轨超高如图 4-9 所示。

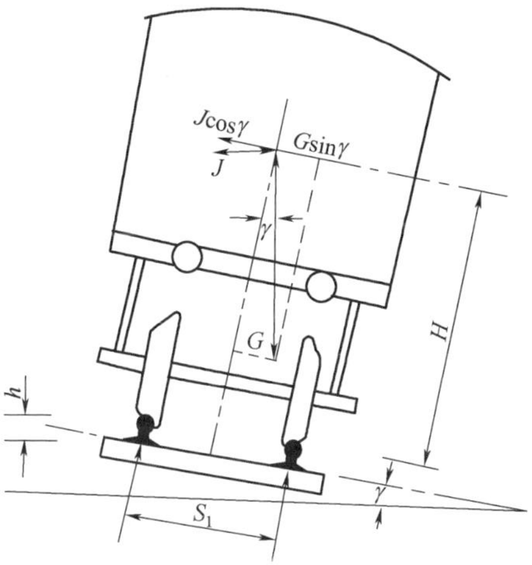

图 4-9 曲线外轨超高示意图

列车由直线进入曲线时，所产生离心力的大小，是决定于列车前进的速度和曲线半径。速度越高，半径越小，则离心力就越大，作用在外轨的横向力也越大，外轨磨耗加剧、钢轨外挤。

曲线超高计算公式：

$$h=11.8\frac{V^2}{R}(\text{mm}) \tag{4-1}$$

式中 h——曲线外轨超高(mm)；

V——通过曲线时各类列车的平均速度(km/h)；

R——曲线半径(m)。

(4)坡度

城市轨道交通线路根据地形变化，有上坡、下坡和平坡，坡度标志如图 4-10 所示。在坡度标上用箭头表示坡度的变化，坡度值用每 1 000 m 的水平距离与线路升高或降低的数值之比的千分率来表示，如"4 ↗"，就表示每 1 000 m 的水平距离线路升高 4 m ，也可表示为 4‰。线路坡段长度不宜小于远期列车长度。

城市轨道交通正线的最大坡度不宜大于 30‰，隧道内折返线和存车线一般不大于 20‰，联络线、出入段线的最大坡度不宜大于 40‰。

城市轨道交通车站站台理论上不应设在坡道上，因较大的坡度致使停车不稳，易发生溜车的危险事故，如条件限制最大坡度为 2‰，地面和高架桥上的车站站台在困难地段可设在不大于 3‰的坡道上；道岔理论上也不应设在坡道上。

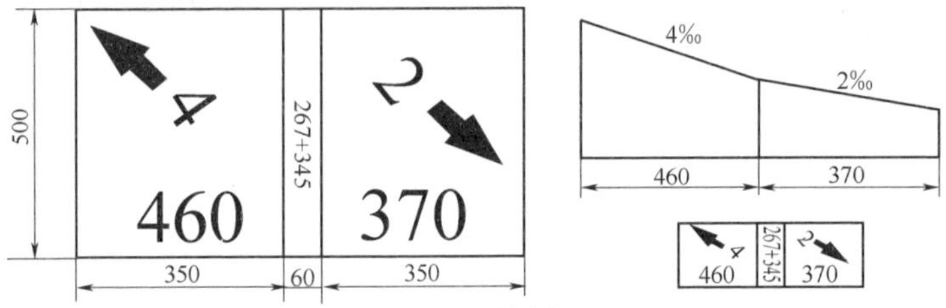

图 4-10　线路坡度标

(5)限界

限界是指列车沿固定的轨道安全运行时,所需要的空间尺寸。限界主要分为车辆限界、设备限界、建筑限界、受电弓限界等,起控制作用的主要是设备限界和建筑限界。限界越大,安全度越高,但工程量和工程投资也随之增加。因此,合理限界的确定,既要考虑保证列车运行的安全,又要考虑系统建设成本。

① 车辆限界

车辆限界是根据车辆的轮廓尺寸,考虑其弹簧挠度、各项间隙、磨耗、误差等技术参数的影响,对车辆在运行中可能出现的最大横向和竖向的偏移进行分析计算确定的。

② 设备限界

设备限界是在车辆限界的基础上,考虑轨道的轨距、水平、方向、高低等在某些地段出现最大容许误差时,引起车辆的附加偏移量,以及在设计、施工、列车运行中不可预计的因素在内的安全预留量。设备限界是一条轮廓线,所有固定设备以及土木工程的任何部分都不得侵入此轮廓线内,它是保证城市轨道交通系统中的列车等移动设备在运营过程中的安全所需要的限界。

③ 建筑限界

建筑限界,是指在行车隧道和高架桥等结构物的最小横断面所形成的有效内轮廓线基础上,再考虑其施工误差、测量误差、结构变形等因素,为满足固定设备和管线安装的需要而必须设置的限界。换言之,建筑限界以内、设备限界以外的空间主要是为各类误差、设备变形和其他管线安装所预留的空间。

④ 受电弓限界

受电弓限界是根据车辆、轨道、接触网的触线、动态电间隙、各项公差等进行计算确定的。

上述限界,一般是按车辆在平直线轨道上运行时制定,对于曲线和道岔区的限界,一般应在直线地段限界的基础上,根据车辆的有关尺寸以及不同的曲线半径、超高、道岔类型等,再分别考虑适当的加宽和加高量。具体限界如图 4-11 和图 4-12 所示。

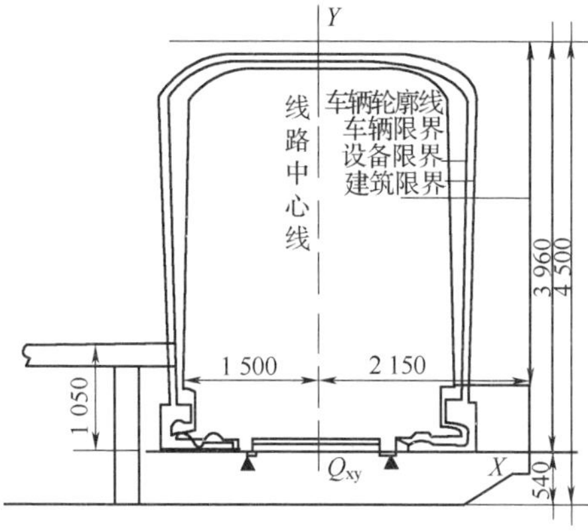

图 4-11 地下直线车站限界(单位:mm)

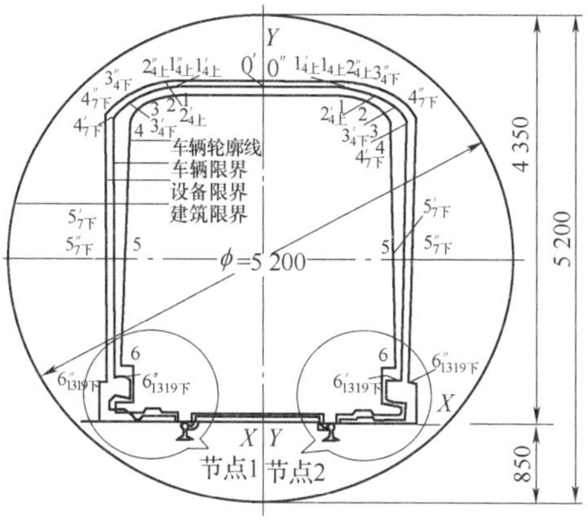

图 4-12 圆形隧道限界(单位:mm)

4.1.2 车站

车站是城市轨道交通网络中的重要组成部分,是乘客乘坐列车的起始、终到及换乘的地点,客流集散的场所,也是列车到发、通过、折返或临时停车的地点。

1. 车站分类

(1)车站按运营功能的不同分为终点站、中间站、折返站和换乘站。

① 终点站(即始发站)

终点站是指线路两端或列车交路两端的车站,除供乘客上下车外,通常还具有列车折返、停留或临时检修等运营功能。

② 中间站

中间站处于线路两端终点站之间的沿途车站,中间站一般只供乘客上下车,是线网中数量最多的车站。有些中间站还设有折返线、渡线、存车线等,以提供在紧急情况下的列车调整。

③ 折返站

折返站是终点站与中间站中设有折返线、渡线等折返设备,可供长、短交路列车进行折返作业的车站。

④ 换乘站

换乘站设置在两条及两条以上的有轨道交通线路交叉点的车站,换乘站使乘客在计费区内从一条轨道交通线路换乘到另一条轨道交通线路,节省了乘客进、出站及排队购票的时间,为乘客换乘提供方便。

(2)车站按有无运行监控功能可分为集中站和非集中站。

① 集中站

集中站是指具有站控功能的车站，车站内安装有联锁设备。集中站车站值班员根据调度命令，可监控集中站管辖线路上的列车运行，执行扣车、催发车等列车运行调整措施。集中站通常为有道岔车站。

② 非集中站

非集中站是指不具有车站控制功能的车站。非集中站通常为无道岔车站。

2. 车站的结构功能

车站主体结构主要由站台、站厅、设备用房、管理用房、辅助用房及列车运行空间等组成；车站的附属结构有出入口、通道、风亭（风井）等。

（1）出入口和通道

出入口和通道是车站的门户。其主要作用是集疏客流，供乘客换乘轨道交通或其他交通，有些还兼有行人过街的作用。出入口和通道在设计之初都会选择靠近地面交通集散点、著名建筑物、商业区、住宅区等客流繁忙地方。

为方便乘客及疏散客流，一个车站的出入口一般不少于两个。

（2）站厅层

站厅层是换乘列车的中转站，其主要作用是集疏客流，为乘客提供售检票等服务。在站厅层的两端一般设有设备用房、管理用房和生活用房。

站厅层一般分为收费区和非收费区。根据客流的大小，在不影响乘客集散的同时可以设置商业用房。

（3）站台层

站台层是最直接体现车站功能的层面，其主要作用是供列车停靠、乘客候车及上下列车之用。站台的大小取决于远期预测的高峰小时客流量。

在站台层还设有设备用房及管理用房。

（4）设备用房

设备用房是安置各类设备、进行日常维修及保养设备之场所。主要分为环境控制机房、变电所、通信机械室、信号机械室、自动售检票室、消防泵房等。

（5）管理用房

管理用房是车站工作人员的办公用房。包括车站控制室、站长室、编码室及警务办公室等。

（6）生活用房

生活用房是车站工作人员的日常生活用房。包括更衣室、休息室、茶水间、厕所等。

3. 车站站界

（1）无道岔车站

两端均以发车表示器、进/出站信号机或一端以安全线尽头处作为车站与区间的分界。

(2)有道岔车站

有岔端以该线最外方道岔防护信号机,无岔端以发车表示器作为车站与区间的分界。折返线归属车站管理。

(3)终端车站

尽头端以正线尽头处车挡为站界,无岔端以发车表示器或者进/出站信号机为站界。

4. 车站有效长度

一般来说,轨道交通系统A型车8节编组的车站,车站有效长为186 m;A型车6节编组的车站,车站有效长为142 m;C型车7节编组的车站,车站有效长为137 m;C型车4节编组的车站,车站有效长为80 m。

4.2 道　　岔

道岔是线路上供列车安全转线的设备,是引导车辆由一条线路转向另一条线路的过渡设备。道岔是轨道线路的重要组成部分,道岔构造复杂,也是线路的薄弱环节之一。

4.2.1 道岔分类

城市轨道交通常用的道岔有普通单开道岔、交叉渡线道岔、三开道岔及复式交分道岔等,其中普通单开道岔为最常用的道岔。

1. 普通单开道岔

单开道岔的主线为直线(直股),侧线(侧股)由主线向左侧或右侧岔出,分为左开及右开两种形式,如图4-13所示。为了满足设计施工及运营生产的需要,一般用道岔中心线表示法表示道岔,即用道岔处的两线路中心线及其交点表示道岔。

普通单开道岔由转辙器(包括尖轨、基本轨、联结零件及转换设备)、连接部分(包括直轨和导曲线轨)、辙叉及护轨(包括辙叉心、翼轨和护轮轨)三部分组成,如图4-14所示。

转辙器是引导车轮进入道岔不同方向的设备,其作用是将尖轨置于不同的位置时,使列车沿着直向或侧向运行。其中,尖轨是转辙器中的重要部件之一,用与基本轨同类型的标准钢轨或特种断面钢轨刨切而成,其作用是依靠其被刨尖的一端与基本轨紧密贴靠,以正确引导车轮的运行方向,列车靠它引进直股或侧股线路上。

辙叉是道岔中两股线路相交处的设备,其作用是使列车能够按确定的行驶方

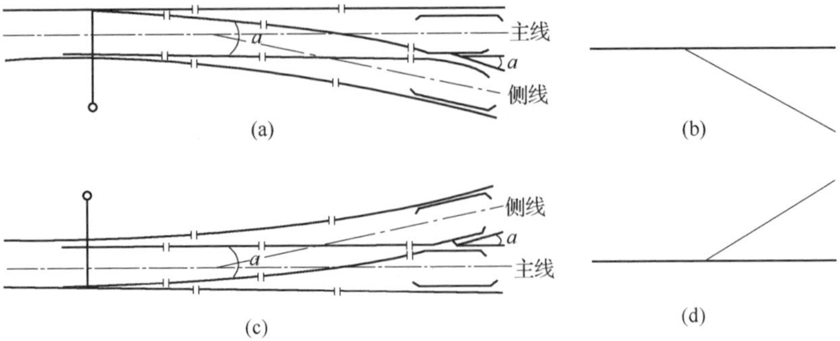

图 4-13 单开道岔

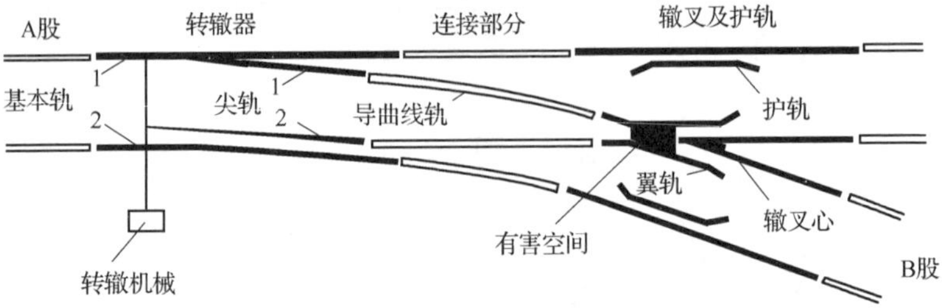

图 4-14 普通单开道岔组成

向,跨越线路正常地通过道岔,城市轨道交通普遍使用高锰整铸辙叉。护轨与辙叉的配合作用既能控制车轮的运行方向,使之正常通过“有害空间”而不错入轮缘槽,又能保护辙叉尖端不被轮缘冲击撞伤。

2. 交叉渡线道岔

交叉渡线道岔由四副单开道岔和一副菱形交叉组成,如图 4-15 和图 4-16 所示。一般来说,渡线上的道岔都设置为联动道岔。

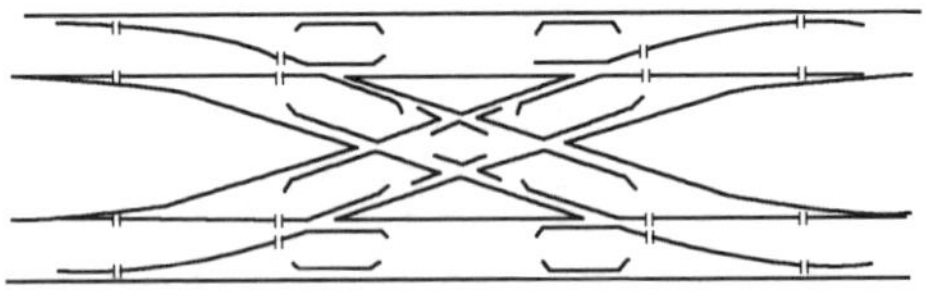

图 4-15 交叉渡线道岔

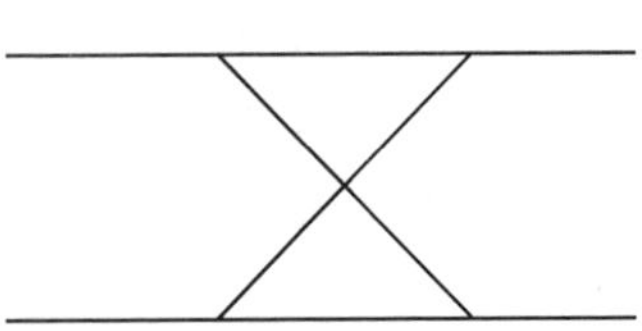

图 4-16 交叉渡线道岔中心线表示图

3. 三开道岔

三开道岔指一个方向通向 3 个方向的道岔，它由一股直线钢轨、两股曲线钢轨、两对尖轨、3 副辙叉组成，中间辙叉的心轨理论尖端在中线上。当地形条件限制，不可能有足够的长度来排列两组单开道岔时，才采用三开道岔，三开道岔是将一个道岔纳入另一个道岔内构成的，通常在非频繁折返车站铺设，如图 4-17 和图 4-18 所示。

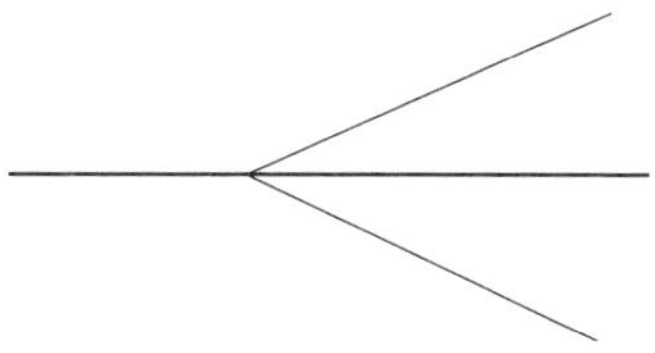
图 4-17　三开道岔中心线表示图

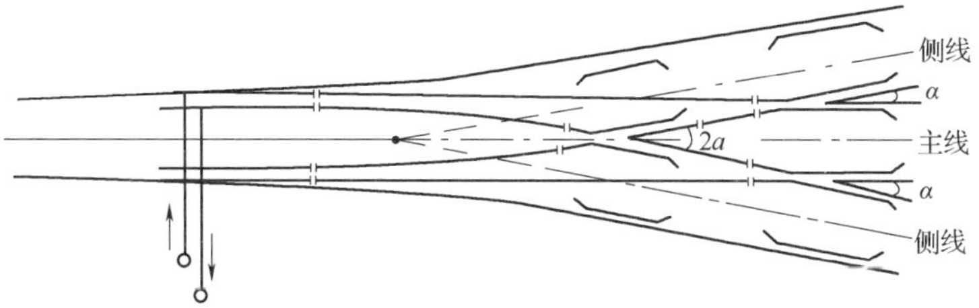

图 4-18　三开道岔

4. 复式交分道岔

复式交分道岔指在两条线路相交时，中间增添四副转辙器和两副连接曲线，列车能沿任何一侧由一条线路转入另一条线路的道岔，如图 4-19 和图 4-20 所示。一组复式交分道岔能起到四组单开道岔的作用，不仅能节省用地面积，同时也能节省调车作业时间，但是复式交分道岔结构复杂，维修养护较困难，允许列车通过道岔的速度较低，安全性较差，一般用于停车场，正线上较少使用。

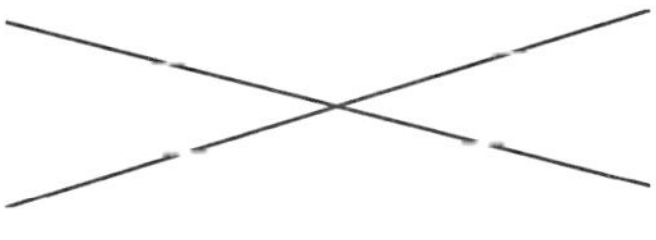
图 4-19　复式交分道岔中心线表示图

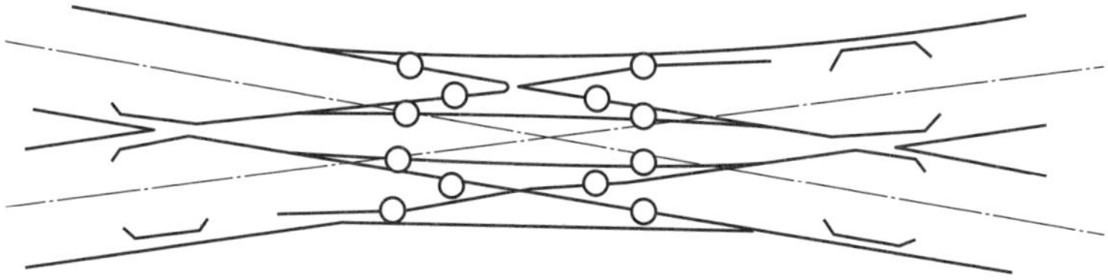
图 4-20　复式交分道岔

4.2.2　道岔号数

道岔号数(也称辙叉号码) 可用道岔辙叉角的余切表示，如图 4-21 所示。计算公式为：

$$N=\frac{FE}{AE}=\cot\ \alpha \tag{4-2}$$

辙叉角 α 越小，辙叉号 N 值就越大，导曲线半径也越大，允许列车侧向过岔速度也就越高。所以采用大号数道岔有利于提高列车运行速度，但道岔号数越大，道岔越长，占地越多，造价也自然就越高，一般 9 号道岔的全长为 28.848 m。

图 4-21 道岔号数计算示意图

正线及折返线一般采用 9 号道岔，车辆厂段除试车线、存车线与材料线连接部分使用 9 号道岔外，其余一般均为 7 号道岔。9 号道岔侧向最大允许通过速度为 30 km/h，7 号道岔侧向最大允许通过速度为 25 km/h。

4.2.3 道岔的薄弱环节

道岔的薄弱环节主要有尖轨和叉心。

(1)尖轨：尖轨断面变化大，又常扳动。

(2)叉心：在叉心尖端轨线中断，存在有害空间，车轮要从一股钢轨越过另一股钢轨，就必须要在辙叉范围的两侧钢轨处设置护轮轨，以引导车轮进入应走的轨道，防止车轮与叉心的剧烈碰撞，如图 4-14 所示。

4.2.4 道岔开通的方向

1. 定位与反位

道岔通过改变尖轨的位置来改变线路开通的方向。道岔开通直股或经常开通的方向称为定位，反之称为反位，道岔既不在定位又不在反位称为四开。道岔定位实例如图 4-22 所示。

图 4-22 道岔定位实例图

2. 对向通过道岔和顺向通过道岔

列车迎着道岔尖轨运行称为对向通过道岔，如果道岔位置错误，列车将走错股道；列车顺着尖轨运行称为顺向通过道岔，如果道岔位置错误，列车将强行挤开尖轨，发生挤岔事故，如图 4-23 所示。当道岔处在四开状态，列车通过道岔将脱轨掉道。

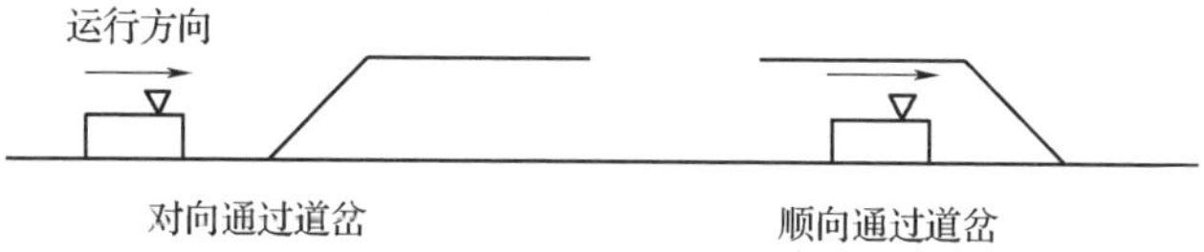

图 4-23 对向通过道岔和顺向通过道岔示意图

尖轨与基本轨密贴的程度对行车安全影响很大，如列车迎着尖轨运行时，如果尖轨与基本轨不密贴，其间隙超过一定限度，则车辆的轮缘有可能撞着或从间隙中挤进尖轨尖端，而造成颠覆或脱轨的严重行车事故。为了保证行车安全，当道岔尖轨与基本轨不密贴时，不能锁闭道岔，也不能开放信号。

3. 三开道岔开通方向

一组三开道岔可开通左向、直向、右向 3 个方向的进路。按面向三开道岔尖轨方向为基准，道岔开向左向、直向、右向线路分别成为道岔的左向、直向、右向位置，3 个方向分别如图 4-24、图 4-25 和图 4-26 所示。三开道岔右开方向的实例如图 4-27 所示。

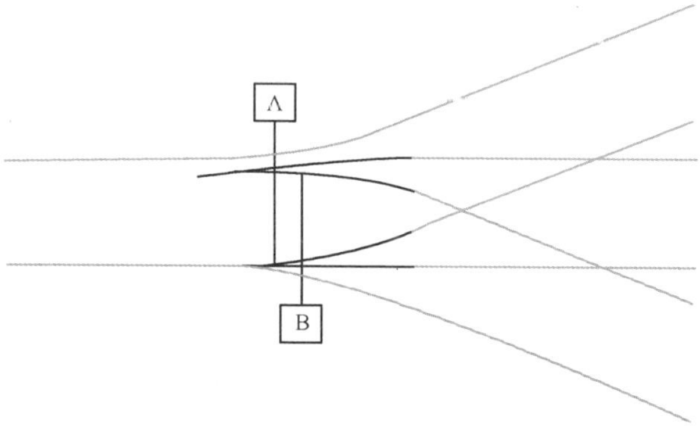

图 4-24 三开道岔开通左向

4.2.5 转辙机

转辙机是控制道岔尖轨动作的信号设备，它的基本任务是转换道岔、锁闭道岔和反映道岔的位置和状态。通过转辙机的传动机构，将电动机的高速旋转变换成动作杆的低速直线运动，再由动作杆带动道岔尖轨运动来改变道岔的位置，并给出道岔状态的表示。转辙机除转辙机本身外，还包括锁闭装置和各类杆件及安装装置，它们共同完成道岔尖轨的转换和锁闭。

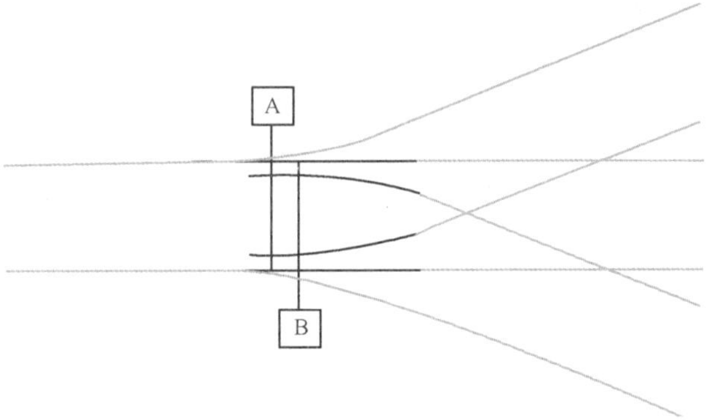

图 4-25　三开道岔开通直向

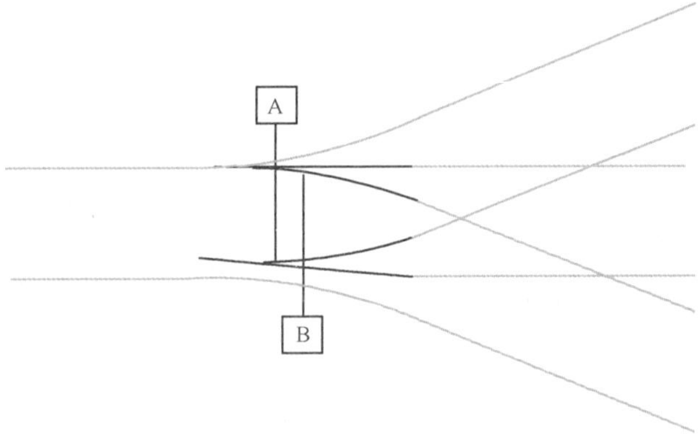

图 4-26　三开道岔开通右向

图 4-27　三开道岔右开方向实例图

1. 转辙机的作用与要求

(1)转换道岔的位置,带动尖轨作直线往返运动;

(2)道岔转至所需位置,将道岔锁闭,确保在车辆通过道岔时,尖轨不移位;

(3)正确反映道岔状态,给出相应的道岔位置表示;

(4)当道岔被挤或道岔位置失去表示时,及时给出报警。

2. 转辙机分类

(1)按动作能源和传动方式分类,转辙机可分为电动转辙机、电动—液压转辙机和电空转辙机。

①道岔电路由直流 220 V 控制电路和交流 220 V 表示电路组成,电动转辙机的工作原理为:通过减速器降低转速以获得足够的转矩,带动安装有锁闭齿轮的主轴旋转;通过锁闭齿轮和齿条相互动作,将转动变为平动,通过动作杆带动道岔尖轨运动,同时表示杆随尖轨移动,并完成锁闭。动作杆和齿条块用挤切销相连,正常工作时,齿条块带动动作杆;挤岔时,挤切销折断,动作杆和齿条块分离,避免机件损坏。自动开闭器用于表示道岔尖轨所在位置,道岔转换启动时,切断表示电路,并准备接通反向转换的动作电路;转换结束时,锁闭道岔、并切断电机动作电路,在验证道岔密贴,接通道岔所处位置的表示电路,反映道岔的正确位置。移动接触器用于监督挤切销的受损状态,道岔被挤或挤切销折断时,断开道岔表示电路。安全接点用于保障维护人员的安全。

② 电动—液压转辙机,简称电液转辙机,由电动机提供动力,采用液力传动的方式。ZY(J)系列转辙机即为电液转辙机,如图 4-28 所示,城市轨道交通新建线路采用电液转辙机较多。

图 4-28　双机牵引液压转辙机示意图

液压转辙机的工作原理为:由电动机来驱动油压泵,加压的液体注于储能油罐中,使罐内空气压缩,以储存一定能量。在转换道岔时,电动机工作,同时将控制油路的阀门打开，使受压的油液注入油缸中，借助活塞与油缸的相对运动推动油缸，再由油缸带动动作杆，使道岔尖轨转换。

当道岔的尖轨转换到规定的位置，且与基本轨保持一定的密贴力，转辙机将尖轨锁闭在密贴状态，以保证在列车通过道岔时，尖轨不致因受震动而离开基本轨。

③ 电空转辙机由压缩空气作为动力，由电磁换向阀控制。ZK 系列转辙机，即为电空转辙机。

(2)按供电电源种类，转辙机可分为直流转辙机和交流转辙机

① 直流转辙机采用直流电动机，工作电源是直流电。ZD6 系列电动转辙机就是直流转辙机，由直流 220 V 供电。ZY 系列电液转辙机也是直流转辙机，亦由直流 220 V 供电。电空转辙机则由直流 24 V 直流电供电。直流转辙机的缺点是，由于存在换向器和电刷，易损坏，故障率较高。

② 交流转辙机，采用三相交流电源或单相交流电源，由三相异步电动机或单相异步电动机(现大多采用三相异步电动机)作为动力。ZYJ7 型电液转辙机均为交流转辙机。交流转辙机采用感应式交流电动机，不存在换向器和电刷，因此故障率低，而且单芯电缆控制距离远。

近年来城市轨道交通采用电液转辙机和交流转辙机的线路也不少，另外，由于钢轨重量的增加，提高道岔转换的效率，一般正线道岔采用双机牵引。

(3)按锁闭道岔的方式，转辙机可分为内锁闭转辙机和外锁闭转辙机

内锁闭转辙机依靠转辙机内部的锁闭装置锁闭道岔尖轨，是间接锁闭的方式。ZD6 系列等大多数均采用内锁闭方式，锁闭可靠程度较差，列车对转辙机的冲击大。

而外锁闭转辙机虽然内部也有锁闭装置，但主要依靠转辙机的外锁闭装置锁闭道岔，将密贴尖轨直接锁于基本轨，固定尖轨位置，这是直接锁闭的方式。ZYJ7 型电液转辙机，均采用外锁闭方式。外锁闭方式锁闭可靠，列车对转辙机几乎无冲击。

(4)按是否可挤，转辙机可分为可挤型转辙机和不可挤型转辙机

可挤型转辙机内设挤岔保护(挤切或挤脱)装置，道岔被挤时，动作杆解锁，保护了整机。

不可挤型转辙机内不设挤岔保护装置，道岔被挤时，挤坏动作杆与整机联结机构，应整机更换。电动转辙机和电动液压转辙机都有可挤型和不可挤型。

4.2.6 道岔的操作

1. 正常情况下的操作

正常情况下的道岔操作为：遥控操纵、电气锁闭。

2. 故障情况下的操作

故障情况下的道岔操作为：现地手摇、人工锁闭。操作人员为手摇道岔作业人员。

(1)操作规定

手摇道岔作业人员严格按照“一检查、二手摇、三确认”的要求操作道岔。

①一检查：手摇道岔作业人员至岔区后应对异物情况、道岔情况、道岔位置进行检查确认。

a. 道岔不正常情况：

• 道岔两尖轨相互脱离。

• 尖轨与基本轨在静止状态不密贴时。

• 尖轨被扎伤，轮缘有爬上尖轨的危险时。

• 尖轨或基本轨损坏时。

• 辙叉心损坏时。

• 护轮轨螺栓折损时。

b. 道岔存在不正常情况时，严禁列车通过该道岔。车站值班员应布置手摇道岔作业人员在该道岔位置处进行安全防护，并报告运营调度。

c. 道岔位置检查：确认当前道岔所处位置(定位/反位/左向位/右向位/直向位/四开位置)。

②二手摇：根据车站值班员布置将道岔操作到所需位置。

a. 当道岔当前位置与所需位置不一致时，车站值班员应安排手摇道岔作业人员进行手摇道岔作业，标准用语为“将×号道岔手摇至×位，并加钩锁器”。

b. 用套筒锁钥匙打开套筒锁。

c. 打开遮断器。

d. 将手摇柄插入转折机/液压站中，根据现场情况需求，采取顺时针或逆时针转动手摇柄。

e. 转动手摇柄至听到转辙机内发出的“咔嚓”声为止。

③三确认：确认道岔操作到位并锁闭。

a. 确认道岔开通位置正确且已到位，尖轨与基本轨密贴。

b. 用钩锁器将道岔锁闭。

c. 向车站值班员汇报，标准用语为：“×号道岔已手摇至×位，道岔密贴并已加勾锁器。”

d. 车站值班员接报所有道岔均办理到位后，布置手摇道岔作业人员对进路进行确认。

e. 手摇道岔作业人员确认进路中所有道岔开通位置正确且锁闭后，向车站值班员汇报。

(2)道岔到位确认标准

①三开道岔到位标准如下：

a. 直向位时，两长尖轨与同侧基本轨相互密贴，且与同侧短尖轨斥离。

b. 左向位或右向位时，密贴侧中的长尖轨和同侧基本轨相互密贴并与同侧短尖轨相互密贴，另一侧长尖轨与基本轨斥离。

②其余道岔类型(除三开道岔)到位标准为一侧尖轨与基本轨密贴(密贴标准为：尖轨头部 4 cm 内，尖轨与基本轨之间的间隙小于等于 2 mm)，另一侧尖轨与基本轨斥离。

(3)钩锁器的使用规定

①道岔安装钩锁器前应打开遮断器(含不手摇道岔仅安装钩锁器的情况)。

②钩锁器安装位置要求如下：

a. 三开道岔的钩锁器应安装于转辙机第三、四对短尖轨枕间(转辙机尖轨连接杆外，基本轨接头方向第一对短尖轨枕起算)。若该位置不具备安装条件，则手摇道岔作业人员根据实际情况将安装位置往后顺延。

b. 其余类型道岔(除三开道岔)钩锁器应安装于尖轨与基本轨密贴侧第一、第二块滑床板之间位置，若该位置不具备安装条件，则手摇道岔作业人员根据实际情况将安装位置往后顺延。

c. 钩锁式钩锁器安装于基本轨与尖轨密贴侧，斥离式钩锁器安装于另一侧。

③钩锁器安装数量要求如下：

a. 分动外锁闭式道岔及三开道岔应同时安装钩锁式钩锁器和斥离式钩锁器；

b. 其余类型道岔(除分动外锁闭式道岔和三开道岔)仅安装钩锁式钩锁器；

c. 三开道岔道岔位置为左/右向位时应安装一副钩锁式钩锁器和一副斥离式钩锁器，直向位应在两侧各安装一副钩锁式钩锁器和一副斥离式钩锁器。

④钩锁器安装到位后应确保该钩锁器不松动。

3. 道岔无法手摇到位的规定

(1)手摇道岔作业人员应将道岔转换至原始位置，查看基本轨与尖轨是否有异物后，再次手摇。

(2)仍无法手摇到位时，将该道岔手摇至原始位置并向运营调度汇报。

(3)机械道岔在设备管理单位抢修期间，车站值班员须根据运营调度命令利用其他进路或该道岔正常位置办理接发车作业。

(4)液压道岔因设备硬件故障无法手摇或手摇无法到位时，通号抢修人员至现场确认后通过车站值班员向 OCC 申请使用手扳作业，OCC 回复同意后，通号抢修人员负责手扳作业前准备工作，车站值班员负责连接棘轮扳手，使用棘轮扳手扳动道岔至进路所需要的位置，确认道岔开向正确和尖轨密贴后，加钩锁器。

(5)待设备管理单位修复正常后，车站值班员通过排列进路、单操道岔等操作对道岔状态进行测试，测试正常后应向运营调度汇报。

4.2.7 道岔的日常维护保养

1. 作业人员

(1)车站值班员(行车)负责养护作业施工要点注销、监护养护作业、配合操控道岔、记录道岔养护相关台账等工作。

(2)道岔养护人员负责养护作业施工登记及现场道岔养护去污和涂油作业。

2. 道岔保养分类

(1)标准养护：去污保养和涂油保养。

(2)涂油养护。

3. 作业要求

(1)应保持道岔滑床板工作面光洁、油润，周围无污物堆积。

(2)高架、地面车站道岔滑床板，在雨雪天气后应及时补油。

(3)道岔基坑应无积水。

(4)应保持岔区清洁、无杂物。

4. 作业工器(具)

(1)小铁铲。

(2)铁砂皮(磨锈斑)。

(3)砂皮架。

(4)滚筒刷、毛刷。

(5)润滑油托盘。

(6)抹布。

(7)对讲机。

(8)安全块(垫于尖轨与基本轨之间)。

(9)反光背心。

(10)机械润滑油等。

5. 养护前准备工作

(1)夜间运休期间，车站值班员(行车)应根据检修施工通告和调度命令，利用线路空闲时段，向行调申请道岔养护施工点。

(2)车站值班员(行车)在得到运营调度施工命令号并下放ATS控制权后，安排道岔养护人员在施工登记本上登记，并进行安全提示及对讲机测试。

①道岔养护人员下线穿着反光背心，带齐道岔养护工具。

②道岔养护人员岔区行走时不踩踏道岔,注意自身安全。

③与道岔养护人员核对作业道岔编号。

④道岔养护人员至现场后,应先在道岔基本轨、尖轨间放置安全块。

(3)车站值班员(行车)做好相应防护措施

①通知相邻两端车站做好安全防护,有异常情况时进行提醒。

②使用ATS工作站道岔人工锁闭功能,将道岔锁闭,未得到道岔养护人员通知前禁止操动道岔。

③利用监控对岔区进行监护。

6. 标准养护作业

(1)去污作业

①在道岔定位(设定初始为定位)时,用小铁铲铲除滑床板表面及周围堆积的污垢(如滑床板表面有锈斑则用铁砂皮磨除),清除污垢后再用抹布擦拭、清洁滑床板表面。

②道岔定位时的所有滑床板清洁完毕后,用对讲机联系操动道岔至反位,继续进行去污清洁作业。

③涂油作业

a. 在所有滑床板全部清洁完毕后(此时道岔为反位状态),使用滚筒刷(刷子)浸润润滑油,进行沥油(确保滚筒刷/刷子上的油不往下滴),在所有滑床板面上平直刷抹一遍。

b. 反位涂油完毕后,用对讲机联系车控室,操动道岔至定位,继续用滚筒刷(刷子)进行刷抹涂油作业。

c. 全部道岔滑床板涂油完毕取出安全块后,用对讲机联系连续操动道岔1~2个来回,检查涂油和尖轨移动情况。

d. 保养结束后将道岔附近垃圾清除。

e. 对于有基坑的转辙机设备,应加强对基坑积水情况检查,并及时排出坑内的积水。

7. 道岔养护后续作业

①道岔养护人员确认保养完毕并测试道岔正常后,将所有工具收齐放于指定位置后(确保安全块警示灯熄灭),至车控室注销养护作业施工。

②车站值班员(行车)应确认ATS工作站功能设置与接权时一致,并且确认"工完场清"后,报运营调度进行注销,得到注销命令号后,上交控制权。

③车站值班员(行车)在"车站值班员日志"(或其他相关台账)上进行情况记录。

8. 注意事项

(1)每次夜间运休期间，车站值班员均需利用施工间隙向运营调度申请要点擦拭道岔，如遇运营调度无法给与施工点进行道岔养护工作时，将具体原因记录在“车站值班员台账”(或其他相关台账)内。

(2)道岔设备处于露天或半露天环境时，在雨、雪、冰冻天过后，必须立即向行调要点，如遇运营时段内行调无法安排下线进行道岔补油工作时，车站将具体原因进行记录。

(3)进行标准养护作业，清除污垢时，注意不得损伤滑床板表面。

(4)雨雪天过后的道岔养护，必须将滑床板上的雨水、污垢去除后再上油。

(5)使用滚筒刷浸润润滑油时不宜过多，避免润滑油污染道床、轨枕等；有污染时，应及时用抹布擦拭、清洁。

(6)涂油后，以滑床板表面油润、亮泽为宜。滑床板表面润滑油不应过多或有流淌现象，以防润滑油污染滑床板下的橡胶垫，使其因润滑油腐蚀而减少弹性和使用寿命。

(7)养护过程中注意观察道岔动作及密贴情况，发现异声、异态及时上报。

4.2.8 道岔十种不正常情况

道岔应经常保持良好的状态，有下列缺陷之一时，禁止使用：

(1)道岔两尖轨互相脱离时；

(2)尖轨与基本轨在静止状态不密贴时；

(3)尖轨被轧伤，轮缘有爬上尖轨的危险时；

(4)在尖轨顶面宽 50 mm 及其以上的断面处，尖轨顶面较基本轨顶面低至 2 mm及其以上时；

(5)基本轨垂直磨损，在正线上超过 6 mm，在厂管线上超过 8 mm，在其他线上超过 10 mm 时；

(6)在辙叉心宽 40 mm 的断面处，辙叉心垂直磨损，在正线上超过 6 mm，在厂管线上超过 8 mm，在其他线上超过 10 mm 时；

(7)辙叉心作用面至主护轮轨头部外侧的距离小于 1 391 mm 或翼轨作用面至主护轮轨头部外侧的距离大于 1 348 mm 时；

(8)尖轨或基本轨损坏时；

(9)辙叉心损坏时；

(10)护轮轨螺栓折损时。

4.2.9 道岔编号

城市轨道交通车站的道岔编号，原则上与铁路车站的道岔编号相同：下行列车进站一侧从外向内顺序编为单数，上行列车进站一侧，顺序编为双数，双动道岔连续编号；尽头线上，向线路终点方向顺序编号；一个车站不准有相同的编号；每个车场的道岔单独编号。

但在实际使用中，由于城市轨道交通道岔编号完全由信号系统厂商决定，各系统厂商编号方式不同，所以道岔编号也不尽相同。上海轨道交通 3 号线中山公园站的站场布置示意图如图 4-29 所示，中山公园是第五个联锁集中站，因此道岔、信号机、轨道区段编号的末尾为“E”。中山公园站的道岔由站外向站内顺序编号为 2E、4E、6E、……。轨道区段的编号也按照上行线双数编号，下行线单数编号。

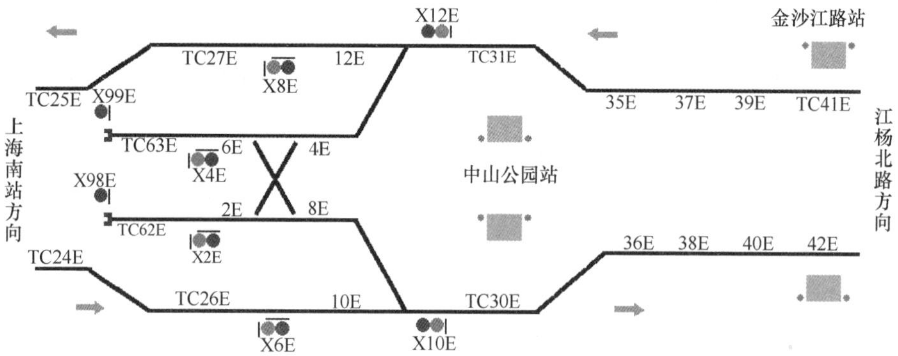

图 4-29 站场布置示意图

由于城市轨道交通的许多设计标准还没有制定，道岔编号、信号机的显示等，都有待今后进一步规范。

4.3 信号设备

信号是指示列车或车辆运行条件的符号，在保障行车安全、提高作业效率等方面具有重要的意义。行车人员必须熟知信号的显示方式，行车及调车作业必须按信号的显示要求进行。广义概念的信号设备是信号、联锁和闭塞设备的总称，狭义概念的信号主要分为视觉信号和听觉信号两大类，本节主要介绍狭义概念的信号。一般指的信号设备主要是视觉信号设备，主要包括车载信号设备（电动列车速度码）、色灯信号机、手信号（信号灯、信号旗）、发车表示器和信号标志等。

城市轨道交通列车自动控制系统中，车载信号是主体信号，地面信号是辅助信号，而且车载信号不是色灯显示，它反映列车运行具体的目标速度和目标距离；在道岔区段，为了确保列车在道岔区段的运行安全，还设置地面信号机，当列车在运行时，收不到速度（距离）信号，列车必须按照地面信号机的显示运行。

4.3.1 车载信号设备（电动列车速度码）

车载信号设备是安装在车辆上的信号设备，通过轨道电路或者无线通信设备等接收来自地面的信息，控制列车安全地追踪运行。车载信号设备主要指电动列车速度码，电动列车速度码是指列车在正线运行时收到的速度显示，是占用区间凭证，包括双指针速度显示：红针表示列车最大允许速度，黄针表示列车运行的实际速度。

一般来说，电动列车速度码根据信号闭塞设计分为：0 km/h、10 km/h、20 km/h、30 km/h、45 km/h、55 km/h、65 km/h、80 km/h 八级速度显示。80 km/h表示允许电动列车通过的最高速度，0 km/h 显示表示要求电动列车停车。

4.3.2 色灯信号机

色灯信号机固定设置在正线、车站和车辆段的特定位置，信号显示是指示列车运行或车辆调移的命令。常用的色灯信号机有防护信号机、阻挡信号机、进场信号机、出场信号机、调车信号机和复示信号机等。

按照城市轨道交通右侧行车的规定，信号机一般设于列车运行方向的右侧。因受限界等方面的影响，部分信号机设于运行方向左侧。信号机编号原则与道岔类似，还需进一步规范。信号机灭灯参照红灯显示规定办理。

1. 防护信号机

设置在进路的始端位置，指示列车或车辆能否越过该信号机及进路开通方向。一般为 3 灯位，如图 4-30，显示规定为：

(1)一个红色灯光：不准列车越过该信号机。

(2)一个绿色灯光：表示前方道岔在直向位置，准许列车按规定速度运行。

(3)一个月白色灯光：表示前方道岔在侧向位置，准许列车按规定速度运行。

(4)一个红色灯光及一个月白色灯光：引导信号，准许列车在该信号机前方不停车，以不超过 20 km/h 的速度进站或越过该信号机继续运行，并须准备随时停车。

2. 阻挡信号机

设置在接近线路尽头的位置，指示列车或车辆不能越过该信号机。显示规定为：一个红色灯光不准列车越过该信号机，如图 4-31 所示。

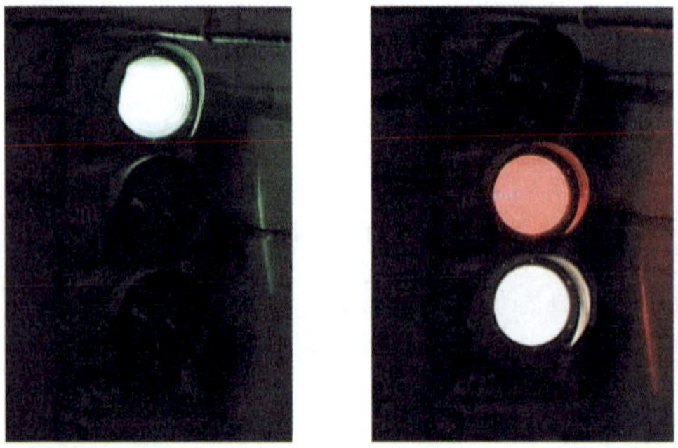

图 4-30 防护信号机绿灯及引导信号显示图

图 4-31 阻挡信号机显示图

3. 进场信号机

设置在停车场与入场线的分界位置，指示列车能否进入车场，以及列车进场允许速度和列车是直向进场停车还是侧向进场停车。显示规定为：

(1)一个红灯灯光：不准列车越过该信号机。

(2)一个黄灯显示：表示道岔处于直向，准许列车通过。

(3)双黄灯显示：表示道岔处于侧向，准许列车通过。

(4)一个红色灯光及一个白色灯光：引导信号，准许列车在该信号机前方不停车，以规定速度越过该信号机继续运行。

4. 出场信号机

设置在停车场与出场线的分界位置，指示列车能否进入出场线。显示规定为：

(1)一个红色灯光：不准列车越过该信号机。

(2)一个绿色灯光：准许列车出场。

(3)一个白色灯光：允许越过该信号机，进行调车作业。

5. 调车信号机

用于列车调车作业，显示规定为：

(1)一个蓝(红)色灯光：不准许列车出场。

(2)一个白色灯光：允许越过该信号机，进行调车作业。

6. 复示信号机

用于主体信号机因受地形、地物影响，达不到规定的显示距离，为保证信号的连续显示，在主体信号机显示能达到的最远处设置。显示规定为：

（1）一个黄色灯光或无显示：表示主体信号机关闭，不准列车越过该信号机。

（2）一个绿色灯光：表示主体信号机开放，准许列车越过该信号机。

7. 进站信号机

设置于车站入口处，指示列车能否由区间进入车站，防护接车进路，显示规定为：

（1）一个绿色灯光：允许列车越过该信号机进站停车。

（2）一个红色灯光：禁止列车越过该信号机。

8. 出站信号机

设置于车站发车点的前方，指示列车能否由车站进入区间，防护发车进路以及区间相应的闭塞分区，显示规定为：

（1）一个绿色灯光：允许列车越过该信号机出站运行。

（2）一个红色灯光：禁止列车越过该信号机。

城市轨道交通一般不设进、出站信号机和通过信号机，但在CBTC信号系统尚未开通时，作为后备模式设置。

9. 出站信号机

一般设在闭塞分区或所间区间的分界点，指示列车可否进入它所防护的闭塞分区或所间区间，防护自动闭塞线路上的闭塞分区或非自动闭塞线路上的所间区间，显示规定为：

（1）一个绿色灯光：允许列车越过该信号机继续运行。

（2）一个红色灯光：禁止列车越过该信号机。

城市轨道交通一般不设进、出站信号机和通过信号机，但在CBTC信号系统尚未开通时，作为后备模式设置。

4.3.3 手信号（信号灯和信号旗）

手信号是行车人员通过直接采用信号旗/信号灯/徒手的方式下达指示列车及车辆运行的各种命令。

1. 基本原则

（1）车站车控室/信号楼车控室应备有信号旗、信号灯。

（2）信号旗应有三种基本颜色：绿、黄、红；手信号灯应能正确显示红色、绿色、黄色/白色三种稳定色光。

（3）显示行车信号时，需带绿色、红色信号旗或手信号灯；显示调车信号时，需带黄色、红色信号旗或手信号灯。

（4）列车非站到站的移动作业为调车作业。

（5）手信号的适用范围：

①电话闭塞法接车或发车时。

②列车站间运行时，站控状态下，道岔防护信号机无法开放。

③列车调车作业时，站控状态下，道岔防护信号机无法开放或调车信号机无法开放。

④发生危及行车安全情况，需列车、车辆紧急停车时。

2. 发车手信号

(1)定义：指示列车发车，进入区间。

(2)显示时机：确认发车条件具备。

(3)显示地点：有站台的，在靠近发车端列车驾驶室站台一侧的侧窗旁安全位置；无站台的，在靠近列车发车端驾驶室线路安全位置。

(4)显示方式：右手持绿色信号灯/展开的绿色信号旗面对司机做顺时针圆形转动。

(5)收回时机：列车启动。

3. 停车手信号

(1)定义：指示列车在该停车信号前方停车。

(2)显示时机：看见列车头部灯光。

(3)显示地点：有站台的，来车方向站台发车端端头；无站台的，在接车线路停车位置安全位置处。

(4)显示方式：面向来车方向，手(轨道侧)持红色信号灯/展开的红色信号旗平举。

(5)收回时机：列车至规定位置停稳。

4. 调车手信号

(1)定义：表示调车进路(含防护进路)准备妥当，道岔已至规定位置并锁闭，准许列车运行至调车作业终点停车位置。

(2)显示时机：确认全进路办理完毕，动车条件具备。

(3)显示地点：调车进路首架信号机处安全位置。

(4)显示方式：面向来车方向，右手持黄(白)色信号灯/展开的黄色信号旗高举头上左右摇动。

(5)收回时机：列车头部越过显示地点。

5. 紧急停车手信号

(1)定义：紧急情况下指示列车或车辆立即停车，要求司机立即采取停车措施。

(2)显示时机：发生危及行车安全及人身安全的紧急情况时。

(3)显示地点：危及行车安全及人身安全事发点处迎来车方向安全位置。

(4)显示方式：手持红色信号灯/展开的红色信号旗高举头顶左右急剧摇动；无

信号灯/旗时两臂高举头顶左右交叉急剧摇动。

(5)收回时机:列车停稳。

6. 其他要求

(1)地面车站、高架车站及停车场的手信号显示,原则上昼间使用信号旗,夜间使用信号灯,行车人员可根据当日天气情况选择使用信号灯或信号旗。

(2)所有地下车站一律按夜间办理,统一使用信号灯。

(3)手信号作为指示列车运行的命令,具有严肃性,行车人员必须熟知手信号的作业标准,显示信号时必须确保动作规范、显示准确和显示时机正确及时。

(4)凡昼间持有手信号旗的行车人员,在未显示手信号时,应将信号旗拢起,双手自然下垂,放于身体两侧,左手持红旗,右手持绿/黄旗。

(5)行车人员需确保手信号显示时机满足后,方可显示手信号。

(6)行车人员需确保手信号收回时机满足后,方可收回手信号。

(7)调车手信号行车时,限速 20 km/h,如设备限速低于 20 km/h,按设备限速执行。

4.3.4 听觉信号

听觉信号鸣笛长声为 3 s,短声为 1 s,音响间隔为 1 s,重复鸣示须间隔 5 s 以上,具体要求见表 4-1。为减少隧道内噪声,除危及行车及人身安全的事情外,一般均取消启动鸣笛。

表 4-1 电动列车及内燃机车鸣笛鸣示方式表

名 称	鸣笛方式	使用时机
通知注意信号	一长声 —	列车启动或机车、车辆前进时 接近车站、施工地点或天气不良时
退行信号	二长声 — —	列车、机车车辆、单机开始退行时
召集信号	三长声 — — —	要求防护人员撤回时
警报信号	一长声三短声 — • • •	发现线路有危及行车安全的不良处所时 列车发生重大、大事故、火警及其他需要救援情况时
紧急停车信号	连续短声 • • • • • • • •	要求操纵列车司机采取紧急停车措施时
呼唤信号	二短声一长声 • • —	要道还道时,要求车站显示信号

4.3.5 信号表示器与行车标志牌

信号表示器不具有防护功能，侧重于指示行车设备的位置、状态和信号显示的某种附加含义。信号表示器有发车表示器、车挡表示器、股道断送电表示器、洗车表示器等。

1. 发车表示器

发车表示器提示司机关门及发车，作为ATC运行时的发车凭证。车站上、下行站台正反方向发车端各设置一个发车表示器，终点站上、下行站台各设一个。发车表示器目前有两种显示形式：白灯和倒计时。发车表示器白灯闪烁指离发车时间还有5 s或15 s，提示司机关门，稳定白灯表示列车关门良好后司机可发车；发车表示器显示至“15”或者“10”s时提示司机关门，显示“———”司机可发车。

2. 车挡表示器

在线路尽端车挡上设有车挡表示器，车挡的长方形车钩缓冲装置漆成红色用以指示车挡位置。

3. 股道断送电表示器

股道断送电表示器设于库内股道前端隔离闸刀上方与股道尽端墙面上方，与隔离闸刀联动，可表示隔离闸刀的断开或合闸状态。

4. 洗车表示器

洗车表示器或称为洗车信号机是反映洗车机工作状态，指示待洗车辆自行进入、洗车（通过）、出库等洗车时运行条件的表示器。

5. 行车标志牌

停车场内行车标志牌分别有：停车位置标（停车牌）、前端（后端）洗停车位置标、一度停车牌、正向无触网标、惰行点标、鸣笛标、列车减速制动标、警冲标和限速牌等。

4.3.6 车站紧急关闭按钮

车站紧急关闭按钮根据站台的长度不同在岛式站台上、下行方向至少各设2个、车控室内上下行各设1个紧急关闭按钮；侧式站台根据站台的长度不同上下行方向至少各设2个、车控室内上下行各设1个紧急关闭按钮。当车站出现紧急情况时，使用该按钮可切断站台区段、接近区段、离去区段的速度码或关闭站台区段、接近区段、离去区段的轨道并使车站进出站信号机关闭。按下岛式站台紧急关闭按钮将停止该按钮所在方向的列车进出站，按下侧式站台紧急关闭按钮将同时关闭上下行双方向的列车进出站。车控室内设有相应的恢复按钮，在现场确认满足接发车条件后，可进行紧急关闭复位。

4.4 其他行车相关设备

4.4.1 通信系统

通信系统是城市轨道交通正常运行的神经,它的主要任务是及时传递轨道交通运营各系统、各部门和指挥中心及其相互间的信息,以便及时采用行动确保整个系统正常运行。城轨通信系统的重要任务是建立一个视听与数据链路网,实现轨道交通运转指挥调度。通信系统主要由下列子系统组成:传输系统、电话系统、闭路电视监控系统、广播系统、乘客导乘信息系统、时钟系统、办公自动化系统、无线集群通信系统、消防无线系统、公安无线系统、集中监控系统、公众移动通信接入系统、通信电源系统。

1. 传输系统

传输网是城市轨道交通通信网的基础。传输网要求具有高可靠性和丰富的业务接口,是车站连接控制中心重要的通信组成部分。系统提供的传输业务包括:电话(窄带音频)、广播(宽带音频)、票务(中、低速数据)、视频(高速数据)等。

2. 电话系统

(1)公务电话子系统

公务电话子系统以数字程控交换机为核心,与程控交换机相连的电话分机,分布在城轨交通各办公管理部门、控制中心(OCC)、车站、设备室、停车场及所需电话的其他区域。

公务电话子系统除为各部门提供电话服务外还提供传真、电路数据等业务。系统除了能提供内部通话外,还能与市话公众电话网互联,实现与本市、国内、国际长途通信。并可根据实际需要与城轨无线集群系统互联,用以实现城轨公务电话与无线调度电话的互联互通。

(2)调度电话子系统

调度电话子系统为控制中心调度指挥人员,如行调、电调、环调等提供专用的单键直通电话,并具有单呼、组呼、全呼、会议、紧急呼叫、强拆、强插等特有功能。城轨调度电话子系统主要包括调度总机、调度台和调度分机三部分,并通过城轨专用传输系统和通信电缆相连接组成调度电话网。

(3)站内、站间及轨旁电话子系统

站内电话子系统由用户小交换机(或公务电话交换机远端模块)、站内值班台和站内电话分机组成。站内电话系统的分机除了提供公务电话外,主要提供站内各分机与站内值班台之间的直达通信或分机间的拨号通信服务。

站间电话可为车站值班员与相邻车站的车站值班员提供直达通信服务。

轨旁电话(即区间电话、隧道电话)为安装在隧道内或地面、高架线路旁的话机。通过站内电话子系统连接相邻站的站内值班台或接入公务电话网,为隧道内、地面、高架线路旁的维护人员和紧急情况下的列车司机提供通信服务。

3. 无线集群系统

城轨交通的无线集群通信系统为控制中心调度员、停车场值班员、车站值班人员等固定用户与列车司机、抢险、维护、防灾、公安等处于移动状态的工作人员之间提供语音及数据通信手段。无线集群系统在保证行车安全及处理紧急突发事故方面有着不可替代的作用,因此系统必须满足运行安全、应急抢险的需要,并具有与固定电话及公网系统互联互通的能力。

车站固定台配置在每个车站的车控室。车站值班站长可通过车站台与行调进行联系,经行调转接可与司机通话。移动台主要配置给站务人员、维修人员、公安等不固定地点的工作人员,使他们可与相关调度员通话或进行组内通话。

4. 广播系统

广播系统主要是为乘客及工作人员提供语音信息播报服务。广播具有自动广播和人工广播。系统为线路控制中心调度员、车站值班员、停车场值班员提供相应区域的广播。

城轨交通广播系统的主要作用是:对乘客广播,通知列车到站、离站、线路换乘、时间表的变更、列车的误点、安全状况等信息;播放音乐改善候车环境;在突发或紧急情况时,对乘客进行及时有效的疏导,组织、指挥事故抢险、防灾,提高应急响应能力;另外,广播系统还可以对运营人员进行广播,发布有关通知信息,协调工作,提高服务质量。

目前的广播系统音源可选择人工、线路、预存语音等。对乘客的广播区域主要在全线各车站的站厅、站台、列车车厢内;广播系统一般不覆盖站厅和站台以外的部分,但在车站入口应预留广播喇叭接口,以备突发事件时对外广播。

车站出入口及通道、站厅、站台、车站用房一般均设置广播,某些运营线路地下隧道内也设置了广播,主要用于向乘客提供列车运行有关信息、乘车有关提示以及发生非常情况后有关信息的发布和组织、引导乘客。

城市轨道交通车站设置完备的广播设施,具备对站台、集散厅、通道进行分散广播和集中广播功能。广播音量应适中,音质清晰、不失真。

正常情况下,广播系统采用自动播放,当车站在运营生产需要的情况下,可按有关规定进行人工广播。在广播计算机或智能控制部件发生故障时,车站还可以启动应急广播。

5. 闭路电视监控系统

闭路电视监控系统(CCTV)为控制中心调度人员、车站值班员、列车司机及站台服务员等对车站的站厅、站台、出入口等主要区域提供监视服务。

安装在车站的本地监视系统能满足车站工作人员的使用要求,保证车站工作人员可以实时监视本车站的图像。

(1)行车调度用控制盘及监视器观察各车站站厅、站台的客流、列车到发等情况。

(2)车站值班员用控制盘及监视器观察本站站厅、站台的客流、列车停靠等情况。

(3)列车司机能在驾驶室监视乘客上下车的情况,防止列车开动时夹人夹物。

车站级设备包括摄像、传输、控制及显示4部分。摄像机分为一体化摄像机和固定摄像机两大类;显示部分包括各种类监视器终端;传输部分包括了视频编解码设备、发送和接收设备以及光纤;其他设备属于控制部分。

6. 乘客信息导乘系统

乘客信息导乘系统(PIS)是一套服务于城轨交通的文字信息发布系统,主要作用是为乘客提供各类车务及站务信息,同时他还与移动电视网连接提供各类公共信息。

乘客导乘信息系统为路网运营监督和管理中心、线路控制中心及车站提供了分级的信息发布功能,正常情况下信息发布主要由车站执行,紧急情况下则由线路控制中心及路网运营监督和管理中心发布紧急信息。

乘客信息显示系统可根据信息发布点地理位置提供相应的实时运营信息,包括列车预计到达时间和目的地等动态信息,同时也提供广告媒体信息。并可通过系统平台实现在实时运营信息和其他服务信息及广告信息之间的切换发布。该系统具有从中心到播出终端集中控制统一管理;图形化操作界面,具备对设备远程管理、控制功能;具备快速发布紧急信息功能;接口丰富,信息内容丰富多样,为运营带来经济效益;系统设备、操作人员、播出信息分级管理,播出安全性高;自定义版式、播表,可用于PDP/LED/LCD等多种显示终端等功能。

控制中心通过光纤以太网将运营开始指令通过远程启动播出方式启动车站的PDP播出机和LED播出机。中心Net Manage软件具备监视所有站的设备状况,控制PDP开关、设置PDP的显示内容,手动控制设备的开关机以及编辑发布紧急消息等功能。

目前在地铁系统内,向乘客传递的信息按类别可以分为:广告信息、公益信息和运营信息3大类。

4.4.2 供电系统

城市轨道交通供电系统是轨道交通的重要组成部分，它不但为列车提供牵引动力，而且还为轨道交通运营服务的辅助设施，如照明、通风、空调、排水、通信、信号、防灾报警、自动扶梯等提供电力。

城市轨道供电系统由主变电站、牵引变电站、降压变电站、馈电线、接触网、走行轨、回流线、回流防护系统和远动系统等部分组成。主变电站将市电网的三相110 kV电压，降压为35 kV的电压，配送给轨道交通线路的牵引变电站和中心降压变电站。牵引变电站将经整流、变换成1 500 V直流电，再经馈电线输送到接触网，提供给电动列车作为牵引电源。中心降压变电站经动力变压器将电压降至10 kV后，以两路电源配送到各个降压变电站，降压变电站将电压降至0.4 kV，配送给各车站用户。电力远动系统对变电站内的供电设备进行实时监控和数据采集。

城市轨道交通供电系统的受电方式有分散式，集中式和集中、分散混合的供电方式，我国都为集中式供电。集中供电方式是指：本供电系统网络由国家或城市的高压电网组成的供电系统在2到3个受电点集中供给。城市轨道交通供电系统属于国家电网中规定的一级负荷，每条线路都有独立的供电系统。每条线路一般有2个或以上的与上级电网的接口，各线电力系统均由线路所属控制中心的电力调度统一管辖。

1. 变配电系统

城市轨道交通供电系统根据供电对象的重要性，将供电系统分成三级：

一级负荷：城市轨道交通电动列车、通信、信号设备、消防设备等用户，必须确保不间断供电。为此，必须采用两路电源供电，当任何一路电源失电后，应自动、迅速切换至另一路电源。

二级负荷：城市轨道交通空调、自动扶梯等用户，应确保连续供电，万一停电后会影响客运服务质量，但并不影响列车运行安全。设计时，可以采用一路供电。

三级负荷：城市轨道交通的商业用电、广告照明等用户，应确保其正常供电，这些用户并直接不影响客运服务质量，其用电可根据电网负荷情况进行调整。

(1)主变电站

主变电站（简称主变），将城市电网提供的110 kV三相交流电压，降压至35 kV；然后配送到城市轨道交通沿线的各个牵引变电站和中心降压变电站。主变承担着城市轨道交通所有用户的供电，一旦主变因故失电，将直接影响一、二级负荷的供电。为确保供电的可靠性及电力调度的灵活性，主变电站设计成两路不同源的110 kV电源进路。

主变电站设备主要有 110 kV 开关、主变压器、35 kV 开关、各类闸刀、自动监控设备、直流电源设备等。每条城市轨道交通线路，一般设有 2～3 座主变电站。

(2)牵引变电站

牵引变电站(简称牵变)指将主变电站输出的交流 35 kV 经降压、整流为直流 1 500 V(或者 750 V)，为电动列车提供直流牵引电源。城市轨道交通电动列车通过接触网或专用的供电线(俗称第三轨或供电轨)获取直流牵引电源。

为确保电动列车的可靠供电，通常每 3 座车站的 2 个区间，就设置 1 座牵引变电站；万一发生局部供电故障时，牵引变电站能进行跨区域的供电；冗余的供电网络，确保了电动列车供电的可靠性。

牵引变电站设备主要有 35 kV 开关、整流变压器、整流器、正极闸刀、负极闸刀。城市轨道交通采用 750 V 直流供电和 1 500 V 直流供电 2 种，上海轨道交通采用 1 500 V 直流供电方式。

(3)降压变电站

除电动列车的牵引电源外，其他设备和设施所需的电源，均由降压站提供。降压站可分为中心降压站和一般降压站。中心降压站从主变电站引入两路电源，经动力变压器将电压降至 10 kV 后，再以两路电源配送到各个降压变电站，经降压变电站降压后再输出到不同的供电用户。中心降压站的输入和输出电路，都采用互为备用的冗余两路设计，以确保供电的可靠。

中心降压站的主要设备有 35 kV 开关、动力变压器、10 kV 开关、10 kV 分段开关等。一般降压站的主要设备有 10 kV 开关、电力变压器、0.4 kV 开关等。一般每条城市轨道交通线路，设置 2～3 座中心降压变电站。

城市轨道交通有多种降压方式。一般采用 110 kV－35 kV－10 kV－0.4 kV 四级降压供电模式，如上海的 1、2、3 号线等。近几年随着制造技术和工艺水平的不断提高，越来越多采用的是 110 kV－35 kV－0.4 kV 三级电压供电模式，如上海的 9 号线等。三级电压供电模式，因其供电质量、可靠性，损耗等指标，比四级电压供电模式有显著提高，所以，三级电压供电模式将成为城市轨道交通供电方式的主要方式。

另外为降低建设费用，一些新线系统中也建设了牵引降压混合站，功能包含了单纯的牵引站和降压站包含两项，既可以提供列车所需的动力牵引用电，也可提供车站正常动力照明用电。

2. 电力监控系统

电力监控系统，(supervisory control and data acquisition，SCADA)，又称数据

采集与监控系统。电力监控系统由主站监控系统、子站系统和通信传输系统构成。其中主站监控系统设在控制中心(OCC),子站系统设在各个变电站,传输系统将主站和子站联系起来。电力监控系统的基本构成如图 4-32 所示。

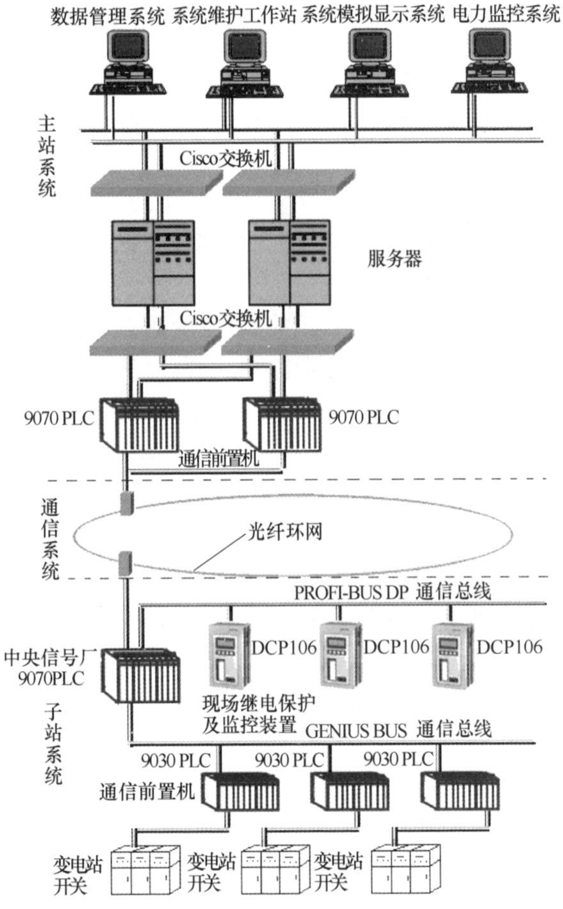

图 4-32　电力监控系统的基本构成

通过电力监控系统,实现控制中心(OCC)对供电系统的集中管理和调度、实时控制和数据采集;及时掌握和处理供电系统的各种事故、报警事件;对系统运行的各种数据进行归档和统计。电力监控系统具有遥控、遥测、遥信、遥调、遥视的功能。

3. 接触网

牵引供电系统主要由牵引变电所、馈线、接触网、电动列车、轨道、回流线等构成。在这个闭合回路中,通常将馈线、接触网、轨道、回流线统称为牵引网。

接触网是牵引网的重要组成部分,是一个庞大的机械系统,它用零部件实现有序的连接和接续,连接成一个能传递电能并且有支持功能,同时具备相应强度的机械性质的整体系统。接触网沿电动列车开行线路架设,通过电动列车受电弓(受流器)和接触网的滑动接触,向行进中或停站的电动列车供电。

馈线是连接牵引变电所和接触网的导线,它把经牵引变电所整流后合乎城市轨道牵引电压的电能馈送给接触网。轨道在非电牵引情形下只作为列车的导轨。在电力牵引时,轨道除仍具有导轨功能外,还需要完成导通回流的作用。回流线是连接轨道和牵引变电所的导线,通过回流线把轨道中的回路电流导入牵引变电所。

(1)接触网的分类

架设在车顶上方的接触网称为架空式接触网,如图 4-33 所示;隧道架空式接触网,分为柔性悬挂接触网与刚性悬挂接触网。室外露天线路因为受到室外大风、高温等因素的影响较大,因此一般均采用架空式柔性接触网;地下线路由于环境条件相对固定,因此也可以采用刚性接触网。铺设在车厢地板以下部位的接触网称为接触轨式接触网,也可称第三轨供电网,如图 4-34 所示。

图 4-33 悬挂架空式接触网

图 4-34 接触轨式接触网

(2)架空式接触网的组成

架空式接触网主要由接触悬挂、支持装置、定位装置、支柱和基础等组成,如图 4-35所示。接触悬挂直接供给电动列车电流,使其正常运行,包括承力索、吊弦、接触线。支持装置用以支持接触悬挂并将其负荷传给支持或其他建筑物的机构,包括腕臂、绝缘子、腕臂。定位装置用于固定接触线的平面位置,保证接触线与受电弓的相对位置在受电弓滑板运行轨迹范围内,并将接触线水平负荷传给支持装置,包括定位器和定位管。支柱是接触网中最基本、应用最广泛的支撑设备,承受接触悬挂、支持装置、定位装置的负荷,并将接触悬挂固定在规定高度。

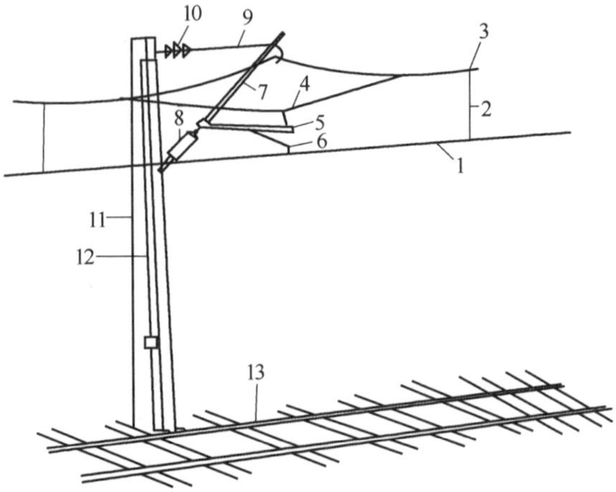

1—接触线；2—吊弦；3—承力索；4—弹性吊弦；5—定位管；6—定位器；7—腕臂；
8—棒式绝缘子；9—拉杆；10—悬式绝缘子；11—支柱；12—接地线；13—钢轨。

图 4-35 接触网结构图

(3)接触网供电方式

牵引变电所向接触网供电有单边供电和双边供电两种方式。牵引变电所通过接触网向电动列车供电，接触网在每个牵引变电所附近断开，分成两个供电区段。每个牵引变电所仅对其两侧的区段供电。每个供电区段也称为一个供电臂，如电动列车只从所在供电臂上的一个牵引变电所获得电能，这种供电方式称为单边供电。单边供电时，若有故障，其范围小，牵引变电所内的保护也较简单，但电动列车所需牵引电流全部由一边流过牵引网，使得牵引网电压降和电能损耗增大。如一个供电臂同时从相邻两个牵引变电所获得电源，则称为双边供电。双边供电时，牵引电流按比例由两边流过牵引网，牵引网电压降和电能损耗相对就小，但有故障时，范围也较大，保护较复杂。当某一牵引变电所故障时，该故障所退出运行，此时该区段接触网就改为单边供电，或可通过闭合故障牵引变电所所处接触网的联络隔离闸刀，实施越区供电，此时称为大双边供电。

(4)回流

地铁直流牵引回流系统是由钢轨、回流电缆、轨电位装置、单向导通装置、排流柜以及隧道结构钢筋等组成的。

钢轨：作为回流线路。

回流电缆：连接钢轨和牵引变电所的导线，通过回流电缆把钢轨中的回路电流导入牵引变电所。

轨电位装置：俗称车站短路器，该装置连接在变电所接地母排与车站钢轨之间，当车站钢轨电位高于设定值时，车站短路器将钢轨与接地母排短接，限制钢轨轨道电位，保证人身安全。

单向导通装置：用于限制钢轨中电流的单方向流通，是防止地铁杂散电流腐蚀的重要防护设备。

排流柜：收集地铁杂散电流的设备，主要由隔离二极管、分流器、隔离开关、电流表等元件组成。排流柜接于牵引站 1 500 V 直流负极与大地排流网之间。

杂散电流收集网：是由纵横交错按一定距离间隔由金属件构成的立体网，安装于道床的下方，从钢轨回流中走失的电流大部分能通过杂散电流收集网流回牵引站的负母线。

在直流牵引供电系统中，直流牵引电经整流器输出至牵引所正极直流母排，再经直流开关和上网刀闸将牵引电输送至接触网；电客车经受电弓从接触网上引入直流牵引供电，经电客车内主逆变器负极流出至电客车的轮对；电客车轮对再将主逆变器负极的电传至与其直接接触的回流钢轨；由于回流钢轨与道床之间有一层绝缘性能良好的橡胶垫，因此大部分回流都经过钢轨回流，通过回流电缆流回牵引所负极直流母排。只有一小部分回流通过绝缘不良的地方流入道床或隧道结构，这部分电流则形成了地铁杂散电流，这种杂散电流称为回流；杂散电流则经过具备单相导通功能的排流柜流回牵引所负极直流母排，至此，完成一个完整的牵引回流过程，如图 4-36 所示。

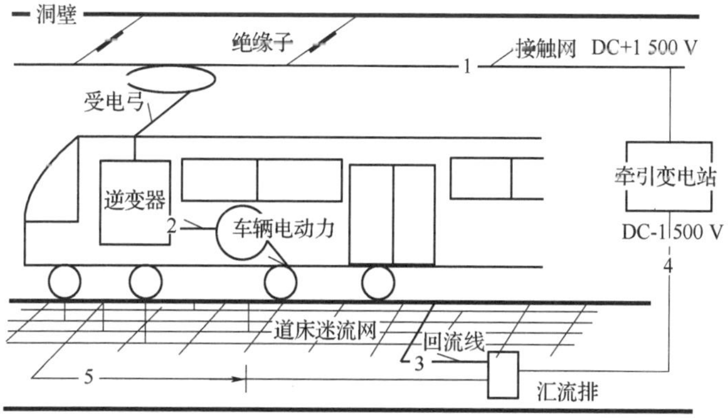

图 4-36 回流示意图

回流会不断地、缓慢地腐蚀建筑物结构中的钢筋、预埋件等金属物件，因此对回流流经的范围内的城市建筑物、地下隧道，尤其是城市轨道交通车站等建筑物构成了巨大危害，因此必须予以足够重视，采取各种措施进行防护。

从杂散电流产生的原因，按照“堵—排—限”的思路减少回流。堵指减少杂散电流量；通过设置杂散电流收集网，逐层屏蔽，实现排流；提高走形轨道与大地的绝缘度，减少回流强度，限制回流扩散。

4.4.3 屏蔽门系统

1. 屏蔽门的作用及类型

屏蔽门系统是安装于地铁车站站台边缘，用以提高运营安全系数、改善乘客候车环境、节约运营成本的一套机电一体化的机电设备系统。

屏蔽门系统作为站台公共区域与轨道列车之间的可控通道，在列车进站时配合列车车门动作打开或关闭活动门，为乘客提供上下列车的通道。屏蔽门系统的使用，隔断了站台侧公共区域与轨道侧空间，避免了人员跌落轨道的安全隐患以及列车司机驾车进站时的心理恐慌问题，隔离了列车运行时所产生的噪声、活塞风以及粉层，保证了站内乘客良好的候车环境，并避免了活塞风所造成的站内空调冷量的损失，节省了运营成本，同时还可减少设备容量及数量、减少土建工程量等投资建设成本，产生了良好的社会、经济效益。

屏蔽门同时还具有障碍物检测功能，即活动门关闭时检测到障碍物，会后退作短暂停止以释放夹到的障碍物，然后再关闭，以免夹伤乘客。如果第二次关门时依然检测到障碍物存在，屏蔽门会重复上次操作(会后退作短暂停止以释放夹到的障碍物，然后再关闭)，一般重复三次，若三次关门障碍物依然存在，则该屏蔽门全开并报警。此时须由站台工作人员作应急处理，解决问题。

从目前各国设置的屏蔽门系统来看，主要有全封闭型和半封闭型两种。全封闭型屏蔽门一般是地下车站所采用的，如图 4-37 所示；半封闭型屏蔽门也称安全门，安装位置与全封闭型基本相同，造价较低，一般用于地面和高架车站，如图 4-38 所示。

图 4-37　全封闭型屏蔽门

图 4-38　半封闭型屏蔽门

2. 屏蔽门的组成

屏蔽门系统由机械和电气两部分构成，机械部分包括门体结构和门机系统，电气部分包括电源系统和控制系统。

(1)门体结构

门体结构由钢架、顶盒、门体组合、下部支撑结构组成。

① 钢架作为整个屏蔽门的支撑骨架，以承受门体的全部重量和外力；在土建结构允许的变形范围内，确保屏蔽门的安全。

② 顶盒内置门驱装置、门控单元、配电端子箱、活动门导轨、闭锁机构等，是固定门支柱的上支点，活动门的吊点，承受活动门的重量和负载条件下的外力作用，并对其内置的各种设备提供一定的密封保护；站台侧的顶盒前盖板还可张贴列车运行方向和站名等内容的指示牌，兼作站台边缘的光带反射板；前盖板(站台侧)可上翻至足够的开度，并设支撑装置，方便门驱系统的安装调试和维护检修。

③ 门体组合

门体由固定门(FIX)、端头门(MSD)、活动门(PSD)、应急门、手动开锁机构、气密材料等组成。

a. 固定门(FIX)：隔断站台和轨道。

b. 端头门(MSD)：主要用于车站工作人员在站台和轨道之间的进出，同时兼顾紧急情况下疏散乘客的要求，端头门有门锁装置，并在列车活塞风作用下不会开启。

c. 活动门(PSD)：为中分双开式门，关闭时隔断站台和轨道，开启时供乘客上下列车，在非正常运行模式和紧急运行模式下，也可作为乘客的疏散通道。

d. 应急门：在正常情况下不开启。在紧急情况下，列车停车位置与活动门不对应时，可通过应急门疏散乘客。应急门即将某一固定门改成可开启的应急门。应急门设有锁紧装置，且开启方便。

e. 活动门设手动开锁机构，并与置于顶盒内的闭锁机构联动，在活动门关闭后，闭锁机构可防止外力作用将门打开。在活动门开启并处于正常运营模式时，活动门的门锁可自动解锁；但在非正常运营模式和紧急运营模式时，站台工作人员或乘客可手动打开活动门，实现解锁，即每樘活动门在轨道侧均可用把手、在站台侧均可用“通用”钥匙对门进行开/闭操作。

f. 端头门配有极安全的通用门锁，即在轨道侧均可用把手、在站台侧均可用“通用”钥匙进行开/闭操作，一般来说门锁与PSD、顶盒通用。

④ 下部支撑结构

下部支撑结构由踏步板、固定支座、调节装置、绝缘衬垫等组成，是活动门的底部导向装置（地坎）；也是乘客通过的踏面，承受乘客荷载；保证了屏蔽门门体与站台混凝土结构的绝缘。

(2)门机系统

门机系统主要由驱动装置、传动装置、锁紧装置、DCU等组成。其主要功能是满足正常运行模式、非正常运行模式和紧急运行模式下开、关、锁定活动门。

(3)电源系统和控制系统

屏蔽门的电源系统分门机驱动电源和控制电源两种，由两路独立的三相五线380 V交流电源供电，属车站的一类设备用电负荷。

屏蔽门控制系统主要由屏蔽门主控机[PSC（含接口部件）]、端头控制盒（PSL）、门控单元（DCU）、声光告警装置、就地控制盒、PSA、系统接口等组成。控制系统是一个对屏蔽门进行实时监控管理的计算机网络系统，具有高速性、实时性和可靠性。屏蔽门控制系统以两侧站台屏蔽门为控制对象，构成一个完整的控制系统，确保任一侧屏蔽门的故障不应影响另一侧屏蔽门的正常运行，单侧某一樘门的故障不影响其他门的正常运行。

屏蔽门系统除了与信号系统和通信系统有连接接口，还与车站机电设备监控系统（EMCS）之间或主控系统（MCS）之间设有通信接口，用于传送屏蔽门系统运行状态、故障诊断信息，便于车站控制室人员、维修人员监视屏蔽门状态。

3. 屏蔽门的控制模式

屏蔽门系统的控制模式：一般设置有系统级、站台级、人工操作（或称手动操作）3种控制模式。系统级控制即是执行信号系统命令的控制模式；站台级控制即是执行站台PSL操作盘发出的命令模式；手动操作即是站台工作人员在站台侧用专用钥匙解锁或由乘客在轨道侧使用解锁装置打开活动门。

(1)系统级控制

系统级控制为正常运行模式,列车正确停站时,屏蔽门接受 ATC 指令控制活动门的开/关。

① 开门操作

当列车停站,信号系统在收到司机打开列车车门指令后,如果与允许开门继电器相一致,则自动向屏蔽门主控机(PSC)发出开门命令,通过 DCU 等,执行解锁、开门等顺序操作。

② 关门操作

列车准备发车时,信号系统在收到司机关闭列车车门指令后,自动向屏蔽门主控机(PSC)发出关门命令,通过 DCU 等,执行关门、闭锁等顺序操作。在所有屏蔽门关闭后,PSC 向信号系统发出所有屏蔽门关闭并锁闭的信号,允许列车离站。

屏蔽门与列车的开关时间差应小于 0.1 s。

(2)站台级控制

当系统级控制不能正常运行时,如列车停位不正确、信号系统故障、信号系统与屏蔽门系统通信中断、屏蔽门系统局部故障等非正常情况下,司机可通过站台端头控制盒(PSL)进行屏蔽门的开门、关门操作,实现屏蔽门的站台级操作。

① 开门操作

列车司机先打开 PSL 上的钥匙开关,然后操作 PSL 的开门按钮,发出开门命令,DCU 接收到开门命令后,执行解锁、开门等顺序操作。

② 关门操作

由司机操作 PSL 的关门按钮,发出关门命令,DCU 接收到关门命令后,执行关门、闭锁等顺序操作。在所有屏蔽门关闭后,PSL 向信号系统发出所有屏蔽门关闭并锁闭的信号,允许列车离站。

③ 屏蔽门关闭后无法发车

当所有屏蔽门关闭,但信号系统仍然不能确认而无法发车时,由列车司机先打开 PSL 上的钥匙开关,然后操作 PSL 上的 PSD 互锁解除钥匙开关,发出强制发车信号,允许列车离站。

(3)人工操作(手动操作)

当系统级控制、站台级控制均不能操作屏蔽门时,在站台侧,由站台工作人员用钥匙打开活动门;在轨道侧,由司机通过车内广播通知乘客使用 PSD 上的手动解锁把手自行开启屏蔽门。

在紧急运行模式下,如隧道内或者站台、站厅发生火灾等紧急情况,可由车站值班员操作车控室内 PEC 控制按钮或经授权后通过电话和广播通知站台值班员操作 PSL 对活动门进行开/关控制。

3 种控制方式中以人工操作优先级最高,系统级控制最低。

第 5 章　车站行车组织

车站的行车组织工作在线路控制中心统一指挥下，合理运用车站的各项技术设备，负责车站行车控制、施工管理及其他等作业。行车组织必须贯彻安全生产的方针，坚持高度集中、统一指挥的原则，必须根据列车运行图的规定，正确组织本部门、本单位工作，保证列车运行图的实现。行车有关人员必须严格执行行车调度员的命令，服从调度指挥。

5.1　车站行车作业要求

5.1.1　行车工作基本要求

车站行车作业包括列车接发作业、列车折返作业等。车站行车作业应按照列车运行图要求，不间断地接发列车与折返列车，确保行车安全与乘客安全。对车站行车作业的基本要求是：

1. 执行命令听从指挥

严格执行单一指挥制，车站行车工作由车站值班员统一指挥。列车在车站时，所有乘务人员应在车站值班员指挥下进行工作。车站值班员应认真执行行车调度员的命令和上级领导的指示。

2. 遵章守纪按图行车

认真执行行车规章制度，遵守各项劳动纪律。办理作业正确及时、严防错办和忘办、严禁违章作业。当班必须精神集中，服装整洁、佩戴标志，保证车站安全、不间断地按列车运行图接发列车。

3. 作业联系及时准确

联系各种行车事宜时，必须程序正确、用语规范、内容完整、简明清楚，严防误听、误解和臆测行车。

4. 接发列车目迎目送

接发列车时必须严肃认真，及时立岗、姿势端正。按接发列车作业程序和内容办理接发列车工作，确保行车安全。

5. 行车表报填写齐全

行车表报包括各种行车凭证、行车日志和各种登记簿。行车凭证有路票和调度命令等，登记簿有“调度命令登记簿”“设备故障检修(施工)登记簿”和“车站生产日志”等。应按规定内容、格式认真及时填写各种行车表报，保持表报完整和整洁。

5.1.2　行车工作制度

为了加强车站行车工作组织，保证车站良好的行车作业秩序，必须建立和健全各项行车工作制度，做到行车作业制度化、程序化、标准化。车站行车工作的制度主要有车站值班员岗位责任制[多职能队员(站控)岗位责任制]、交接班制度、检修施工登记制度、道岔擦拭制度、巡视检查制度和行车事故处理制度等。

1. 车站值班员(行车)岗位责任制

车站行车作业实行单一指挥制，车站值班员是车站行车作业的组织者和指挥者。

(1)正常情况下，按列车运行图接发列车，正确及时记录行车台账、凭证；按要求操作、监控行车设备；与运营调度、列车司机、邻站值班员准确、及时传递运营信息。

(2)非正常情况下，按照调度命令办理行车闭塞、传递行车凭证等各类行车作业，执行行车作业标准，操作各类行车设备，监控列车运行并做好信息传递工作。

(3)加强与运营调度员、列车司机、邻站车站值班员联系，做好站调联控、站车联控、站站联控，确保列车安全正点运行。

(4)按规定做好施工检修作业的登记及注销工作。

(5)做好运营前车站相关行车设施设备状态测试检查，运营期间车站相关行车设施设备监控，运营结束后车站相关设施设备关闭及调整工作，发现故障及时报修。

(6)负责车站车控室管理，执行进出车控室登记制度；根据车控室定制化管理工作要求，保管车站各类行车备品备件和钥匙等，确保各类备品备件齐全完好。

(7)负责夜间车站设备运行管理[未配置四班制车站值班员(设备)的车站]，做好各类行车设备测试、保养等工作，督促站务员做好夜间巡视和道床清扫工作，确保夜间车站安全。

(8)按规定执行交接班制度，做好各项行车作业记录。

(9)通用服务要求：严格执行客运服务人员通用服务工作规范。

(10)做好信息发布工作，在接到运营信息通报或运营调整等信息要通过车站广播让乘客知情，每隔 3 min 广播动态信息。车站广播声音响亮、吐字清楚，能准确向乘客提供列车到站，安全提升等信息。

(11)完成上级交办的其他工作。

2. 多职能队员(站控)岗位责任制

在多职能队长(车站)的领导下，做好当班期间所在车站的行车组织、行车安全、行车设备管理、客运服务等相关工作。

(1)负责接收、传递调度命令,监视列车运行,关注站台客流动态,做好广播宣传,按列车运行图接发列车。

(2)非正常情况下,按照调度命令办理行车闭塞、传递行车凭证等各类行车作业,执行行车作业标准,操作各类行车设备,监控列车运行,并做好信息传递工作。

(3)加强与运营调度员、多职能人员(列控)、邻站工作人员联系,做好站调联控、站车联控、站站联控,确保列车安全正点运行。

(4)按规定做好施工检修作业的登记及注销工作。

(5)做好运营前车站相关行车设施设备状态测试检查,运营期间车站相关行车设施设备监控,运营结束后车站相关设施设备关闭及调整工作,发现故障及时报修。

(6)按规定做好车站综合监控设施设备监控、信息传递、故障报修、应急处置等工作。

(7)负责车站车控室管理,执行进出车控室登记制度,负责保管车控室内各类物品,确保齐全完好。

(8)按要求落实门禁管理,做好门禁开启前人员身份确认工作。

(9)按规定执行交接班制度,做好各项行车作业记录。

(10)通用服务要求:严格执行客运服务人员通用服务工作规范;履行服务承诺,热情为乘客提供服务。

(11)行车指标作业:按列车运行图接发列车,正确及时记录行车台账、凭证;按要求操作监控行车设备;及时传递运营信息。

(12)车站信息发布:接到运营信息通报或运营调整等信息要通过广播告知乘客;广播时,声音响亮、吐字清楚,准确向乘客提供列车到站、安全提示等信息。

(13)应急处置:发生异常情况时,服从多职能队长(车站)指挥,并按预案进行处置。

(14)职业健康安全:正确穿戴使用劳动防护用具,严格执行“两纪一化”,确保人身安全。

(15)其他事项:按规定做好车控室的定制化管理;按预案参加车站各类演练;按规定落实本岗位反恐职责。

(16)完成上级交办的其他工作。

3. 交接班制度

接班前提前 30 min 到车站,查阅行车作业命令、作业计划、设备状态以及安全预想等内容,检查确认各类行车备品备件性能与数量;交班时,就上述各项内容向接班人员进行交接,并签退各类设备的登录用户名。

4. 检修、施工登记制度

车站值班员对各项检修及施工作业，应根据检修、施工计划，向检修、施工负责人交代有关注意事项后，方可登记。凡影响行车的临时设备抢修，要在与行车调度员联系作业时间，并获得同意后，方可登记。检修、施工作业结束后，行车设备经试验，确认技术状态良好，方可签认注销。

5. 道岔擦拭制度

道岔必须定期擦拭，由专人负责。擦拭道岔，必须与行车调度员联系，办理控制权下放手续并按规定办理登记。道岔擦拭时，应在操纵台对擦拭道岔进行单锁，车站控制室要有人监护，不准随意扳动道岔；擦拭道岔人员一律穿绝缘鞋，携带防护用具(如反光背心)，携带对讲机，擦拭前施放木楔，无关人员不得擅自进入道岔区；如需转换道岔，室内监护人员与现场擦拭人员应进行联系，说明道岔号码及定、反位，现场擦拭人员要离开道岔。道岔擦拭完毕，要认真清理现场，清点工具，撤除木楔，并检查有无妨碍列车允许及道岔转换的物品；试验道岔及确认良好后，与行车调度员办理控制权上交手续并按规定办理注销，有关按钮由信号人员加封并做记录；将擦拭的道岔编号及擦拭后试验情况填写“车站生产日志”。

6. 巡视检查制度

每日运营开始前，车站值班员应进行站线巡视，检查线路上有无影响列车运行的障碍物，确认线路空闲、正常，无侵限。对站内施工、设备检修后的现场进行巡视检查，复核施工登记注销情况。检查车站控制台是否有异常情况，确保接触网系统、消防循环系统、通信信号系统状态良好。

7. 行车事故处理制度

发生行车事故，应立即采取措施进行处理，同时立即向行车调度员及有关部门报告。认真准确记录事故发生的时间、地点、车次、车号、司机姓名及人员伤亡和设备损坏情况。赶赴现场，查找人证与物证，并做成记录。根据行车调度员救援命令和事故现场救援组织指挥负责人的部署，主动积极地投入救援工作，迅速清理现场，尽快开通线路，恢复列车运行。对责任行车事故，应认真找出原因，提出处理意见，制定防范措施。

5.2 车站行车组织

车站列车运行控制是根据整个系统的列车运行控制方式的变化而变化的：在自动控制方式(ATC)下，车站行车组织的主要工作是监护列车运行状态；如果发生故障，调度控制中心下放控制权力，命令车站进行行车控制，在有联锁集中控制设备的车站应负责列车的接发车、折返作业，并根据行调命令配合行调进行列车运行调整。

5.2.1 车站接、发列车作业

1. 正常情况下的车站接发车作业

当ATC系统正常时，列车的运行控制由系统自动完成；当中央ATS自动功能故障时，列车进路由行车调度员人工排列。上述两种情况，车站值班员通过行车控制台监视列车进路排列、信号显示、列车到发、通过情况以及列车运行状态是否正常等。

如果发生故障，行车调度可以将控制权下放给车站，车站根据调度的命令进行行车控制，排列进路、开放信号，必要时进行扣车、催发车等操作。具体的操作要求因不同的信号系统而异，可以参照信号系统厂商提供的操作说明书。

2. 非正常情况下的车站接发车作业

(1)紧急站控

在遥控状态下，发生中央ATS故障情况后，系统会转变控制权方式，在计算机联锁条件下，系统一般自动转换；在车站可能发生危及行车安全的事件时，车站可以主动转换控制权状态为站控，但此时处于非常阶段，联锁的进路模式一般处于降级模式(从自动模式转变为人工模式)。

另外，在发生危及行车安全的情况时，车站可按下站台紧急关闭按钮后，切断站台区段、离去区段、接近区段的速度码让列车停止；在事件处理完毕后，由集中站的车站值班员对紧急关闭进行复原。

(2)手摇道岔接发车作业

(3)车站行车联锁设备停电后的操作

当联锁设备发生停电后，车站值班员对联锁设备重启，对车站设备进行解锁，主要是对紧急关闭进行复原、对区段进行解锁、对控制范围内的道岔进行单操试验等。

(4)非正常情况下改变闭塞方式

当设备系统全面处于故障状态时，设备处于不安全状态，无联锁安全保护，由车站人工对设备进行操作，闭塞方式采用电话闭塞法或区段闭塞法。

5.2.2 折返作业

列车折返是指列车通过进路改变、道岔转换，经过车站的调车进路由一条线路至另一线路运营的方式。具有列车折返条件的车站称为折返站。根据车站折返线的布置，列车折返主要有站前折返、站后折返和混合折返3种。列车在折返作业过程中进入折返线和出折返线凭借防护折返进路的信号机开放的信号运行，车站的折返作业根据车站折返线的设置和站台的形式安排折返进路，本节就3种折返形式进行折返作业的分析。

1. 折返形式

(1)站前折返

列车在中间站或终点站利用站前渡线进行折返作业称为站前折返。站前布置的折返线如图 5-1 所示。其中,(a)是终点站站前交叉渡线折返,(b)是中间站站前单渡线折返,利用交叉渡线折返形式较常见。

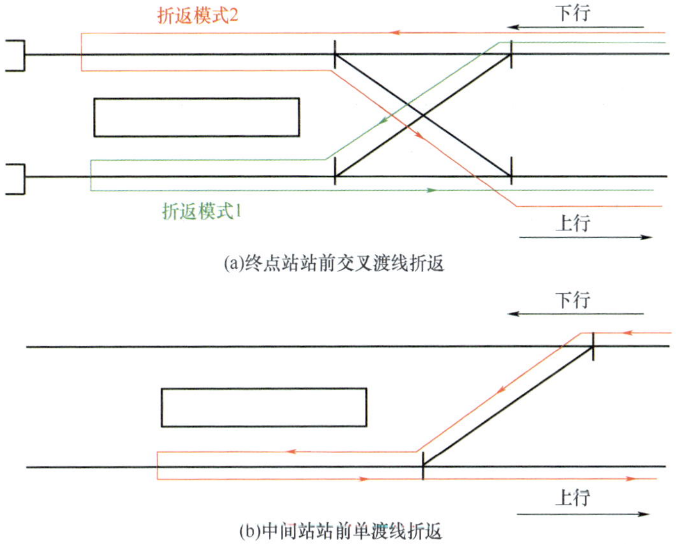

图 5-1　站前折返示意图

如图 5-1(a)所示,折返模式 1 为侧进直出,折返模式 2 为直进侧出,另外还有优选模式,即信号系统设定折返模式 1 或折返模式 2 为优选模式。

如图 5-1(b)所示,站前单渡线折返,一般仅有一种折返模式。

采用站前折返模式,列车无空驶折返走行;乘客上下车一起进行能缩短停站时间;车站正线兼折返线以及站线长度缩短,有利于车站造价的节省。站前折返方式的缺点是出发列车与到达列车存在敌对进路,产生交叉干扰;因列车进站或出站侧向通过道岔,列车速度受到限制、影响乘坐的舒适感;在大客流量的情况下,站台秩序会受到影响。

在采用站前折返方式的情况下,要完全消除接发列车作业的交叉干扰难度较大。而为了避免进路交叉,只能将接发列车作业在时间上错开,但这样又会对终点站的列车折返能力,甚至是线路的最终通过能力产生不利影响。

(2)站后折返

列车在中间站、终点站利用站后渡线进行折返作业称为站后折返。站后布置的折返线如图 5-2 所示。其中站后尽端线折返形式较常见。

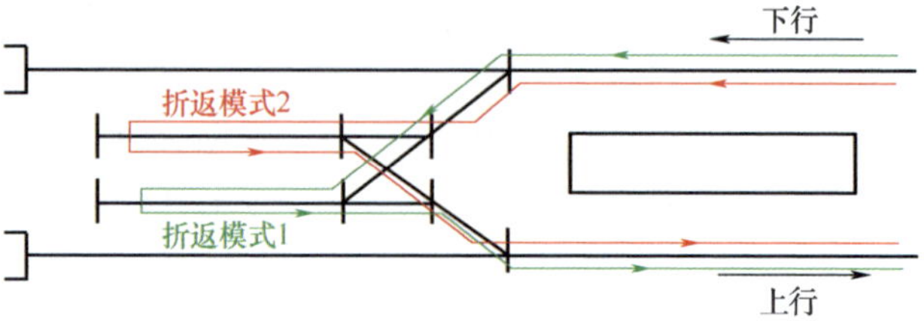

(a)终点站站后尽端线折返

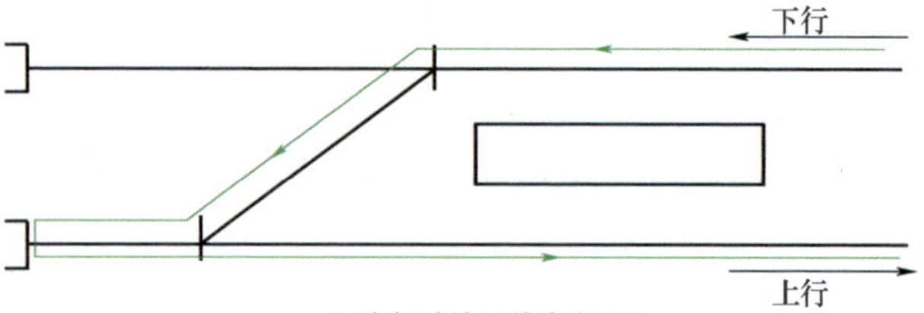

(b)中间站站后单渡线折返

图 5-2　站后折返示意图

如图 5-2(a)所示,折返模式 1 为侧进直出,折返模式 2 为直进侧出,另外还有优选模式,即信号系统设定折返模式 1 或折返模式 2 为优选模式。

如图 5-2(b)所示,仅有一种折返模式。

采用站后折返模式,出发列车与到达列车不存在敌对进路;列车进出站速度较高,有利于提高旅行速度;列车进出站不经过道岔区段、乘客无不舒适感;此外,采用尽端线折返设备,折返线既可供列车折返,也可供列车临时停留检修。因此,站后折返方式被广泛采用。站后折返方式的缺点是列车的折返走行距离较长。

列车凭借防护折返线的信号机开放的信号进折返线,出折返线分别凭借防护该条进路的信号显示发车至站台。

站后折返(b)相对于站后折返(a)而言,由于仅一根折返线,故折返线不具备存车的功能,行车组织工作的机动性较差。

(3)混合式折返

站后、站前混合布置的折返线如图 5-3 所示。

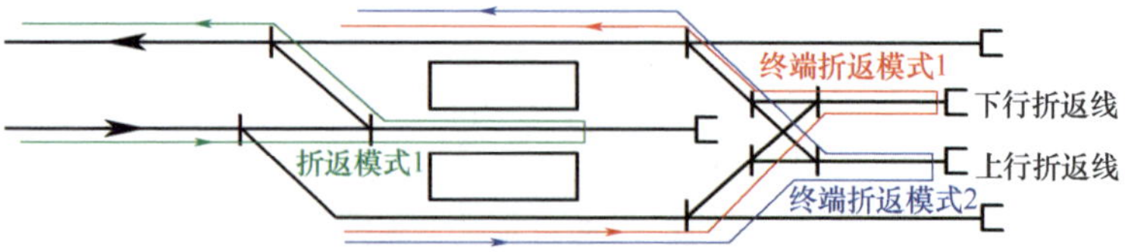

图 5-3　混合折返示意图

混合折返中,折返模式 1 为利用中间站台进行站前折返;折返模式 2 为利用站后的折返线进行站后折返，具体可分为终端折返模式1和终端折返模式2；另一种为优选模式，如果站前折返不可用，就进行站后折返，站后折返再根据终端模式决定。

终端折返模式1为利用下行折返线折返；终端折返模式2为利用上行折返线折返；另外还有一个优选模式，以信号系统定义为准。

采用混合折返方式的目的是提高列车折返能力与线路通过能力。混合折返兼有站后折返与站前折返的特点。

2. 折返作业组织

(1) 中央控制

列车在进行折返作业前，应清客、关车门。列车折返进路由中央ATS自动排列或行车调度员人工排列。在车站有数条折返进路的情况下，应在折返作业办法中规定优先采用的列车折返模式，明确列车折返优先经由的折返线或渡线。在办理列车折返作业时，如要变更列车折返模式，在折返列车尚未起动时，可在通知折返列车司机后，变更列车折返模式。

在自动排列折返进路时，折返列车凭发车表示器的稳定白灯显示进入折返线或折返停车位置。在人工排列折返调车进路时，折返列车凭调车信号显示进入折返线或折返停车位置。列车停妥后，司机应立即办理列车换向作业，然后凭防护信号机的准许进入车站出发正线。

在列车自动驾驶时，列车进出折返线的速度按接收到的ATP速度码自动控制；在列车人工驾驶时，列车进出折返线的速度根据有关规定、由司机人工控制。

(2) 车站控制

车站控制时的折返作业组织，除列车折返进路由车站值班员人工排列，其余与中央控制时相同。原则上，车站值班员按作业办法中规定的优先模式排列折返进路，如要变更列车折返模式，必须得到行车调度员的同意。

5.2.3　集中站常见行车设备故障

1. 道岔区段出现红光带造成进路排不出时的接发车作业

车站值班员应立即汇报行调及其他相关人员；行调放权站控后，如条件允许及征得行调同意后，车站值班员应利用其他进路，确保正常接发列车；如果必须使用该进路时，值班员应使用单操道岔，将道岔操到相应位置并单锁，开放信号接发列车；若道岔单操操不动，应立即改用手摇道岔进行接发列车或调车作业。同时请相关抢修人员进行抢修。

2. CBTC线路出现计轴受扰情况的接发车作业

车站值班员应立即汇报行调以及其他相关人员；故障区段对通信列车运行无影响，运营调度或车站值班员可通过计轴预复位功能对故障区段的故障现象进行消除；采用计轴预复位前在确认故障区段内无列车占用后，可通过中央ATS系统、车控室ATS系统或信号机房相关设备进行操作；复位成功后，需后续安排一列列车对故障完成清扫后，故障才真正消除；在故障处置过程中，如需对故障区段道岔动作，可通过ATS系统的"强扳道岔"或"取消过岔锁闭"命令对道岔开通方向进行调整。

3. ATS控制台道岔失去表示报警时的接发车作业

ATS控制台道岔失去表示报警时，且道岔区段无车占用时，车站值班员立即汇报行调及其他相关人员；在行车调度放权站控后，首先应通过ATS控制台对故障道岔进行单操测试，若恢复正常(挤岔表示灯熄灭，道岔表示正常)，即可汇报行调恢复使用；若单操测试故障仍存在时，派行车人员到现场检查，检查道岔是否存在无不良病害，清除尖轨与基本轨间异物(石粒等)后值班员再对故障道岔进行单操测试，若恢复正常(挤岔表示灯熄灭，道岔表示正常)，即可汇报行调恢复使用；若单操道岔检测后仍就不能恢复，则应该弃用该付道岔，利用其他道岔进行列车接发或折返工作，如果必须使用该副道岔行车的，则应改手摇道岔接发车。

ATS控制台道岔失去表示报警时，且道岔区段有车占用时，车站值班员立即汇报行调及其他相关人员，并提醒行调通知司机禁止动车；当运营调度员要求下线确认时，车站安全行车工作人员下线确认现场情况，收集现场信息，确认轮轨关系。

(1)当列车轮对已压首副道岔时：

①发生挤岔、掉道或颠覆，提醒司机严禁动车并汇报运营调度员。车站值班员按运营调度员抢修令进行操作；

②未发生挤岔等情况，且道岔位置与列车实际运行方向一致时，车站值班员按运营调度命令办理进路，并汇报运营调度员；

③未发生挤岔等情况，且道岔位置与列车实际运行方向不一致时，车站值班员按运营调度抢修令进行操作。

(2)当列车轮对已越过首副道岔，但列车轮对未压道岔：

①发生挤岔、掉道或颠覆，提醒司机严禁动车并汇报运营调度员。车站值班员按运营调度员抢修令进行操作；

②未发生挤岔等情况，且道岔位置与列车实际运行方向一致，车站值班员按运营调度命令办理进路，并汇报运营调度员；

③未发生挤岔等情况，但道岔位置与列车实际运行方向不一致时，车站值班员按运营调度命令派人至现场确认道岔位置及情况，办理进路完毕汇报运营调度员；当现场不具备手摇道岔作业条件时，车站值班员立即汇报运营调度员，按运营调度员抢修令进行操作。

5.3　办理电话闭塞

电话闭塞法为城市轨道交通代用行车闭塞方式，是相邻两站(场、段)通过电话联系形式确认区间空闲，并以发出电话记录号码的方式办理闭塞的一种行车组织方法。电话闭塞法的启用、取消及实施区段须根据调度命令内容执行，电话闭塞法应在车站站间闭塞电话及列车无线通信设备状态正常时执行。

电话闭塞法的适用范围：

(1)运营期间信号设备故障，单个及以上集中站自动闭塞设备不能正常使用；

(2)运营结束后无法以自动闭塞方式办理行车的施工车辆运行；

(3)越出场界的调车作业；

(4)转线作业；

(5)其他无法以自动闭塞法行车的情况。

5.3.1　电话闭塞法接发列车作业程序

1. 作业程序

(1)发车站确认本站至接车站无闭塞，且线路区间空闲后向接车站请求闭塞，接车站进行复诵，填写行车台账；

(2)接车站接到闭塞请求，确认发车站至本站及本站至本站的前方站无闭塞且线路区间、车站(本站、前方站)空闲后，准备本站的接车进路；

(3)接车站接车进路办理妥当后，向发车站发出同意闭塞的电话记录号码，发车站进行复诵，填写行车台账；

(4)发车站在得到接车站的闭塞同意后，填写行车台账，准备本站发车进路，在本站发车进路准备妥当后，方可填写路票；

(5)车站值班员确认路票填写正确，发车进路办理妥当后，由车站行车人员将路票交至司机，并向司机显示发车手信号；

(6)司机收到路票，确认路票填写正确，根据发车手信号动车，运行至下一车站(场)；

(7)发车站在确认列车发车后，填写行车台账，向接车站报列车发点，接车站进行复诵；发车站待列车整列出清本站，确认闭塞解除条件满足后，填写行车台账，向后方站解除闭塞，后方站进行复诵；

(8)接车站在得到发车站的发车报点后，填写行车台账，迅速安排车站行车人员至站台规定停车位置接车，向列车显示停车手信号；

(9)列车司机根据停车手信号显示停车，如无行车人员显示停车手信号则按规定停车位置停车并向运营调度员汇报；

(10)列车整列到达后，接车站向司机收取路票，填写行车台账，并向发车站报列车到点，发车站进行复诵；

(11)实施电话闭塞法行车区段内的起点站、终点站、信号集中站及2条线路的交会站在向邻站报到/发点的同时应向运营调度员报点，其他车站不需向运营调度员报点。

2. 标准用语

(1)请求(预办)闭塞："××站上[下] 行××次列车请求(预办)闭塞"；

(2)同意(预办)闭塞："电话记录××号×时×分同意××站上[下]行××次(预办)闭塞"；

(3)列车出发："××站上[下]行××次×时×分发"；

(4)列车到达："××站上[下]行××次×时×分到"；

(5)解除(预办)闭塞："电话记录××号×时×分解除××站上[下]行××次(预办)闭塞"；

(6)取消(预办)闭塞："电话记录××号×时×分取消××站上[下]行××次(预办)闭塞"；

作业流程见表5-1。

3. 车站的作业要求

车站需在每天运营开始前做好电话闭塞法所需设备[信号灯(旗)、路票、调度命令单、无线对讲设备、闭塞电话等]的状态检查确认工作。

在实施电话闭塞法时，车站应根据信号设备状态办理接发车、折返进路：

(1)如信号联锁设备正常，采用信号方式排列接发车、折返进路；

(2)无法排列进路时，采用单锁道岔(6502设备需同时施加引导总锁闭)方式保证接发车、折返进路锁闭；

(3)无法排列进路且道岔无法电操锁闭时，采用手摇道岔至正确位置并加钩锁器方式办理接发车、折返进路。

(4)在实施电话闭塞法时，电话闭塞法区段内列车调车折返作业应根据车站调车手信号(道岔开通手信号)，办理调车折返作业；

(5)电话闭塞法的实施、取消应以书面调度命令的形式下发至车站值班员及司机。

5.3.2 电话闭塞法的作业要求

1. 电话闭塞法行车时的列车运行方式及速度

采用电话闭塞法行车时列车按切除ATP方式运行；列车(含轨道车及工程

表5-1 电话闭塞作业流程

	甲站	乙站	丙站
请求闭塞	确认本站至前方站（甲站至乙站）无闭塞，区间空闲		
	向前方站（乙站）请求闭塞 →	接到后方站（甲站）闭塞请求	
		确认后方站至本站（甲站至乙站）及本站至前方站（乙站至丙站）无闭塞，后方站至前方站（甲站至丙站）区间及前方站（丙站）站台空闲	
		准备本站接车进路	
	接到前方站（乙站）同意闭塞的电话记录号码，填写“车站生产日志”	接车进路准备完毕，同意后方站（甲站）闭塞	
列车发车	准备本站发车进路、填写路票		
	发车进路准备完毕、路票确认填写正确，布置行车人员向司机递交路票		
	与司机确认路票正确，显示手信号发车		
	列车整列出清站台，向前方站（乙站）报列车发点，填写“车站生产日志” →	接听后方站（甲站）报列车发点，填写“车站行车日志”	
列车接车		布置行车人员至站台规定停车位置显示手信号接车	
		列车整列到达停稳，收回路票	
	接听前方站（乙站）报列车到点，填写“车站行车日志”	← 向后方站（甲站）报列车到点，填写“车站生产日志”	
解除闭塞		向前方站（丙站）请求闭塞 →	接到后方站（乙站）闭塞请求
			确认后方站至本站及本站至前方站（乙站至丙站）无闭塞，后方站至前方站区间及前方站站台空闲
			准备本站接车进路
		接到前方站（丙站）同意闭塞的电话记录号码，填写“车站生产日志”	← 接车进路准备完毕，同意后方站（甲站）闭塞
		准备本站发车进路、填写路票	
		发车进路准备完毕、路票确认填写正确，布置行车人员向司机递交路票	
		与司机确认路票正确后，显示手信号发车	
		列车整列出清站台，向前方站（丙站）报列车发点，填写“车站生产日志” →	接听后方站（乙站）报列车发点，填写“车站行车日志”
	接到前方站解除闭塞的电话记录号码，填写“车站生产日志”	← 向后方站（甲站）解除闭塞，填写“车站日志”	布置行车人员至站台规定停车位置显示手信号接车

车）站间行车［运行至下一车站（场、段）］的凭证为路票，在车站的发车凭证为发车手信号，电话闭塞法行车时，同方向追踪列车的最小发车间隔除终端折返站外为两站两区间。当部分区段发生信号故障应进行电话闭塞法行车时，应在信号故障的区段范围前后各增加一个防护区间和车站，作为电话闭塞法行车的起始与终止范围。电话闭塞法行车时，实施范围内列车运行方向末端车站接车条件按电话闭塞法相关规定执行，发车条件根据轨旁及车载信号显示执行。列车司机根据凭证行车，但必须注意线路情况，如有异常须及时采取措施。

采用电话闭塞法行车时，列车区间运行限速 40 km/h（首列车区间运行限速 25 km/h，经过设备限速低于 40 km/h 区段时，按设备限速规定速度运行）；出入场限速 20 km/h，经过道岔区段限速 20 km/h，进、出车站限速 20 km/h；遇 400 m 及以下半径的弯道等瞭望条件不良的区段时，以不高于 30 km/h 的速度通过；运营调度员可根据线路实际运营情况，以调度命令的形式对列车区间运行限速进行调整。

2. 电话闭塞同意的条件

（1）折返站的闭塞同意条件为本站接车进路准备好。

（2）非折返站的闭塞同意条件为该列车的前行列车已出清前方车站站台，与发车站、后方站、前方站间未存在已办理的闭塞，本站接车进路准备好。

（3）站后折返站列车轴折返线发出至站台的条件为前行列车整列到达前方车站。

（4）Y 形线路或环形线路非共线段往共线段方向，进入共线段前第一个车站的闭塞同意条件除本站同意闭塞的条件满足外，还需向共线段交汇点车站办理预办闭塞。共线段交汇点车站预办闭塞的同意条件为本站与非共线段车站间均无闭塞占用或预办闭塞占用，且已准备好接车进路；共线段交汇车站同意接车闭塞时解除预办理闭塞；预办闭塞的办理流程及相关记录（无须填写路票）同正常闭塞的办理方式，但须在备注栏中注明“预办闭塞”；共线段交汇点车站在同一时间段内只能办理一个预办闭塞或闭塞。

3. 电话闭塞解除的条件

（1）折返站的闭塞解除条件为列车整列到达并进入折返线，同时后续接车进路准备妥当后。

（2）站后折返站的闭塞解除条件为列车整列出清站台进入折返线。

（3）非折返站的闭塞解除条件为列车整列到达并发出后。

（4）夜间施工列车停于正线存放时，列车到达电话闭塞法终点站后，即与发车站解除闭塞。

4. 取消闭塞的办理要求

(1)在已办理列车闭塞后,因故不能接车或发车,应立即发出停车手信号进行防护并报运营调度员,列车退回发车站后,由提出车站发出的电话记录号码作为取消闭塞的依据。

(2)列车出发后途中退回发车站时,由发车站发出电话记录号码作为取消闭塞依据,取消闭塞应及时向行车调度员报告。

5. 电话记录号码的使用要求

(1)车站电话记录号码由3位数字组成(格式为×××),第一位为车站编号,后两位为电话记录序列号,办理电话闭塞的相邻车站"车站编号"不得相同。

(2)电话记录序列号每站一组,100个号码(00~99),按日循环使用,起始号码为00,不得跳号。

(3)每个号码在一次循环中只准使用一次,号码一经发出无论生效与否,不得重复使用。

(4)以上海地铁1号线为例:上海火车站~莘庄站电话记录号码分别为:

上海火车站站 100~199　汉中路站 200~299

新闸路站 300~399　人民广场站 400~499

一大会址·黄陂南路站 500~599　陕西南路站 600~699

常熟路站 700~799　衡山路站 800~899

徐家汇站 900~999　上海体育馆站 100~199

漕宝路站 200~299　上海南站 300~399

锦江乐园站 400~499　莲花路站 500~599

外环路站 600~699　莘庄站 700~799

梅陇停车场 800~899

6. 路票的使用规定

(1)路票应在确认闭塞区间空闲,并取得接车站承认闭塞的电话记录号码,发车进路准备完毕后方可填发,路票原则上由车站值班员填记后递交车站行车人员,在特殊情况下可由车站行车人员代为填记,车站行车人员应与车站值班员进行复核无误后,方可将路票递交列车司机。

(2)路票应具备电话记录号码、车次号、方向、行车专用章、值班员签名、日期,调令号码、列车限速要求八要素填写完整。

(3)路票填写不得擅自增添字句或涂改,否则应视为废票,应重新填写。车站值班员应在路票正面对角画"×"、反面手写"作废"字样,并注明作废原因,从上部撕口后整理保存。

(4)办妥电话记录手续后,临时变更列车车次时,应重新办理电话记录手续,如已填发路票，应将原路票回收并作废，另行填发路票。

(5)列车司机在接到路票后须对路票进行确认，准确无误后按规定行车。

(6)列车到达接车站后，车站值班员应及时收回路票，在路票正面对角画“×”以示注销，从上部撕口后整理保存。

(7)路票填写的日期以接车站承认闭塞的时间为准，零时前办理的闭塞，列车司机如在零时后收到路票，仍视为有效。

(8)路票必须按编号顺序逐张使用。

(9)本站收到的已使用路票按照车站分类保存，保存期 2 年，本站作废的路票单独保存，保存期 2 年。

7. 发现错误路票及行车凭证丢失的处理

(1)列车司机在车站发车前发现错误路票时，严禁动车，并将错误路票退还车站，车站收回错误的路票，重新填写正确的路票。

(2)列车司机在发车后发现错误路票时，应立即停车并报告运营调度员，后按运营调度员指令运行，将错误路票交至接车站。

(3)接车站发现回收的路票错误时，应在相关行车报表中记录，并报告运营调度员。

(4)列车司机取得路票并确认正确后，遇在途中丢失时可继续运行至接车站，将情况报告接车站值班员和运营调度员，车站值班员应在相关行车报表上记录说明。

8. 列车反方向运行

(1)列车采用电话闭塞法反向运行时，除按电话闭塞流程办理外，还需在备注栏中注明“反向运行”，并在路票左上角加盖反向章。

(2)出入场线的设计即为双向运营线路，故出入场线作业均为正向运行，该行车作业在电话闭塞法情况下无需加盖反向章。

9. 列车交路方式

运营期间实施电话闭塞法时电话闭塞法区段内采用单一交路的方式运行。

5.3.3 运营期间自动闭塞与电话闭塞法转换的作业流程

当部分区段发生信号故障必须进行电话闭塞法行车时，必须在信号故障的区段范围前后各增加一个防护区间及车站，作为电话闭塞法行车的起始与终止范围。

1. 运营调度员根据现场情况确认实施电话闭塞法的区段，并令实施电话闭塞的区段内列车司机立即停车待命，并命令故障区段内各车站准备本站接车进路，车站在进路办理妥当后，主动向运营调度员汇报。

2. 运营调度员组织电话闭塞法区段内所有列车运行至车站站台停车待命。

3. 若列车停于区间，运营调度员从出口站往接口站方向逐列确定停留区间内的列车位置，在确认前方站具备接车条件后，令停于区间的列车以人工限制向前方式（CLOSE-IN、RMF、RMO、授权模式）限速 20 km/h 运行至前方车站停车待命。如同一区间停有多列列车，运营调度员需令列车逐列运行至车站停车待命。

4. 运营调度员待实施电话闭塞的区段内所有列车均停至站台待命后，与实施电话闭塞法区段内的所有列车司机、车站值班员复核确认列车所在位置。

5. 运营调度员向有关车站（场）、列车司机下达启动电话闭塞法运行的调度命令，命令包括实施电话闭塞行车的区段范围、行车方向、区间限速、时间等。

6. 车站（场）应通过核对车站值班员台账/车场行车日志（以下简称行车台账）、运行计划、电话联系邻站等方式严格确认前方区间及车站列车占用情况，按电话闭塞法的行车要求办理闭塞。

5.3.4　运营期间电话闭塞与自动闭塞法的取消流程

1. 设备单位确认实施电话闭塞法区段信号故障已修复，具备恢复自动闭塞行车条件，并向运营调度员进行汇报。

2. 运营调度员发布取消电话闭塞法转为自动闭塞法的调度命令。

3. 车站接到调度命令后取消已办理的闭塞，如列车已在区间运行待到站后解除。

4. 司机到达车站接到调度命令后，根据自动闭塞信号显示恢复正常模式运行。

5.3.5　途经其他车站的转线作业、出入场/段作业

列车至转线接口站需通过联络线进行转线作业时，列车自转出线路起点站至转入线路终点站按电话闭塞法方式办理。电话闭塞法按下述规定执行：

1. 运营调度员应向列车运行途经所有车站发布书面调度命令，命令应包括列车运行方向等信息（如列车运行存在多条路径时需指明运行路径）。

2. 转线作业涉及多条线路车站时，由转出线路 OCC 拟定调度命令，并告知转入线路 OCC，后由各线 OCC 负责向本线路管辖车站发布调度命令。

3. 列车运行路径中各站逐站向前方车站申请闭塞，各站的闭塞同意条件为本站接发车进路准备完毕、区间空闲及前方车站已同意本站的闭塞请求。

4. 列车行车作业起点站得到前方车站同意闭塞后，向运营调度员进行汇报，运营调度员向各站核对进路、闭塞准备情况，核实无误后，通知起点站发车条件具

备。起点站填记路票发车，转线作业路票右上角需标记“转线”。

5. 列车司机在接到调度命令、路票及起点站的发车手信号后由作业的起点站直接运行至终点站，中间途经各站可不停车直接通过。

6. 列车运行至终点站后，由终点站开始向后方站逐站解除闭塞，各站的闭塞解除条件为前站已解除本站的闭塞。

5.4 行车凭证及行车报表

5.4.1 行车凭证

城市轨道交通行车凭证是指列车进入区间或闭塞分区的凭证。通过使用行车凭证以保证同一区间或闭塞分区，在同一时间内，除特定情况外（如开行救援列车等）只有一列车运行，确保行车安全。

一般来说分为两大类：采用自动闭塞法（基本闭塞法）时的行车凭证，即防护信号机的显示和列车收到的速度码；采用电话闭塞法时的行车凭证，即路票，以及其他使用的调度命令等。

在本节中只介绍书面行车凭证，即路票和调度命令。

1. 路票

路票是在电话闭塞法行车时，根据区间空闲相邻两站所承认闭塞的电话记录号码而填发的行车凭证。

（1）路票的八要素

路票的八要素为：电话记录号码、车次号、方向、行车专用章、值班员签名、日期、调令号码、列车限速要求。

（2）路票样式

路票根据行车方向有上行路票和下行路票，具体如图 5-4 所示。

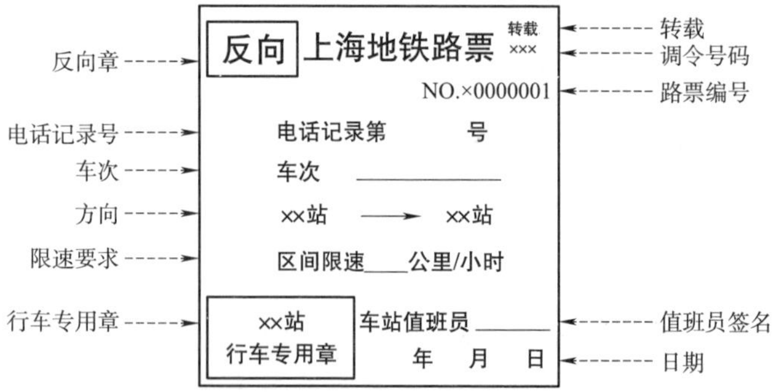

图 5-4　路票样式

2. 调度命令

调度命令是指在按规定进行某些行车作业时，向车站值班员、列车司机发布的一种命令。它具有严肃性、授权性和强制性，须做到规范发令、严格执行。调度命令只能由当班行车调度员发布；且必须一事一令，先拟后发。

调度命令有口头命令、书面命令和抢修命令。口头命令为向单个受令对象（一般为列车司机）直接发布的短期性指令；书面命令一般至少有两个受令对象，有时还需送达司机，是较长时间影响行车的命令，受令者需填记调度命令单；抢修命令为设备发生故障，需要相关设备单位立即组织人员进行抢修。

（1）调度命令的要素

送交司机的调度命令必须有以下几个方面的要素组成，分别是：调度命令号码，调度命令发布的时间，受令处所，调度员姓名，调度命令内容，受令车站行车专用章，受令车站值班员签名（盖章），如图5-5所示。

调 度 命 令

年 月 日 时 分 第 号

受令处所		调度员姓名	
内容			

受令车站________ 车站值班员________

图5-5 调度命令单样式

（2）调度命令的标准样式

① 封闭/封锁区间命令

（受令者：××站至××站，××站交司机）

“自×××时起，至×××时止，××站（不含车站/含折返线）至××站（不含车站/含折返线）上/下行封闭/封锁，准×××××次×××××号车凭令及施工号进入封区施工/试车。”

根据调度命令，除指定列车外，禁止其他列车进入该区间，称为区间封闭（锁）。当动车需要进入上或下行单侧线路，作业过程中无需转线时应发布区间封闭命令，发布封闭命令前该区段内道岔处于规定位置且锁闭，当该区间封闭后，该封闭区内的道岔不得进行位置变更；若动车需要进入上、下行两侧线路，作业过程中需要转线作业时应发布区间封锁命令。

封闭(锁)区段应以车站行车站界为分界,不允许进入的车站(或折返线、存车线等)应特别注明,例:A站至D站上、下行(不含D站存车线)封锁;A站至D站上行(不含D站上行)封闭。

解除封区时应与原封区名对应,例:A站至D站上下行(不含D站存车线)封锁解除;A站至D站上行(不含D站上行)封闭解除。原则上封锁区段上、下行必须区段对称。部分特殊情况下,上下行封锁区段不对称时,应明确上、下行具体区段,例:A站至D站上行及A站至H站下行封锁(A站至D站上行及A站至H站下行封锁解除)。

② 开通区间命令

(受令者:××站至××站)

"自×××时起,××站(不含车站/含折返线)至××站(不含车站/含折返线)上/下行线封闭/封锁解除。"

注:封闭指列车在上/下行线进行施工/调试过程中无须转线;如调试列车须在上下行线进行转线,则称为封锁。

③ 限速命令

(受令者:××站至××站,运转)

"自×××时起,至×××时止,××站至××站上/下行线列车限速××km/h运行。"

④ 取消限速命令

(受令者:××站至××站,运转)

"自×××时起,取消××站至××站上/下行线列车限速××km/h运行。"

⑤ 开行施工、调试列车命令

(受令者:××站至××站,运转交司机)

"自××时××分起,至××时××分止,准××公司轨道车/车辆厂电客××站/段发×××××次以××运行方式(ATP方式、电话闭塞法)运行至××站待命。"

⑥ 越出站界调车命令

(受令者:××站至××站,×站交司机)

"自××时××分起,至××时止,准××公司轨道车/车辆厂电客×××××次××站上/下行(按电话闭塞法)往××站方向越出站界调车。"

⑦ 其他命令,格式自拟。

5.4.2 行车报表

行车报表是指列车运行及设备保养等活动中,行车人员及相关人员根据现场实际情况而记录下来的原始资料。

车站的行车表报主要有“车站生产日志”“调度命令登记簿”“设备故障检修(施工)登记簿”“破加封登记簿”等。

1. 行车报表的共同填记要求

(1)车站值班员应认真及时填写各类行车簿册,做到填记正确,无缺漏,无缩减。

(2)填记字迹清晰,不得随意涂改。若确需修改,在错误处画一横线并加盖当班车站值班员印章(红色印泥)以示更改,并在边上填记正确的内容,注意不得用修正液。

(3)所有需签名的地方均用钢笔或圆珠笔填写,不得使用印章。

(4)交接班图章加盖清晰(蓝色印泥),在图章内相应空白处填好交接班车站值班员姓名、日期。图章与填记内容、图章与图章之间不得有空格。

2. 车站生产日志

为贯彻“安全第一”原则,规范“车站生产日志”的填写,以准确反映值班员作业及列车运行的情况,规定了“车站生产日志”填写标准。

(1)车次栏:非正点运行列车及调度所发布调令临时加开列车、救援列车、施工车的车次号以及图定首末班载客列车车次号。

(2)电话记录号码及收发时间栏:采用电话闭塞法行车时填写相邻车站及本站收发电话记录号码及承认或解除闭塞时分。

(3)邻站出发栏:邻站车站值班员所报开车时分。

(4)本站到达栏:列车到达本站时分。

(5)本站出发栏:列车自本站出发的时分。

(6)邻站到达栏:列车从邻站出发时分。

(7)附注栏:变更计划、晚点、加开列车及相关其他非正常情况。

(8)交接班注意事项:填写本班作业安全情况,凡需提醒接班值班员注意的其他有关行车安全注意事项。

(9)设备备品交接事项:填写本站行车设备备品的使用及交接情况。

(10)其他:填写上级有关指示,通知及传达落实文件、卫生等事项。

(11)道岔擦拭情况:①道岔编号栏填写本班所擦拭的道岔编号;②擦拭后试验情况栏填写擦拭后检测情况。

第6章　停车场行车组织

我国2013年发布的《地铁设计规范》(GB 50157—2013)将检修车辆段简称为车辆段,将运用停车场简称为停车场。停车场配备停放车辆的股道和一般车辆维修整备设备,一般为停车列检线或周、月检线,能完成车辆的运用管理、清洁整备、列车安全检查和月检等日常维修保养工作。车辆段除了具备停车场的功能以外,还能完成车辆定修及以上的修程,一般会建有检修库和大修库。因本章仅讨论车辆段或停车场的行车组织工作,因此,以下的表述中将其统称为停车场。

停车场的设计规模通常以服务线路远期客流数量为依据,综合分析列车配属数量及维修能力。在轨道交通建设初期,通常采用每条线布置一个停车场。在运营线路大于20 km以上,为保证配属列车停放数量,以及减少两终点站首末班车时间差异、空驶里程及提高运营调整能力,通常在线路另一端增设一个停车场。在轨道交通网络化情况下,也可考虑多线共场方式。

6.1　停车场的概述

停车场主要承担电动列车、工程施工机车和车辆的存放、检修、整备、调试任务,办理正线运营列车出入场作业,施工作业车辆的施工准备和出入场作业,以及完成场内各类调车作业和试车作业。

6.1.1　停车场的组成

停车场总体上分3个部分:咽喉部分、线路部分和车库部分,如图6-1所示。

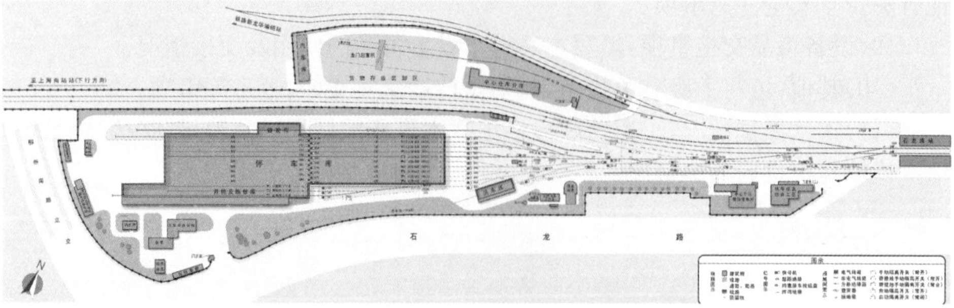

图6-1　停车场示意图

1. 咽喉部分

咽喉部分是停车场的停车库与正线连接地段，由出入段线和道岔组成。咽喉部分在规划设计中既要保证主要的行车安全，满足输送、接收能力的需要，又要保证必要的平行作业，还要努力缩短咽喉区的长度，尽量节省用地。

2. 线路部分

停车场的线路应包括出入段线、停车线、列检线、检修线、洗车线、牵出线、试车线、静调线、救援线和联络线等。线路的配置应满足各种生产功能的要求，避免列车或车辆在场内的迂回走行或相互干扰。因各种原因，有些小型车场设置试车线、牵出线。

3. 车库部分

车库部分包括停车库、工程车库和检修库。停车库用于列车停放及日常检修保养。工程车库用于工程车辆停放及检查。检修库用于车辆维修。

车库的规模，既与保有的列车数有关，也与车辆检修制度及检修修程有关。

6.1.2　停车场行车设备

1. 线路

(1)出入场线

出入场线指连接正线与停车场的线路，供列车出入场使用，有效长度至少保证一列车的停放。尽端式停车场采用双线，贯通式停车场可在两端各设置一条线。出入场线与正线的接轨有平交和立交两种方式。

(2)停车线

停车线指用于停放列车的线路。为减少占地和道岔数量，一般每条线按停放两列车设计，称为二列位停车线(列位是一种换长单位，以定编电动车组的长度为一换长，一换长称为一列位)。为能进行列检作业，部分停车线设有检修坑道。

(3)试车线

试车线指用作列车调试、项目试验的线路，有效长度应保证列车最高时速和全制动的需求。试车线一般设在段内靠近检修库一侧，一般为平直线路。

(4)洗车线

洗车线指用于车辆清洗作业的线路，一般安装自动洗车机，列车以低于5 km/h的速度通过洗车设备，完成车体清洗作业。目前较高级洗车设备有喷淋、去污、上蜡、吹干等功能，减少了人力。

(5)检修线

检修线指用于各种不同修程的车辆定期检修的线路。检修线在车辆段里还可分为架修线、定修线、临修线、静调线、解钩线、镟轮线、喷漆线和吹扫线等。其中定修线、静调线等线路设有接触网和 1.4 m 至 1.6 m 深的检修坑道，中间设维修平台；根据需求配有架车机、悬挂式起重机、转向架转向盘等设备。

(6)牵出线

牵出线指用于停车场内调车作业的线路，根据车库的位置，牵出线通常设置 1～2 条。

(7)联络线

联络线指轨道交通线路之间为调动列车等作业方便而设置的连接线路，停车场内一般指与铁路接轨的线路，用于车辆、设备等的调运。

2. 轨道和道岔

(1)轨道

停车场内除出入场线轨道采用 60 kg/m 重型钢轨外，其他轨道基本采用 50 kg/m 重型钢轨，每根钢轨标长为 25 m。库外地面线路使用碎石道床，钢筋混凝土轨枕，岔区铺木枕。库内使用整体道床。

(2)道岔

停车场内道岔一般采用 7 号道岔，在试车线一般采用 9 号道岔。7 号道岔侧向通过速度为 25 km/h。常用的道岔有：普通单开道岔、交叉渡线道岔、复式交分道岔。

3. 联锁

(1)联锁设备

停车场一般采用计算机联锁(集中联锁)设备(VPI)，部分停车场采用 6502 型电气集中设备。

VPI 计算机联锁设备包括室内设备与室外设备。室内设备：VPI 控制台、VPI 应急盘、VPI 联锁机、信号采样机、电源屏、室内继电器架和 VPI 设备维护机。室外设备：联锁道岔、轨道电路和信号机。

VPI 控制台设有 2 套人机界面设备(MMI)，采用主备机模式。主机设备故障时备机自动转为主机，也可以人工干预转换。VPI 联锁计算机有 2 台，分别为 VPI 联锁机 A 机与 B 机，采用双机热备工作方式。一台联锁机故障时可自动转为另一台联锁机控制，也可以人工干预转换。

VPI 计算机联锁备有 VPI 应急盘，以备 VPI 计算机联锁设备故障时使用。在 VPI 应急盘操纵方式下 VPI 应急盘可操纵现场道岔(区段锁闭的道岔不能操纵)。

(2)联锁范围及关系

停车场内除洗车线等部分线路外，其他线路都纳入集中联锁。进路上的顺向调车信号机由远至近依次开放，当车辆依次进入进站信号机或顺向的调车信号机内方时，有关信号机立即关闭。

在停车场内无联锁区，库内运转值班室和相应无联锁区控制室内分设“同意按钮盘”。无论该线是否空闲,向该线办理进路时,必须取得库内运转值班员同意后(按下同意按钮后),有关信号机才能开放。

4. 闭塞方式

停车场与运营正线采用自动闭塞方式,出入场线原则上都具备双向接发车功能。

5. 通信设备

停车场内通信设备主要有行车调度电话、车站集中电话、公务电话、行车无线调度电话、车场广播、电视监视设备等。

6. 机车车辆

停车场内机车车辆主要有电动列车和工程列车。其中工程列车分为内燃机车、轨道车、接触网巡检车和携吊车等。

7. 停车场管辖范围

停车场与运营正线以进出场信号机为界,进出场信号机内方由停车场管辖。

6.1.3　停车场管理模式

1. 停车场管理模式类型

按照停车场接发车、调车(试车)、施工、车辆检修、设备管理等作业管辖主体不同,停车场管理一般可分为分散控制和集中控制两种模式。

分散控制是由不同业务主管单位或部门根据停车场职责范围、作业性质等条件进行自我管理,并设计一定的程序对有接口的工作任务进行统一规范的管理模式。目前大多数城市的轨道交通停车场管理都采用这种模式。

集中控制即DCC(depot control centre)管理模式,是由不同业务主管单位或部门联合组成车场控制中心,对停车场各项生产作业任务进行综合管理。与线路OCC统一管理正线相对应,停车场由DCC统一进行管理,两者相辅相成,构成线路运营指挥体系。

与分散控制相比,信号楼职能不变,只是在原有运转值班室功能的基础上,进一步整合车辆检修、车场安全防控、列车上线联控等工作;DCC管理模式具有集中性强、生产效率高、信息流转快等特点。现已有城市轨道交通在试点采用这种模式。

2. 集中控制DCC模式的职责

集中控制DCC模式主要包括行车管理、乘务管理、施工管理、故障管理、安防监控管理5个方面。

(1)行车管理:接发列车管理、场内调车(试车)作业管理;行车防护、各类工程车/列车的停放管理(库位管理);与OCC间的联系、协调。

(2)乘务管理:乘务派班和出退勤管理、司机报单管理。

(3)施工管理:各类工程车/列车的日常清洁、检修管理(含车辆及通号车载检修)及联控管理、所有检修/施工的实施管理。

(4)故障管理:运营列车的故障管理(列车故障由司机负责录入)、基地内生产区域内设施设备故障管理。

(5)安防监控管理:FAS、周界报警信息监控及信息跟踪管理。

6.2 停车场的行车组织

6.2.1 停车场行车指挥

1. 行车调度

行车调度员作为行车指挥系统的最高领导者和指挥者,停车场与正线之间接发列车工作由行车调度员统一指挥。除执行行车调度员下达的命令会危及行车安全的情况下有权制止外,行车人员及有关部门都必须听从指挥并严格执行行调命令。列车出入场作业指挥体系如图6-2所示。

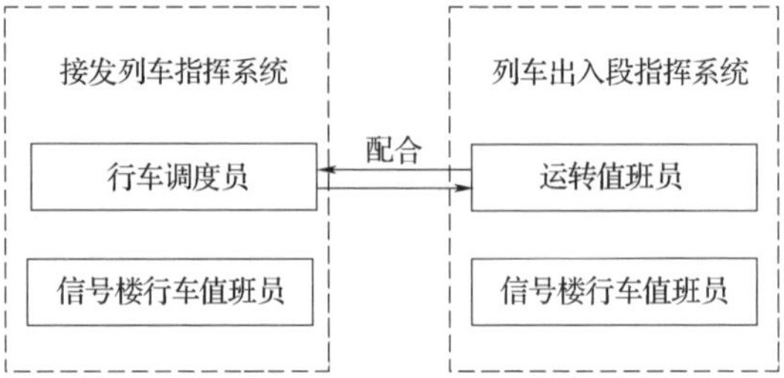

图6-2 列车出入场作业指挥体系

2. 停车场运转值班员

停车场运转值班员负责有关行车计划(列车发车计划、电客车辆整备计划、场内调车计划等)的编制与下达;掌握运用电客车辆及其他车辆的技术状态,根据车辆检修计划,安排车辆下线检修工作,在车辆出现故障时通知检修人员对车辆实施临修;负责乘务员的出勤与退勤工作,调配备班司机完成临时出车任务;对停车场内部行车设备进行管理与监督(包括检修与施工)。

3. 停车场信号楼值班员

停车场信号楼值班员主要负责停车场内行车指挥、进路排列和列车接发工作。

4. 乘务组

根据列车配置数和运行图的要求设若干乘务组,由乘务长进行管理指挥。乘务组主要职责是按照运行图的要求安全、快速、准点地驾驶列车，并配合车辆调试、验收、保养等工作。

5. 调车组

调车组主要指工程车组，负责牵引机车与工程车辆的驾驶，配合车辆维修、线路施工及列车救援等工作。

在停车场，停车场日常生产组织实行线路主管负责制。运转值班员是行车组织的领导人，负责电客车辆运转、调车作业等工作，信号楼值班员负责列车进路和调车进路的办理，调车长负责调车作业的指挥，乘务组长负责列车司机的管理。停车场的生产组织系统如图 6-3 所示。

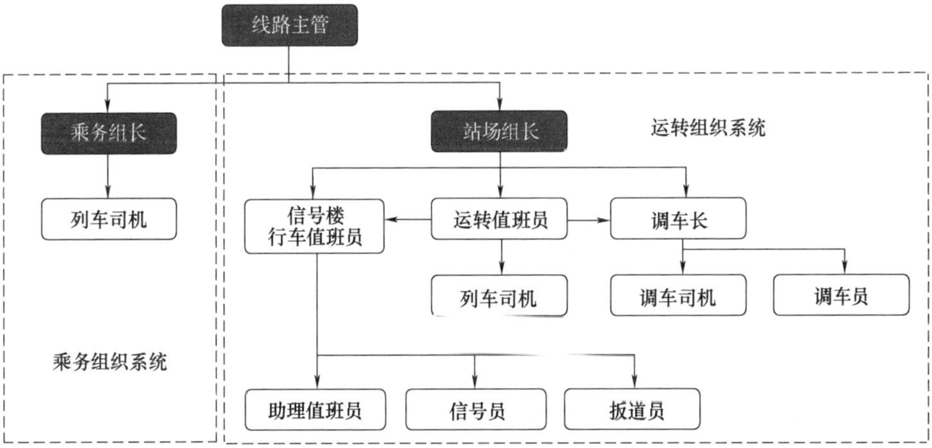

图 6-3　停车场(段)生产组织系统

停车场行车工作细则(简称“场细”)是停车场行车工作的重要技术文件，内容包括停车场概况和技术设备、日常运营生产计划及生产管理制度、列车出入场工作、接发车作业、调车作业、检修施工管理、车辆运用整备作业、车辆检修作业、装卸作业、列车与车辆技术作业过程及其时间标准等。

6.2.2　列车运转流程

列车运转流程指每日列车运用过程，包括列车出车、正线运营、列车回库收车、列车场内检修及整备 4 个环节，如图 6-4 所示。除了列车上线运营不在停车场内进行外，其他工作都在停车场内进行。

1. 列车出车

列车出车工作流程分为制定发车计划、出乘作业及发车作业 3 部分。制定发车计划可分为检修交车、确认可用车数与编制、下达发车计划 3 个环节。出乘作业

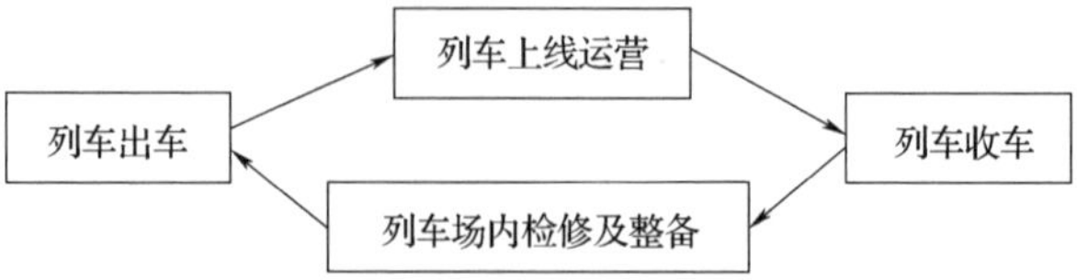

图 6-4　列车运转流程图

可细分为司机出勤、出车检查、列车出库这 3 个环节，如图 6-5 所示。列车发车作业是列车停车库发出、至转换轨处一度停车并建立模式后，确认出场信号机正确开放后进入正线运行的作业过程。

(1)列车发车计划

① 列车发车计划的编制与下达

a. 列车发车计划由运转值班员根据使用列车运行图、车辆运营检修用车安排，结合车场线路存车情况合理编制，内容包括“执行运行图编号、列车车次、待发股道、运用车编号”等。编制时必须考虑降低交叉发车作业的难度及保证各车的出车顺序无误，不堵车。

b. 列车发车计划编制完成后运转值班员应在运转台账内填写有关内容，并向信号楼值班员传达列车发车计划，信号楼值班员记录。

c. 信号楼值班员在接到运转下达的“列车发车计划”后应立即验证“列车发车计划”的可行性，发现问题及时汇报运转值班员更正，验证通过后根据“列车发车计划”编制“备用发车计划”。

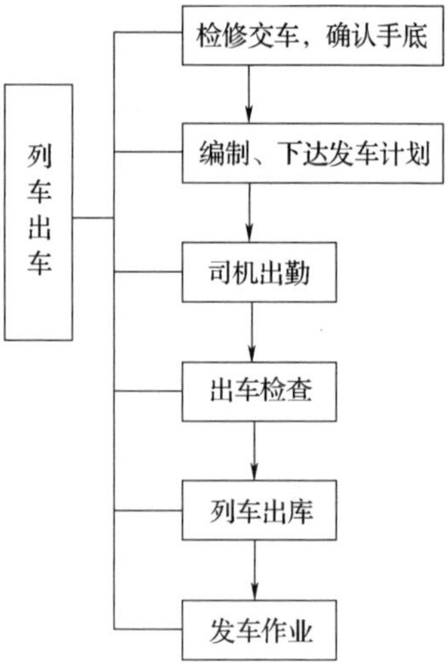

图 6-5　列车发车工作流程图

② 列车发车计划的确认与变更

检修交车后运转值班员应立即与列车运营检修用车安排进行核对，发现数据有出入时，立即调整“列车发车计划”并及时将变更后的“列车发车计划”传达给信号楼值班员执行。确认后还应将计划中列车车次、车号、有无备车、备车车号等内容上报给行车调度员。

(2)出乘作业

① 司机出勤

a. 司机按列车运行图所规定的出库时间，提前 30 min 至运转值班室与运转值班员办理出勤手续。

b. 司机在办理出勤手续时，按照一看、二询问、三指示、四发放的派班制度执行。

一看:看司机是否按规定着装并佩戴工号牌。

二询问:询问司机工作前8 h内是否饮酒、身体是否适合列车驾驶工作等。

三指示:向司机传达有关行车注意事项及出车股道,提醒司机仔细查看行车告示牌上的行车命令指示和安全注意事项。

四发放:向司机发放列车钥匙、司机报单、列车故障单及其他备品。

② 出车检查

a. 出勤手续办妥后,司机对列车作一次出车前检查。检查完毕合格后报告"××次列车×股道准备完毕,司机×××"后等待发车。

b. 如检车时发现列车故障不能担负列车任务时,应及时通报运转值班员并按其指示执行。运转值班员应立即通知检修部门检修故障列车,及时调整司机出乘车辆及列车出车次序并向信号楼值班员传达变更出车计划。

③ 列车出库

司机凭出库信号显示出库,动车前应确认库门开放正常、平交道安全后通过。

④ 列车发车作业

a. 列车经由停车库发出后,按照规定速度运行至转换轨处必须一度停车。

b. 司机进行投入正线运行的准备工作,如建立驾驶模式,转换车载无线模式、弓靴转换等。

c. 确认发车条件具备后驶入正线投入运营。

2. 列车正线运行

从车辆运用角度,列车正线运行主要涉及列车运行交路、列车驾驶作业和司机正线交接班等。

(1) 列车运行交路

列车正线运行的循环交路,以及列车在两端折返站的到、发时刻和出入段时间、顺序由车辆周转图规定。

(2) 列车驾驶作业

列车司机在值乘中应注意力集中、严禁违章行车。在发现异常、紧急情况时,司机应根据有关规章、应急预案,及时采取措施排除故障或险情,确保行车安全与乘客安全。

(3) 司机正线交接班

司机在正线交接班时,接班司机应按规定、提前到指定地点出勤,交班司机应将列车技术状态、有关行车命令与注意事项交代清楚,并填写在司机报单上。如接班司机因故未能按时接班,交班司机应坚守岗位、并报告行车调度员。

3. 列车收车

列车收车工作流程分为接车及回库作业。回库作业可细分为列车入库、回库检查及收车、司机退勤，如图 6-6 所示。

(1)编制列车回库计划

① 运转值班员根据列车运行图、检修部门检修计划安排、停车场线路情况合理编制列车回库计划。

② 回库计划内容应包含“执行运行图编号、列车车次、列车车号、停放股道”等。

③ 编制回库计划时除考虑接车效率、作业难度外还应遵循的主要原则是“尽量减少回库后列车的调车作业量”。

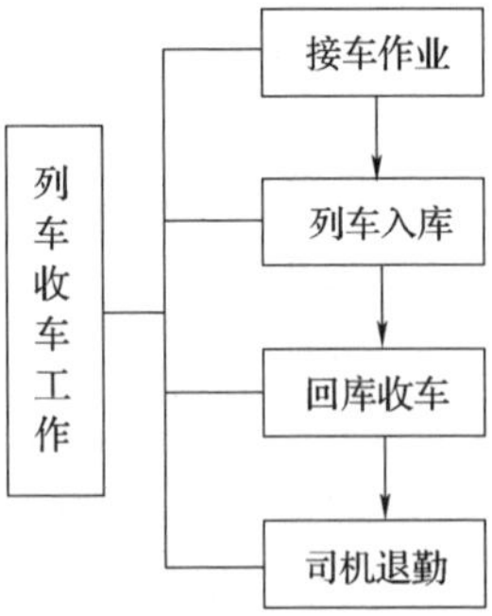

图 6-6 列车收车工作流程图

(2)接车作业及入库作业

① 列车司机经由正线回库时，必须在进场信号机前方一度停车。

② 司机进行回库各项准备工作，如转换驾驶模式、切换车载无线模式等。

③ 列车确认进场信号机开放后，必须与信号楼值班员确认车次、车号以及停放股道后方可动车回库。

④ 列车司机按照场内运行速度规定在车库库门前停车，由安检人员对列车进行检查确认后方可驶入车库。

(3)列车司机回库及退勤

① 列车进入车库停稳后，司机应作回库检查并按《电动列车司机作业标准》有关内容收车。

② 确认回库列车无异常后，司机携带列车钥匙、司机报单及列车故障单至运转值班室向运转值班员办理退勤手续。

③ 司机在办理退勤手续时应将列车钥匙、司机报单及列车故障单交于运转值班员整理、保管。遇列车技术状态不良、故障和上线运营时发生行车安全等情况时，司机应向运转值班员报告并应在有关报表中详细记录，运转值班员应对当日列车故障情况与安全记录作出统计并上报有关部门处理。

④ 司机退勤工作结束后应至司机公寓向司机组长汇报工作、总结一班工作情况并听取次日行车工作计划与安全注意事项。

(4)列车回库后信息流转

① 列车回库后技术统计工作由运转值班员负责。

② 所有列车回库、司机退勤后运转值班员及时收集整理列车故障信息，并将故障信息及时通报车辆维修部门。

③ 运转值班员还要根据报单中有关影响安全生产的记录作出统计和记录，并及时传递至相关部门。

④ 在发生列车晚点、大间隔、掉线、清客、救援及发生行车事故时组织当事人及有关人员填写“车辆事故(事件)情况报告”，并及时上报相关部门。

4. 列车检修与整备

(1)列车清洗工作

① 列车清洗工作由运转值班室指派专人负责，洗车负责人根据列车清洗需要制定列车清洗计划，列车清洗计划制定完成后由运转值班员及时下达给信号楼值班员、司机、调车员及其他相关人员执行。

② 列车清洗工作包括客室内部清洁、清扫，车身清洗/机洗作业。

③ 列车清扫及车身人工清洗作业在清扫线进行。清洗工作如需断电进行，由负责清洗工作单位负责至运转值班室办理接触网断电手续。断电后的防护工作由负责清洗工作单位指派专人负责。

④ 列车机洗作业时，由运转值班员及时派出当值司机调车，司机动车时应确认地面调车信号机，清洗时按相应设备操作办法执行。

(2)列车检修工作

① 列车检修工作一般规定

a. 列车回库停稳并按规定收车后，如无调动、机洗及其他任务，运转值班员应及时与日检车间检修负责人办理车辆交接手续。

b. 未办理车辆交接手续的列车，未经运转值班员同意检修部门不得擅自进行检修作业。

c. 正在进行检修作业的列车，未经检修负责人同意运转值班员不得擅自调动使用。

d. 正在进行检修作业的列车，应在司控器上挂上“禁动牌”，防止司机擅自动车。

e. 列车检修完毕后，检修负责人应及时与运转值班员办理车辆交接手续，将列车移交给车辆运转部门使用。

② 司机配合检修部门调试车辆规定

a. 司机配合检修部门调试车辆时，行车安全防护工作应由检修负责，检修负责人在指示车辆动车前应先确认无关工作人员已撤离、止轮器已撤除、股道上无障碍物、股道接触网已送电。

b. 司机配合检修部门调试车辆时，行车安全由司机负责并严格按信号动车，遇有危险及时停车。

c. 司机配合检修部门调试车辆时，检修负责人应指派检修联系人进入驾驶室内与司机保持联系。司机严格按照检修联系人的指示操作列车，但检修联系人的指示违反安全规定及危及行车安全时司机应拒绝执行。

③ 车辆交接与验收

a. 运转值班室接到车辆维修部门移交的车辆后应指派专人对车辆技术状态进行检查，确认车辆状态符合运营要求后方能接受投入正线使用。

b. 如车辆技术状态不符合运营要求，运转值班员要交付车辆维修部门，进行维修。

6.3 停车场行车作业

6.3.1 接发列车作业

1. 接发列车作业的指挥系统

停车场接发列车工作由信号楼值班员负责，统一组织和指挥段内接发车工作，有关行车人员都必须接受指挥，如图 6-7 所示。

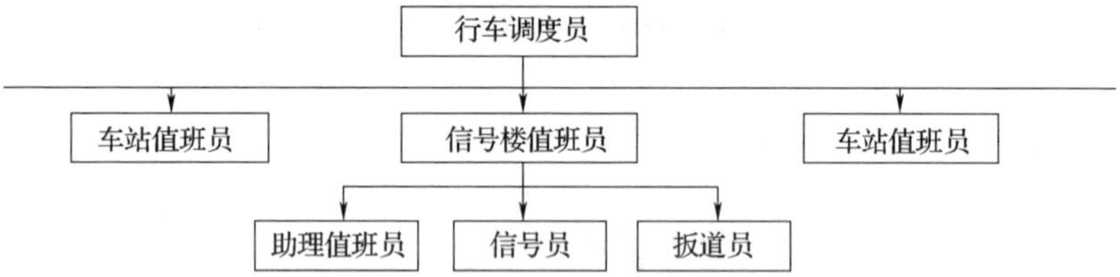

图 6-7 接发列车作业的指挥系统

2. 接发列车作业方法

(1)列车入场

① 运营车辆入场

a. 按图定计划入场列车或行车调度下达列车入场的命令，办理进场信号机至库线之间的进路，开放进场信号机。

b. 入场列车司机凭正线信号机显示的允许回库信号，及收到的允许运行速度码驶入入场线。

c. 入场列车司机凭进场信号机的允许入库信号进入停车场。

d. 停车场信号楼值班员通过控制台光带显示确认列车整列进入停车场后，向正线车站报到点，填写行车台账。

② 施工车辆入场

a. 车站行车值班员向停车场信号楼值班员请求闭塞。

b. 停车场信号楼值班员安排进场进路或进场调车进路，开放进场信号机，确认无误后，同意闭塞，并填写行车台账，并通知运转值班员准备接车。

c. 入场车辆凭行车路票及车站行车人员发车手信号驶入停车场。

d. 运转值班员向司机收回车站行车路票，注销并保存。

e. 停车场信号楼值班员通过控制台显示确认列车到达停车场后，信号值班员按规定报点，填写行车台账及开通闭塞区间。

(2)列车出场

① 运营列车出场

a. 按图定计划，信号楼值班员确定进入正线进路准备妥当，办理车辆出场调车进路。

b. 信号楼值班员在得到车站电话记录号后，向运转值班员通报路票的电话记录号，运转值班员向司机交路票。

② 施工车辆出场

a. 根据行车调度员命令，停车场信号楼值班员与车站行车值班员按电话闭塞法办理闭塞。

b. 信号楼值班员在得到车站电话记录号后，向运转值班员通报路票的电话记录号，运转值班员向司机交路票。

c. 信号楼值班员排列站场至正线的出场调车进路。

d. 车辆凭停车场出场信号机显示进入正线。

e. 信号楼值班员通过控制台光带显示确认列车启动出场信号机关闭后向车站报点，同时向行车调度员报点，填写行车台账。

3. 接发列车的一般规定

(1)停止影响接发列车的调车工作、准备进路和开放进出场信号的时机

① 接车：不迟于列车到达前 10 min 停止调车，不迟于列车到达前 5 min 开放信号。

② 发车：不迟于列车出发前 10 min 停止调车，不迟于列车发车前 2 min 开放。

(2)确认接车线路空闲的方法

① 信号楼值班员、信号员通过控制台股道表示光带的显示确认。

② 控制台发生故障不能确认时，信号楼值班员必须将故障情况汇报运转值班员、通号值班人员，布置信号员和通号有关人员现场确认。

(3)列车进路准备妥当的方法

信号楼值班员通过控制台股道光带显示进行确认，当显示屏或股道光带进路显示故障不能确认时，应通过控制台道岔定反位显示进行确认。如道岔定反位不能确认时，由信号员到现场确认并汇报进路上有关道岔开通的定反位置。

(4)列车进入车库的有关规定

① 列车进场闭塞完成后信号楼值班员应及时通知运转值班员，运转值班员确认停车库符合线路入库条件后发出："××次进×道 A(B)场"，信号楼值班员复诵。

② 运转值班员在同意列车进库前及时布置有关人员开启大门，接列车进库。

③ 电动列车司机应在入库前的平交道处一度停车，并确认入库及周围安全状态良好，按规定进库，进库运行速度不大于 5 km/h。

(5)路票箱的保管和使用"路票"的规定

① "路票"应保存在路票箱内加锁并由专人负责保管。

② "路票"的使用规定：

a. 未办妥闭塞，不准从路票箱内取出"路票"。发车进路未准备妥当，不准填写"路票"。

b. 信号楼值班员与信号员或与司机交接"路票"时均应执行复唱核对制度。

c. 对到达"路票"必须确认无误后由运转值班员划"×"注销。

4. 非正常情况下接发列车办法

(1)引导接车办法

① 当进场信号机发生故障停用时，可开放引导信号接车，遇引导信号故障时，信号楼值班员应命令信号员在进场信号机外方右侧显示引导手信号接车。

② 按手信号办法引导接车时，有关进路上的对向道岔(包括防护道岔)应加锁锁闭。

③ 发车进路未准备妥当不准填写路票，接车进路未准备妥当，不准布置信号员接车。

(2)道岔故障或道岔区段故障

① 道岔故障是指在联锁设备的控制台上，道岔表示灯无显示，不能确认道岔的位置(定或反位)。道岔区段故障是指在道岔区段内出现红光带，不能确认道岔区段故障内的发生原因。

② 处置方法：

a. 道岔发生故障影响站场行车时，信号值班员应立即向运转值班员汇报，通知信号工区、工务工区进行抢修。影响正线出车时，立即向行调汇报。

b. 信号员到现场检查，如道岔无不良病害，清除尖轨与基本轨间异物后，通知值班员单操道岔检测，在挤岔表示灯熄灭，道岔定反位表示灯正常后，可恢复使用。

c. 单操道岔检测不能恢复，在电气故障条件下改用手摇加钩锁器，并携带手摇工具(手摇柄、钩锁器、锁头、钥匙、对讲机等)到现场使用，按引导方法接车或按电话闭塞法行车。

d. 道岔修复后值班员试排进路正常后，汇报行调恢复正常使用。

(3)道岔挤岔

① 准备进路时 MMI 挤岔报警，道岔无法转换到位。

其处理方式按照道岔故障程序进行处置。

② 车辆过岔因道岔位置不正确，导致挤岔。

a. 在道岔尖轨被挤后，禁止列车司机擅自动车，保持现场。值班员应立即汇报行调及相关部门进行抢修。

b. 道岔修复后信号、工务人员确认正常，信号楼值班员试排进路正常后，汇报行调恢复正常使用。

(4)进场信号机内第一轨道电路区段故障

① 进场信号机内第一轨道电路区段故障指的是出现红光带，进场信号机内第一轨道电路区段故障的特征是因延迟接点落下，构不成自动闭塞电路，所以引导按钮不能松开，当松开后，白灯光即熄灭。

② 处置方法：

a. 信号值班员应立即向运转值班员汇报，通知信号工区进行抢修。影响正线出车时，立即向行调汇报。

b. 单操道岔至正确位置，开放引导接车进路。每隔 30 s 就需要补办一次引导，直到接入列车。

(5)VPI 设备主备机故障

① VPI 设备主备机故障而不能使用时，信号楼值班员立即通知信号部门维修，使用应急盘操纵道岔准备进路。

② 使用应急盘时，信号楼值班员必须随时掌握各线路停车场内行车设备施工维修、道岔是否良好、车辆调动及其他必须了解的现场情况。

③ 应急盘操纵道岔准备进路时，应先确认该进路上需要操纵的道岔区段内无机车车辆、无影响该进路的施工作业。由远至近逐副操纵道岔至所需位置，进路准备完毕后，按下[引导总锁]按钮锁闭进路，保障进路的安全。在同一时段内只能排列一条锁闭进路。

④ 进路锁闭后，信号楼值班员指示司机动车。指示动车的命令应包括锁闭进路妥当、进路起止位置、沿路信号机状态及可否越过、其他必须说明的状况。

⑤ 司机动车后，信号员应严格监控列车车辆运行情况，了解车辆运行位置。

⑥ 车辆出清进路或运行到位并已全列进入相应信号机内方后，信号楼值班员解锁锁闭进路。严禁在列车车辆未进入相应股道或到达指定地点前解锁进路或排列其他进路。

6.3.2 调车作业

除正线列车在车站到、发、通过及在区间内运行，参与运营活动以外的所有为了编组、解体列车或摘挂、取送车辆、转线等车辆在线路上有目的的移动统称为调车。

1. 调车作业的领导指挥系统(图 6-8)

场内调车作业设调车组，调车组设调车长(由司机兼任)、司机、调车员(连结员)。

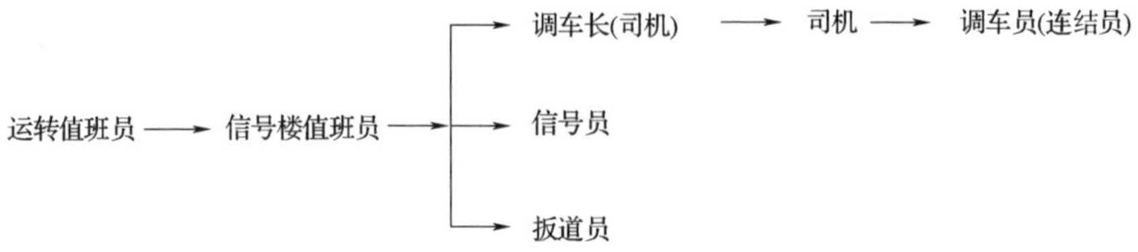

图 6-8 调车作业的领导指挥系统

2. 调车作业制度

(1)对号交接制

在规定地点调车组对号交接线路存车辆数、停留车位置、无线电台、安全及有关注意事项。

(2)作业前准备制度

每批作业前(一张调车作业通知单)调车组长要布置好计划、作业方法，调车员做好入线前线路、车辆检查。列车解体作业时必须确认连接器、风管、电气连接线全部拆除后方可开始作业。

(3)班后总结制

每班工作完毕后，由调车组长负责召集调车组人员参加小组会，及时总结本班安全及生产任务完成情况，做好生产记录，遇非正常情况及时向运转值班员汇报。

(4)要道还道制度

要道还道的目的是防止进错道或挤岔事故的一种人工联锁方法。因此要相互监督，相互检查，它既是一种联系方式，也是相互控制的制度，以保证准备整条进路过程中各个方面的安全。

① 在非集中联锁或集中联锁设备联锁失效时，车场的调车作业实行严格的要道还道制度。

② 需要要道还道时，统一为“进×道要×道”“出×道要×道”。连续调动车辆时，只要求第一钩实行要道还道制度，从第二钩起，扳道员按“进路人工联锁工作

单”的要求扳动道岔。

③ 要道还道时调车长、司机向信号楼值班员要道，值班员指示扳道员准备进路，扳道员在进路准备妥当后向调车长或司机还道“×道至×道进路好，准许动车”；另一种是扳道员在整条进路准备妥当后，直接向调车长或司机还道。

④ 由扳道员还道时，应及时向调车长、司机显示股道号码及道岔开通信号，列车出库时应显示出库手信号。

⑤ 调车组应熟悉站场内线路与道岔的定反位置。

⑥ 列车司机出库时应逐副确认进路上有关道岔位置。

3. 调车作业计划

(1)调车计划的编制、下达

① 调车作业计划由值班员根据相关单位提出的作业申请编制书面计划(使用调车作业通知单)，书面计划编制后抄送给信号楼值班员和调车组长及参与调车作业的相关人员。

② 编制调车作业计划一式 4 份。调车组长(司机)、运转值班员、信号员各 1 份，存根 1 份。

(2)调车作业计划的变更

① 一批作业(指一张调车作业通知单)变更计划不超过 3 钩时，可用口头方式布置，但必须停车向有关人员传达清楚，复诵核对正确。

② 严禁调车员变更计划，必须变更时必须得到信号楼值班员的同意，并征得运转值班员的同意。

(3)书面调车计划符号及线路名称见表 6-1。

4. 调车作业一般规定

(1)调车作业必须按调车作业计划及调车信号机显示进行信号动车。

(2)调车信号开放后不准随意变更，必须变更时，信号楼值班员应与司机进行联系，确认已符合规定要求后方可关闭信号机。

(3)调车信号机故障、停用或调车作业压岔、压轨道绝缘节等原因，调车信号机不能开放并且无法使用无线通信设备联系时，应按下列规定办理：

① 由信号员在道岔处，根据信号楼值班员股道开通的通知，口头通知司机，并执行“要道还道”制度。

② 信号楼值班员或信号员必须确认现场安全状况，通知司机后方可开始进行调车作业。

③ 机车(重型轨道车)转线时，由信号楼值班员派人在道岔的适当地点，显示股道号码和道岔开通信号。

表 6-1 书面调车计划符号及线路名称

符号及线路名称	注 释	符号及线路名称	注 释
+	表示挂车	试	表示试车线
−	表示摘车	材	表示材料线
○	表示机车车辆调头	镟	表示不落轮镟库
停 1～15	表示停车库 1～15	解	表示解钩线
检 1～4	表示列车检修 1～4	临	表示临修线
清 1、2	表示清扫线 1,2 道	洗	表示洗车线
修 4～8	表示检查车辆线 4～8	吹	表示吹扫线
调 1、2	表示调机库 1,2 道	专	表示专用线
存 1～3	表示车库 1～3 道	走 1	表示走行线
特 1～5	表示特种车辆存车线 1～5 道	机	表示机电车辆停车库
漆 1、2	表示油漆车间线 1,2 道		

④ 信号控制台操纵人员不准扳动调车进路上正在使用的有关道岔。进路部分解锁时，锁闭可能影响其他有关进路道岔，在必须操纵道岔时，应在通知司机、调车员停止作业并确认安全后，方准办理。

⑤ 信号楼办理调车作业时必须办理长调车进路。原则上须办理线路有效长度的最长进路，不得分两段及以上进路办理，调车进路中信号不能出现半开通状态。如确须办理短进路或分段办理时，信号楼须通知司机并得到明确回复后方可办理。

(4)调车进路编排后，不准随意变更。必须变更时，信号楼值班员(信号员)应通知司机，待机车(车辆)到达规定位置后才能变更进路。司机与调车员在动车前应再度确认调车信号机正常开放。

5. 调车作业组织

(1)车场内的调车工作由运转值班员统一领导指挥，具体调车作业过程如图 6-9 所示。

(2)当班运转值班员在接班时应认真确认股道、线路存车辆数、停留车位置并实时监控，根据运营计划、施工计划、车辆检修/整备计划、车辆调动(包括转线、解编、编组、牵引对位)需求制定阶段调车计划。在阶段调车计划制定后及时向信号楼值班员下达并通知备班司机/调车组做好出车准备。

(3)遇有临时调车任务，运转值班员来不及制定阶段调车计划时，可直接将调车作业内容下达至信号楼值班员，由信号楼值班员按现场作业状况和任务轻重缓急直接向调车指挥人下达调车作业内容指挥调车作业。

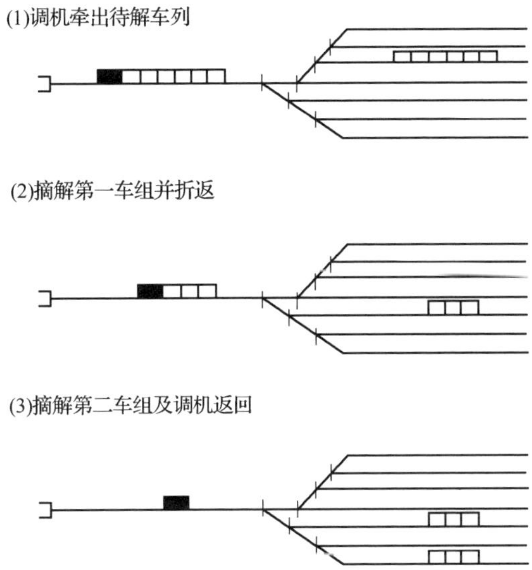

图 6-9　调车作业过程

(4)除列车自行驱动转线/洗车作业外,其他调车作业都必须 2 人以上,1 个司机(兼调车指挥人)及 1 个调车员。在推进时如司机确认调车员手信号有困难时应指派参与调车的其他人员中转信号,使用无线对讲机时司机如无法听清信号指示应立即停车。具体调车手信号见表 6-2。

表 6-2　调车手信号

种　类	显示方式	
	昼　间	夜　间
停车信号	展开的红色信号旗。无红色信号旗时,两臂高举头上向两侧急剧摇动	红色灯光。无红色灯光时,用白色灯光上下急剧摇动
减速信号	展开的绿色信号旗下压数次	绿色灯光下压数次
指挥列车或车辆向显示人方向来信号	展开的绿色信号旗在下方左右摇动	绿色灯光在下方左右摇动
指挥列车或车辆向显示人方向稍行移动信号	左手拢起红色信号旗直立平举,右手展开的绿色信号旗左右小动	绿色灯光下压数次后,再左右小动
指挥列车或车辆向显示人反方向去信号	展开的绿色信号旗上下摇动	绿色灯光上下摇动

续上表

种　类	显示方式	
	昼　间	夜　间
指挥列车或车辆向显示人反方向稍行移动信号	左手拢起红色信号旗直立平举，右手展开的绿色信号旗上下小动	绿色灯光平举上下小动
三、二、一车距离信号	右手展开的绿色信号旗下压三、二、一次	绿色灯光平举下压三、二、一次
连挂作业信号	两臂高举头上，拢起的手信号旗杆成水平末端相接	红绿色灯光(无绿色灯光用白色灯光代替)交互显示数次

(5)场内调车限速 25 km/h，进入车库限速 5 km/h，接近被连挂车及在尽头线调车时限速 3 km/h。遇瞭望条件不良应适当降低速度。

(6)场内调车不得与接发车作业相抵触，原则上在接发车时段内不安排任何调车作业，影响接发车作业的调车作业必须在接发车作业开始前 10 min 停止。

6. 手推调车作业

停车场内原则上不实行手推调车作业。遇特殊情况必须使用手推调车时，要取得信号楼值班员的同意，由当班运转值班员编排调车计划。手推调车速度不得超过 3 km/h ，并由调车人员负责制动。

下列情况禁止手推调车：

(1)在超过 2.5 ‰ 坡度的线路上(确需手推调车时，须经安全部门和上级部门领导的批准)。

(2)遇暴风雨雪天气车辆有溜走可能或夜间无照明时。

(3)接发列车时，能进入接发列车进路的线路，并且无隔开设备或止轮器。

(4)装有爆炸品、压缩气体、液化气体的车辆。

(5)接触网未停电的线路上，对棚车、敞车类的车辆。

(6)人数不足或没有安排制动人员时。

7. 特殊情况下的调车作业办法

(1)VPI 主备均故障时，应使用应急盘单操道岔锁闭进路的方法进行调车作业。

(2)失去联锁不能转为应急盘操纵方式时，以及道岔及轨道电路故障，致使进路中的道岔不能转换到所需位置时，应立即按现场手摇道岔准备调车进路。

(3)严禁使用越出站界调车法，必须越出站界调车时，要向行调申请“发车作业”，行调同意并发出“发车作业”的调度命令后，方可向邻站请求闭塞。

6.3.3 试车作业

试车作业一般在试车线上进行，主要对检修或临修后的列车进行动态调试、功能验证等，检验电客车辆的技术性能；也用于对新车的调试、验收以及信号 ATC 轨旁与车载设备功能的调试。

1. 试车线主要行车标志及定义

(1)列车折返位置停车标

列车折返位置停车标为试车前的停车位置，也用于列车试车结束后申请回库的停车位置。

(2)列车减速制动标或距离预告标

减速制动标设立在试车线两端，通常有 80 km/h 减速制动标、60 km/h 减速制动标和 40 km/h 减速制动标 3 种。为满足高速列车试车需要，也会相应设置 120 km/h、100 km/h 减速制动标。

① 80 km/h 减速制动标(3 条杠)

该标离停车标距离为 300 m。列车在试车线上以 80 km/h 速度调试时，到 80 km/h减速制动标处必须采取全常用制动，确保列车能在规定的停车位置完全停下。

② 60 km/h 减速制动标(2 条杠)

该标离停车标距离为 213 m。列车在试车线上以 60 km/h 速度调试时，到 60 km/h减速制动标处必须采取全常用制动，确保列车能在规定的停车位置完全停下。

③ 40 km/h 减速制动标(1 条杠)

该标离停车标距离为 188 m。列车在试车线上以 40 km/h 速度调试中，到 40 km/h减速制动标处必须采取全常用制动，以确保列车能在规定的停车位置完全停下。

距离预告标设立在试车线两端，通常有 300 m 预告标、200 m 预告标、100 m 预告标，提示试车司机列车与试车线阻挡停车标的实际距离，以便及时采取制动措施确保在规定的停车位置完全停车。

(4)试车线阻挡停车标

试车线阻挡停车标设于试车线两端尽头车挡的前侧，作用为试车线尽头的阻挡作用，严禁列车头部越过该停车标。

2. 试车作业一般要求

(1)试车作业由试车单位和试车司机共同完成。试车单位指定专人为试车负责人，指挥试车全过程，发送试车指令。试车司机根据试车指令操纵列车。

(2)试车前试车单位必须明确本次试验的内容、要求、程序及相关人员分工。并告知试车司机试车内容、要求、大致步骤及安全注意事项。

(3)每项试验内容由试车负责人确认完成后,再进入下一项试验内容。

(4)试车负责人向司机明确试车是否全部完成。试验中途遇到特殊情况时,试车负责人与试车司机协商决定是否中断试车。

(5)在可能危及行车安全的情况下,试车司机应拒绝并中断执行试车负责人的试车指令。

3. 试车作业流程

(1)试车申请

试车单位向运转值班室提出试车线的占用申请,填写“列车试车申请及交底单”。运转值班室接到试车申请后,安排试车部门具体占用试车线的时间,安排配合试车的司机,根据申请形式书面批复申请部门,通知信号楼开通进路。

(2)试验前交底

准备试车时,试车负责人按“列车试车申请及交底单”填写内容,向司机交代清楚试验内容、试验程序和具体的操作要求以及相关注意事项。

(3)试验作业

① 试车作业一般采用带 ATP 保护的模式,按照试车线上的信号和减速、停车等标志操作。

② 试车中列车速度达到 80 km/h 或单向连续 2 个试验项目时,列车先停至试车线二端停车位置,保证足够的试验距离后再进行试验。

③ 在雨雪天气试车时应充分考虑车轮打滑因素,严格控制车辆与试车线终端的距离。

④ 夜间试车时应打开试车线照明灯,控制好车辆与试车线终端的距离。

⑤ 试车中如须下车检查车底设备,由试车负责人通知司机停车。司机听从试车负责人的通知动车,必要时施加停放制动。

(4)试验完工

① 试验项目完成后,由试车负责人通知试车司机试验项目结束,并向运转值班员联系销点,将指挥列车运行的权力移交司机。

② 试车司机以 20 km/h 的速度将列车停到试车线停车位置。

③ 试车司机告知运转值班员列车已停到回库位置,向运转值班员提出下试车线申请。

④ 试车司机根据信号机显示,以低于 20 km/h 速度驶离试车线。

第7章　城市轨道交通运营安全

城市轨道交通运营过程中所出现的大部分不安全现象都发生在行车工作中，因此，从某种程度上说，保证行车工作安全的同时，也就保证了城市轨道交通运营的安全。本节通过对城市轨道交通运营安全事故分类及事故致因分析，介绍了行车事故的分类和事故处置，并通过行车事故案例分析，提出防范措施。

7.1　城市轨道交通安全事故

7.1.1　城市轨道交通运营安全事故分类

事故是因故障或工作人员操作不当或管理人员指挥不力而造成人员伤亡、设备损坏，影响可靠性或危及运营安全的事件。

根据事件性质划分，城市轨道交通运营安全事故可以分为火灾事故、水灾事故、停电事故、自然灾害、列车事故、恐怖活动、公共安全事故以及停运事故。

1. 火灾事故

火灾事故是对城市轨道交通运营安全造成的影响最为严重，危害最大的一类事故。导致起火的原因有很多，如电路故障、设备故障、操作不当、人为纵火，或者其他灾害衍生出来的次生灾害，都有可能导致火灾。

2. 水灾事故

城市轨道交通水灾事故主要是指由于自然降雨、台风或地下结构破坏渗水等导致水淹，致使设备损坏、运营中断等后果的事故。

3. 停电事故

城市轨道交通停电事故主要是指由于灾害或者供电系统损坏导致的城市轨道交通站点、列车断电停运等造成运营瘫痪甚至人员受伤的事故。

4. 自然灾害

影响城市轨道交通系统的自然灾害主要包括：地震、大风、雷击、洪水、雨雪、冰冻等，其中地震和雨水倒灌是发生比较多、危害比较大的灾害。

5. 列车事故

城市轨道交通列车事故主要是指运营过程中发生列车追尾、相撞、脱轨和颠覆，造成人员伤亡、运营中断、瘫痪等严重后果的事故。

6. 恐怖活动

城市轨道交通的恐怖活动主要形式为爆炸、投放毒气。

7. 公共安全事故

城市轨道交通公共安全事故主要是指由乘客造成的事故或对乘客人身安全造成直接影响的公共性质事故，导致财产损失、运营中断甚至人员伤亡，如踩踏事故、坠轨事故等。车站人数过多、拥挤，或乘客蓄意，或公共设施故障等都易造成此类事故。

8. 停运事故

城市轨道交通停运事故是指由于各种原因造成的线路停运甚至扩大到整个路网瘫痪的事故。

另外，事故按照导致后果的程度，可分为一般事故、较大事故、重大事故、特别重大事故；事故按照紧急和轻重程度可分为一般事件、突发事件、突发事故、重大事故等；事故按照城市轨道交通物理设备或性质，可分为设备事故、工伤事故（人员受伤等）、消防事故（火灾事故）、行车事故等。

7.1.2 影响城市轨道交通安全的因素

城市轨道交通重大运营安全事故及灾害发生的原因主要可以分为人员因素、设备因素、环境因素、管理因素 4 个方面。

1. 人的因素

(1)工作人员的不当操作。工作人员违反安全操作流程和规范，或无意间的操作失误等都容易造成安全事故。为确保城市轨道交通运营生产安全，有必要进行培训，以提高工作人员的业务技术素质、心理素质、团队协作能力、反应能力等，如图 7-1 所示。

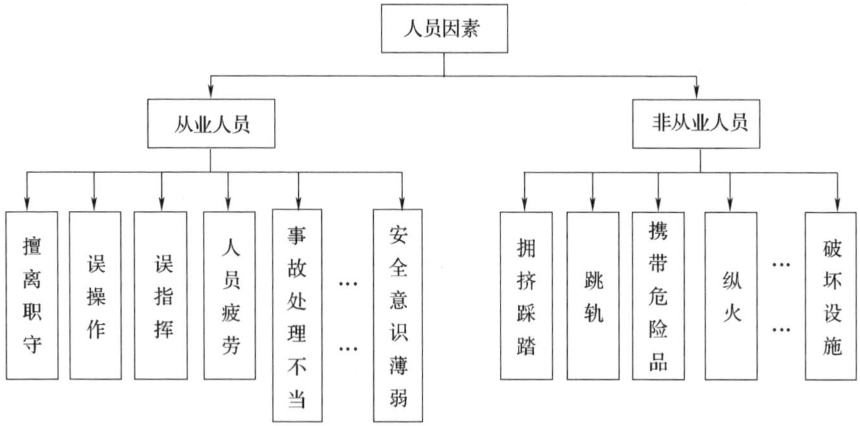

图 7-1 人员因素

(2)乘客的不当行为。由于乘客自身或乘客群体发生危及城市轨道交通安全的事故,如:乘客擅自携带明令禁止的物品;站台上乘客过多产生拥挤,使乘客跌入轨道区;由于个人精神失常而无法自我控制的破坏举动;乘客对运营设施设备的不当使用,以及在事故发生后乘客的不理智行为等。

(3)恐怖袭击。城市轨道交通是客流集中地,容易造成恐怖分子袭击的目标。

2. 设备因素

设备因素主要指基础设备自身故障,因设施设备老化、使用不当等造成系统自身的不可控故障。基础设备主要包括固定设备和移动设备,固定设备如线路设备、车站设备、信号设备,移动设备如车辆设备、通信设备等。

(1)电气系统。变电所、配电室中的电器设备由于短路、过载、接触不良、散热不良,照明、电热器具安置或使用不当、违章作业等均会引起电气灾害、触电故障。

(2)车辆系统。车辆失控或故障引发列车脱轨或相撞;轨道损伤或断裂导致的列车脱轨;地铁车门的安全标志不清造成机械伤人事故;地铁列车内材料发生火灾后产生有毒烟气,加重事故后果等。

(3)通风/排烟系统。发生火灾后,若通风系统故障或操作不当,火灾产生的致命烟气难以消散,进入人的呼吸系统导致窒息,严重危害在场人员的生命安全。

(4)给/排水系统。隧道内排水系统不完善,隧道防水设计等级过低,导致涝灾或地表水侵入,轻则影响环境卫生,重则造成水火;给、排水管道的防腐、绝缘效果不佳发生泄露现象;地面车站的地坪高度低于洪水设防要求等。

(5)通信/信号系统。由于通信系统的电源发生故障或通信设备本身发生故障,不能保证各种行车信息及控制信息可靠传输,引起的事故。

3. 环境因素

环境因素的影响主要来自于外部环境和内部环境两部分。

(1)外部环境

外部环境主要指自然灾害(气候因素)、季节因素、时间因素和沿线地形地貌等,如台风、暴雨或暴雨引发的水灾,雨雪冰冻等,台风对于高架轨道交通破坏程度较高。

(2)内部环境

内部环境主要指人为形成的系统环境条件,包括周围的空间和一切运营设施构成的人工环境。城市轨道交通地下区间隧道、地下车站设备用房等场所的常年阴暗潮湿环境和虫、鼠害等,极易造成关键设施设备的故障。另外,车站内商业区域的可燃物较多,也增加发生火灾的危险性。

4. 管理因素

城市轨道交通运营安全管理,是指管理者按照安全运营的客观规律,对运营系统的人、财、物、信息等资源进行计划、组织、指挥、协调和控制。管理因素包括:安全管理办法、安全法制、检测与维修、安全教育与培训、安全组织等。

7.1.3 城市轨道交通行车事故分类

凡在行车工作中,因违反规章制度,违反劳动纪律或因技术设备不良及其他原因造成人员伤亡、设备损坏、影响正常行车或危及行车安全的,均构成行车事故。

对于事故分类的界定,通常以国家行政法规、地方性法规、企业规则 3 级条线细化设定。

1. 国家条例行政法规

根据《生产安全事故报告和调查处理条例》(国务院令第 493 号)(以下简称《条例》)规定:

(1)生产过程中发生下列情形的,定为特别重大事故:

① 造成 30 人以上死亡;

② 100 人以上重伤(包括急性工业中毒,下同);

③ 1 亿元以上直接经济损失。

(2)生产过程中发生下列情形的,定为重大事故:

① 造成 10 人以上 30 人以下死亡;

② 50 人以上 100 人以下重伤;

③ 5 000 万元以上 1 亿元以下直接经济损失。

(3)生产过程中发生下列情形的,定为较大事故:

① 造成 3 人以上 10 人以下死亡;

② 10 人以上 50 人以下重伤;

③ 1 000 万元以上 5 000 万元以下直接经济损失。

(4)生产过程中发生下列情形的,定为一般事故:

① 造成 3 人以下死亡;

② 10 人以下重伤;

③ 1 000 万元以下直接经济损失的事故。

2. 地方性法规

各个地方可以根据国家行政法规制定地方性法规,以某城市为例,地方性法规除按照《条例》划分的特别重大事故、重大事故、较大事故、一般事故外,还增设其他社会影响恶劣的事故:

(1)涉险 10 人以上(含 10 人),或者造成 3 人以上(含 3 人)被困或下落不明的事故;

(2)紧急疏散人员 500 人以上(含 500 人),或者住院观察治疗 20 人以上(含

20 人)的事故；

(3)建筑施工大面积坍塌、建筑塔吊倒塌等，对从业人员、居民安全造成严重影响的事故；

(4)其他社会影响重大的事故。

3. 企业规则

各城市的轨道交通运营企业在国家行政法规及地方性法规的基础上可以制定企业规则，以适应运营的需求。以下为某城市轨道交通运营企业的细化行车事故分类。

(1)符合下列情况之一的，为特别重大轨道交通运营事故：

① 事件突然发生、事态非常复杂、事件后果涉及全市范围，对公共安全、政治稳定和社会经济秩序造成特别严重的危害或威胁；

② 导致 30 人以上死亡(含失踪)或者危及 50 人以上生命安全；

③ 造成 100 人以上重伤(含急性中毒)；

④ 事故直接经济损失 1 亿元以上；

⑤ 造成 1 条已(试)运营区段单向中断运营 36 h 以上，或者双向中断运营 24 h 以上；

⑥ 造成 2 条以上已(试)运营线路同时中断 24 h 以上；

⑦ 超出本市应急处置能力的、需要国家有关部门处置的突发事件。

(2)符合下列情况之一的，为重大轨道交通运营事故：

① 事件突然发生、事态复杂、事件后果涉及数个区县，对公共安全、政治稳定和社会经济秩序造成重大危害或威胁；

② 导致 10～29 人死亡(含失踪)或者危及 30～49 人生命安全；

③ 造成 50～99 人重伤(含急性中毒)；

④ 事故直接经济损失 5 000 万元以上，1 亿元以下；

⑤ 造成 1 条已(试)运营区段单向中断运营 16 h 以上，或者双向中断运营12 h 以上；

⑥ 造成 2 条以上已(试)运营线路同时中断 12 h 以上。

(3)符合下列情况之一的，为较大轨道交通运营事故：

① 突然发生、事态较为复杂、事件后果在较大区域范围内对公共安全、政治稳定和社会经济秩序造成较大危害或威胁；

② 导致 3～9 人死亡(含失踪)或者危及 10～29 人生命安全；

③ 造成 10～49 人重伤(含急性中毒)；

④ 事故直接经济损失 1 000 万元以上，5 000 万元以下；

⑤ 造成 1 条已(试)运营区段单向中断运营 10 h 以上，或者双向中断运营 6 h 以上；

⑥ 造成2条以上已(试)运营线路同时中断运营6 h以上。

(4)符合下列情况之一的,为一般轨道交通运营事故:

① 事件突然发生、事态相对简单、事件后果仅在一定范围内对公共安全、政治稳定和社会经济秩序造成较大危害或威胁;

② 导致1～2人死亡(含失踪)或者危及10人以下生命安全;

③ 造成1～10人重伤(含急性中毒);

④ 事故直接经济损失5万元以上,1 000万元以下。

其中一般事故又细分为一般A类事故、一般B类事故、一般C类事故、一般D类事故、一般E类事故。

• 运营过程中发生人员伤亡、财产损失、影响正常行车达到下列情况之一的,为一般A类事故:

A1. 造成2人死亡,或者3人以上10人以下重伤;

A2. 造成500万元以上1 000万元以下直接经济损失;

A3. 造成1条已(试运营)区段单向中断运营5 h以上,或者双向中断运营3 h以上。

• 运营过程中发生人员伤亡、财产损失、影响正常行车达到下列情况之一,后果不及一般A类事故的,为一般B类事故:

B1. 造成1人死亡,或者2人重伤;

B2. 造成300万元以上500万元以下直接经济损失;

B3. 造成1条已(试)运营区段单向中断运营3 h以上5 h以下,或者1条已(试)运营区段双向中断运营2 h以上3 h以下。

• 运营过程中发生人员受伤(无人员死亡)、财产损失、影响正常行车达到下列情况之一的,为一般C类事故:

C1. 造成1人重伤;

C2. 造成100万元以上300万元以下直接经济损失;

C3. 造成已(试)运营线路严重晚点2 h以上。

• 运营过程中达到下列情况之一,未构成一般C类以上事故的,为一般D类事故:

D1. 载客列车冲突、脱轨、挤岔、装轧;

D2. 载客列车分离;

D3. 载客列车断轴、车轮崩裂、走行部部件脱落;

D4. 运营时段正线接触网(轨)断线(轨)、倒杆或塌网;

D5. 运营时段正线钢轨断裂;

D6. 运营时段列车信号(包括车载信号)错误升级显示;

D7. 列车夹人动车；

D8. 载客列车停站错开车门、未关闭车门且未采取相应的防护措施动车、运行中开启车门；

D9. 载客列车(有列车自动保护模式下的自动驾驶或人工驾驶除外)冒进信号或越过警冲标；

D10. 信号故障条件下，未正确完成列车定位作业实施降级运行；

D11. 运营时段正线列车擅自切除列车自动保护装置；

D12. 运营时段未准备好进路、未办或错办闭塞(凭证)接发列车；

D13. 电客列车带电进入无电区；

D14. 接触网(轨)错送、漏停电；

D15. 列车车辆错误进入人工检修施工区段；

D16. 因设备故障、操作不当、检修施工等直接导致运营列车最大晚点 60 min 以上；

• 运营过程中达到下列情况之一，未构成一般 D 类以上事故的，为一般 E 类事故：

E1. 车场线路及非载客列车车辆冲突、脱轨、挤岔、撞轧；

E2. 车场线路及非载客列车分离；

E3. 车场线路及非载客列车车辆断轴、车轮崩裂、走行部部件脱落；

E4. 列车车辆碰擦侵限物造成设备损坏或运营后果；

E5. 列车抱闸运行造成设备损坏或运营后果；

E6. 列车部件脱落或超限损坏行车设施设备，影响列车运行；

E7. 列车弓网(靴轨)冲突造成受电弓(集电靴)严重变形、脱落损坏并造成运营后果；

E8. 非运营时段正线接触网(轨)段线(轨)、倒杆或塌网，影响列车运行；

E9. 非运营时段正线钢轨断裂，影响列车运行；

E10. 非运营时段列车信号(包括车载信号)错误升级显示，影响列车运行；

E11. 整条线路列车 3 列以上同时切除列车自动保护装置运行，或相邻列车同时切除列车自动保护装置运行(电话闭塞法行车除外)，或无列车自动保护装置防护列车未按行车防护间隔运行；

E12. 未取得授权擅自进行非正常行车作业、列车无行车凭证动车；

E13. 非运营时段未准备好进路、未办或错办闭塞(凭证)接发列车；

E14. 列车(有列车自动保护模式下的自动驾驶除外)、调车冒进信号或越过警冲标；

E15. 列车夹物动车，造成设备损坏或运营后果；

E16. 司机操作不当或设备故障造成自动发车司机漏乘；

E17. 电客列车错误进入无接触网(轨)线路；

E18. 错挂、漏挂、错撤、漏撤接地保护装置；

E19. 检修施工作业人员违章进入动车施工作业区域迫停列车；

E20. 因设备故障、操作不当、检修施工等直接导致运营列车最大晚点 30 min 以上。

4. 各类行车事故名词含义(表 7-1)

表 7-1 各类行车事故名词含义

名　词	具 体 含 义
车辆报废	直接经济损失为价值的 90%及以上
车辆大破	直接经济损失为价值的 60%及以上
车辆中破	直接经济损失为价值的 40%及以上
车辆小破	直接经济损失为价值的 10%及以上
列车	按规定辆数编组，具有规定的列车标志，从车场或始发站到发线待发起，直至再回到终点站为止的电动客车车列
其他列车	空驶列车、救援列车、调试列车、轨道车单机或挂有车辆开动的列车轨道车单机或挂有平板车进入运营线并编有车次发生的事故
列车事故	列车与其他调车作业机车和车辆等相互冲撞而发生的事故列车载客运行时发生事故时
调车事故	列车在车场内以调车方式进行摘挂或转线而发生的事故
冲突	列车、车辆、轨道车互相间或与设备(如车库、站台、车挡等)以及其他车辆相互间的冲撞，造成电动客车、轨道车或其他车辆破损或设备损坏
脱轨	电动客车、轨道车、平板车的车轮落下钢轨轨面(包括脱轨后自行复轨)
列车分离	车钩破损分离、车钩自动分离，还包括车钩缓冲装置的破损
双线中断行车	一条线发生某一站或某一区间及以上中断行车的同时另一条线也发生某一站或某一区间及以上中断行车
单线中断	上下行线中任何一条线上有一个站或一个区间发生行车中断
行车中断时间	由事故发生时间起，至调度发出线路开通命令时止的时间
列车冒进信号	列车前端任何一部分越过固定信号显示的停车信号位置即为冒进信号；(包括由于临时变更信号不论何原因而使列车冒进信号)
挤岔	车轮挤过或挤坏道岔
应停列车在车站通过	应停列车在车站未办理有关客运业务而开走的列车；包括在车站虽停了下来但未办理开关门、上下客业务即开行的列车

7.2　轨道交通运营安全事故的处置

事故的分析、调查、处理是事故发生后的重要环节，目的是及时恢复正常找出事故发生的原因和形成机制，并制定相应的措施、方法与手段，减少和杜绝事故的再次发生。

7.2.1　事故处理基本原则

1. 事故处理基本原则（国家总体）

按照国务院令第493号、国家安全生产监督管理总局令第13号令，事故处理基本原则以“四不放过”原则进行处理：

（1）事故原因未查清不放过；

（2）事故责任人未受到处理不放过；

（3）事故责任人和周围群众没有受到教育不放过；

（4）事故没有制订切实可行的整改措施不放过。

2. 事故处理总体原则（企业适用）

（1）发生事故时，首要确保乘客及有关人员的安全；

（2）发生事故时，要积极采取措施，迅速抢救，尽快恢复运营，尽量减少损失；

（3）有关人员应尽力判明事故对行车服务的影响，以提高处理事故的效率；

（4）控制中心必须按照“先通后复”的原则组织指挥事故处理；

（5）发现或确认事故后，必须确保信息畅通，立即报告有关人员。

3. 事故处理分级原则（分级细化）

根据发生事故的隶属关系和事故的等级分类，按分级管理原则予以处理。

（1）凡发生下列重大安全生产事故的，由城市轨道交通安全管理部门或者配合上级有关部门调查处理：

① 轨道交通发生重大事故、大事故、火灾、爆炸、毒害等事故；

② 造成2人（含）以上死亡的重、特大交通事故。

（2）凡发生下列安全生产事故的，由城市轨道交通安全管理部门具体负责调查处理：

① 发生行车的险性事故、涉及两个单位以上的一般事故；

② 火灾、爆炸、毒害事故，造成人员伤亡，直接财产损失达到一定数额的；

③ 发生因工死亡事故；

④ 发生重大道路交通事故以上的；

⑤ 设施设备重大事故、大事故或涉及2个单位以上的一般事故；

⑥ 在短时间内连续发生多起安全事故；

⑦ 因人员违规操作或行车设备故障造成严重晚点 15 min 或 30 min 以上的事件；

⑧ 城市轨道交通安全管理部分安全生产委员会认为要调查处理的事故。

(3)凡发生下列安全生产事故的，由各直属单位具体负责调查处理：

① 发生行车的一般事故；

② 因人员违规操作或行车设备故障造成晚点 10 min 以上事件；

③ 发生因工轻伤、重伤事故；

④ 发生设施设备一般事故、故障和障碍；

⑤ 客伤事故。

7.2.2 事故处理程序

1. 事故处理程序(国家级)

根据国务院 493 号令要求，事故处理程序主要分 3 部分，即事故报告、调查分析、事故处理。

(1)事故报告

事故处理直接关系到事故发生后的处置，以及事故发生后能否及时、迅速恢复运营线路正常行车秩序。良好畅通的信息传递能够使事故损失减少到最低程度。反之如果由于信息传输程序复杂、混乱，将会引起事故后果与损失扩大，不良影响扩大，延误事故的处理。

事故报告的主要内容包括：

① 事故基本情况，包括事故经过、人员伤亡、财产损失等；

② 事故原因，包括直接原因、间接原因、事故性质及认定依据；

③ 事故有关人员的责任认定和处理意见；

④ 事故的教训及采取的防范措施；

⑤ 员工受教育情况；

⑥ 其他需要报告的事项。

(2)调查分析

各处理职责单位应按照职责要求，开展事故的调查取证工作。根据相关法律法规，分析火灾事故和因工死亡事故的主要原因分别以《火灾原因认定书》、《企业职工伤亡事故报告和处理规定》和市、区安全生产监督局制定的法律文书有关规定为准。分析轨道交通事故、设施设备事故、客伤事故发生的原因可以按照城市轨道交通企业颁发的各类规章制度为准。

① 查清事故原因。

调查事故的原因从主观原因和客观原因、直接原因和间接原因、管理原因和技术原因等多层次、全方位分析查找，对一时难以查清的，要采用挂牌制度，定时间、排节点，落实负责人，落实有效的安全防范措施，以确保安全。

② 组织安全再教育。

各单位必须针对事故所暴露的安全隐患，要通过召开事故分析会、班组学习等形式，有针对性开展员工安全教育。要从安全法规，安全意识、安全技能、事故教训、预防措施等方面着手，让每个员工都能吸取教训，举一反三，增强防范意识。安全教育必须做到有内容、有记录、实行备案制。

③ 落实预防措施。

在查清事故原因的基础上，应及时制定落实安全预防整改措施。预防措施的落实，必须建立安全责任制，落实到责任部门和责任人，做到明确期限，并从人力、物力、财力上给予必要的保证，确保措施真正落到实处。

调查工作中注意原始操作资料的收集、分析工作，并要求规定的时间内完成事故(件)的调查取证工作，并提出相应的处理意见的报告。并且根据事故责任、事故性质、经济损失、延误列车运行事件及造成的不良影响进行事故综合判定，以事实为依据处理。

(3)事故处理

① 重大事故、较大事故、一般事故，负责事故调查的人民政府应当自收到事故调查报告之日起15日内做出批复；特别重大事故，30日内做出批复，特殊情况下，批复时间可以适当延长，但延长的时间最长不超过30日。

② 有关机关应按照人民政府的批复，依照法律、行政法规规定的权限和程序，对事故发生单位和有关人员进行行政处罚，对负有事故责任的国家工作人员进行处分。

③ 事故发生单位应当按照负责事故调查的人民政府的批复，对本单位负有事故责任的人员进行处理。

④ 负有事故责任的人员涉嫌犯罪的，依法追究刑事责任。

⑤ 事故发生单位应当认真吸取事故教训，落实防范和整改措施，防止事故再次发生。防范和整改措施的落实情况应当接受工会和职工的监督。

⑥ 安全生产监督管理部门和负有安全生产监督管理职责的有关部门应当对事故发生单位落实防范和整改措施的情况进行监督检查。

⑦ 事故处理的情况由负责事故调查的人民政府或者其授权的有关部门、机构向社会公布，依法应当保密的除外。

2. 行车事故处理程序(企业)

不同的城市轨道交通系统可根据各自的运营实践和线路等设备情况，制定不同的事故处理程序。以某城市行车事故处理为例进行说明。

(1)行车事故现场报告内容

无论行车事故的性质如何，在发生有关行车事故(事件)后，其报告内容应包括：

① 事故概况，包括事故发生的时间、地点、简要经过、区间(上、下行、百米标)、线路条件、事故相关单位和人员等；

② 事故造成的伤亡人数、救助情况，是否涉及境外人员伤亡；

③ 行车设备损坏程度等情况；

④ 事故造成对运营的影响程度及救援要求；

⑤ 事故原因的初步判断、事故发生后采取的措施及事故的控制情况；

⑥ 应当报告的其他情况。

(2)行车事故报告程序

① 事故发生后，现场人员应严格保护现场，保留原始记录；若因运营恢复需要，无法有效保护，应在第一时间由现场人员自行取证，取证的样本应确保能真实反映实际情况，不得人为破坏、伪造现场，不得毁灭、篡改原始记录。

② 事故发生后，现场有关人员应立即向行车调度员及邻近车站、相关负责人报告。紧急情况下，事故现场有关人员可以越级上报事故情况，不得隐瞒不报、迟报、谎报或拖延不报。

③ 在区间发生各类事故时由司机或相关人员立即向行车调度员或通过车站行车值班员向行车调度员报告；在车站或车场发生时，由行车值班员、运转值班员或相关人员立即向行车调度员报告。

④ 在事故报告时，报告人应认真检查确认现场情况，及时提供信息。对一时难以判断清楚的现场情况，应先快报，后续了解确认，随时报告。若发现内容有误，应立即更正报告内容。

⑤ 各相关单位应速报现场的实际情况，认真核查事故造成的影响和后果，不断按要求续报相关救援、抢修信息。在事故处置结束后，应立即形成情况报告。

(3)行车事故的调查

① 事故调查的程序：成立事故调查小组；事故的现场处理；物证收集；事故事实材料的收集；证人材料的收集；现场摄影；事故图绘制；事故原因分析；事故调查报告编写；事故调查结案归档。

② 成立事故调查组时，成员应具备：具有事故调查所需要的某一方面专长；与所发生事故没有直接利害关系；调查小组成员根据事故性质，至少由 3 人组成。

③ 事故调查组履行的职责：查明事故发生的经过、原因、人员伤亡情况及直接

经济损失;认定事故的性质和责任;提出对事故责任单位、责任人的处理建议;总结事故教训,提出防范和整改措施;提交事故调查报告。

④ 事故调查组调查时的权限:勘察事故现场,搜集有关物证;询问有关人员;要求被调查单位、当事人提供书面材料和证明;要求当事人提供工作记录、相关设备操作记录、员工职务岗位证书以及其他必要的文件资料;查验设备设施和财产等损坏和人员伤亡情况;核实事故发生前设备运营状态、设施的技术状态,配员及职务状况。

⑤ 事故调查组应当依据事故的调查材料,查明事故原因,提出处理建议,并编写事故调查报告书。事故调查报告书应包括以下内容:事故概况;事故造成的人员伤亡和直接经济损失;事故发生的原因和事件性质;事故责任的认定以及对事故责任者的处理建议;事故防范和整改措施建议;与事故有关的证明材料;事故调查组成员名单。

7.3　常见行车安全事故案例分析

7.3.1　未确认信号机和道岔造成挤岔

1. 事故概况

某日,一列车在洗车线进行洗车,洗车完毕,司机和副司机未与车厂信号楼值班员联系,未确认进厂信号机,亦未确认道岔,擅自动车(当时时速为 15 km/h),将车厂 4 号交分道岔挤岔。信号楼值班员听到挤岔警示后,立即用电台呼叫司机停车,司机紧急停车,列车在超过 4 号岔尖轨约 28～30 m 时停稳,造成了挤岔。

2. 原因分析

(1)司机、副司机安全意识不强,动车前未确认信号、进路、道岔,又未与车厂信号楼的信号值班员联系,是造成此次事故的主要原因。

(2)当值司机、副司机简化作业程序,未认真执行呼唤应答制度。

3. 防范措施

(1)强调“安全第一”的指导思想,各工种密切配合,加强联系。如列车进、出车厂前、司机须与信号值班员联系,确认信号、进路、道岔后方可动车。

(2)司机驾驶中及动车前的呼唤应答不能流于形式,要落到实处。

(3)各级人员继续认真检查、监督轨道制度落实情况,保证规章制度得到不折不扣的认真执行。

(4)车厂派班员向司机安排作业计划时,同时布置安全注意事项。

7.3.2　速度过高造成列车撞击车挡

1. 事故概况

某日,一列车在试车线北段停稳后,报告信号楼要求开始调试作业。信号楼封锁试车线后，回复司机“试车线封锁，司机可以进行调试作业”，列车开始调试作业。

列车从北往南进行第一次调试，在制动工况下车组偶尔出现“空转滑行”现象，其他无异常。到达试车线南端停车换端，司机以人工模式从南往北动车，到试车线北端停车点停车。

司机采用人工模式由北往南驾驶，在制动工况下车组也偶尔出现“空转滑行”现象，其他无异常。列车停稳换端后，司机接到车厂调度的通知如果列车无故障可以回库。司机按其指示执行，准备驾驶车组到试车线北端后结束调试申请回库(在以上行车中司机均未按要求在“一度停车”标前停车再动车)。

司机以人工模式由南向北动车，没有按要求在“一度停车”标前停车。车辆进入北端最后一个轨道区域时，由于速度过高，虽然采取了紧急制动措施，车辆仍然撞击到北端摩擦式车挡，撞毁尽头的混凝土车挡，司机立即报告车厂调度及信号楼。

2. 原因分析

(1)司机严重违反了调试、试验有关安全规定，是造成本次事故的直接原因。

(2)主办部门没有明确调试的内容和要求，没有安排人员跟车指挥调试，对试车工作预想不足，是造成本次事故的原因之一。

(3)司机在本次调试过程中没有按要求在“一度停车”标前停车，是导致本次事故的原因之一。

(4)列车在本次试车线运行过程中多次出现“空转滑行”现象，由于司机经验不足，未能给予高度的警觉，并及时采取相应措施，是导致本次事故的原因之一。

3. 防范措施

(1)完善试车线使用人工模式驾驶调试的规章制度，调试时要加派一名监控员进行监控。

(2)列车上试车线，主办部门必须派人跟车。试车线两端停车标前要预留70 m的停车距离。

(3)对所有车挡的技术状态进行检查，确保车挡的功能良好。

(4)在雨季和异常气候条件下，加强线路、信号、接触网的巡视，保证设备正常交付使用。

7.3.3 线路未出清，工程车压地线

1. 事故概况

某日，一工程车作业结束，返回某车站上行站台。3:10 时行车调度通过调度电话联系各站，逐站检查上行线路出清情况及防护撤除情况，各站一次回报上行线

路已出清、防护已撤除，行车调度随即通知车站排列工程车上行反方向回车厂进路。3:12时行车调度通知工程车凭地面信号动车。3:24时值班主任从洗手间回到中控室，当时工程车已经运行两个区间。值班主任询问行车调度上行线地线是否已经拆除，行车调度意识到地线还没有拆除，立即使用无线调度电话通知工程车立即停车待令。3:27时行车调度询问工程车司机运行线路是否有异常，司机刚使用无线电台答复“线路没有异常”，就发现有两名供电人员从变电房开门出来，对地线进行检查，随后司机打开车门，发现离车站头端墙20 m处有一组地线，地线已在机车中部，附近没有红闪灯防护。

2. 原因分析

(1)当班行车调度工作责任心不强，安全意识淡薄，未与电力调度核对并在登记本上标记地线位置，在未拆除地线的情况下，排列了工程车回厂进路，并盲目指挥司机动车，是造成本次事故的主要原因。

(2)当班值班主任工作责任心不强、安全意识淡薄，对当晚施工组织和行车作业安全预想不到位、安全监控不到位，未能发现当晚施工组织和工程车开行存在的安全隐患，是造成本次事故的原因之一。

(3)当班电力调度未掌握当晚现场地线具体位置，也未与行车调度核对地线所挂位置，没有做到“自控、互控、他控”。

3. 防范措施

(1)电力调度在收到工班负责人挂地线作业完成的报告后，须与工班负责人核对地线的数量、位置和挂拆时间，在确认后通知行车调度，行车调度在施工作业登记本中对地线位置进行记录。排列进路时，必须检查确认进路上的地线已拆除。

(2)行车调度与电力调度确认挂地线的位置后，应在相应轨道区段设置“封锁区段/道岔”命令，作为行车调度在准备工程车回厂进路时的防护。建立施工作业流程表，以卡片的形式规范施工作业进程，防止行车调度在施工作业过程中忘记某个步骤。

(3)每个调度班组在上中班时，对第二天夜班的施工计划进行审核，对工程车开行、停电区域、拆挂地线的地点要有一个全盘的了解。夜班交接班会时，值班主任要对重点的施工进行布置，各调度之间要沟通好，做好班前安全预想，保证施工安全顺利地进行。

7.3.4 未确认信号机，列车闯红灯

1. 事故概况

某日，一列车于16:19时进站停稳。接车副司机操作站台打开屏蔽门，接车司机则打开司机室侧门进入司机室与到达司机交接。待乘客上下完毕后，副司机关

屏蔽门，司机通知交班司机关客室门，副司机关好屏蔽门后进司机室开主控钥匙，此时对讲机传来“交班司机已下车”，司机复诵后，副司机立即坐到主控台的驾驶座位上打开主控钥匙，没有确认前方信号机，就将方向手柄推向前位，接着推牵引手柄动车。动车后发现列车走向不是直向而是侧向，司机和副司机意识到闯了出站信号机显示的红灯，进错了股道，便立即停车。列车在超过前方信号、压道岔约10 m后停车。司机没有把情况汇报车站，而将方向手柄打到“后”位，退行超过信号机后进入站内停车。

2. 原因分析

(1)该机车班组责任心不强，动车前精力不集中，没有确认信号就盲目动车。司机、副司机没有严格执行标准化作业程序和呼唤应答制度，司机没有对副司机进行认真监控进而在作业中失控，没有凭进路防护信号机发的信号显示行车，导致事故发生。

(2)人员管理问题。当值司机是刚从1号线调到2号线的第二个班，对2号线来说也是新司机，到事发时9天时间换了3名司机。司机、副司机相互之间了解不够，使两个新司机配班不妥当。

(3)排班上的问题。该机车班组在17:55时至次日0:28时上了一个班；接着在次日10:10时至18:05时上第二个班，在第二个班第五个往返时在车站发生冒进信号事故(当天的交路表示跑7个往返共8.3 h)。司机出勤前的休息不充分。

3. 防范措施

(1)加强对客车司机工作责任心的教育，严格履行岗位职责和执行标准化作业程序，动车前和客车运行中要认真确认道岔、进路和信号，严格按信号显示行车。

(2)司机应认真执行在信号开放后再关闭客室门的作业程序。

(3)在行车工作中，各岗位员工必须严格执行呼唤应答制度和车务安全联控措施，做到信号不清不动车，未经确认不动车。

(4)科学合理地安排作业人员的班次、人员之间的搭配，防止行车作业人员出现过度疲劳现象和人为事故的发生。

参 考 文 献

[1] 上海申通地铁集团有限公司轨道交通培训中心．城市轨道交通概论[M]. 2 版．北京：中国铁道出版社有限公司，2021.

[2] 张国宝．城市轨道交通运营组织[M]. 上海：上海科学技术出版社，2006.

[3] 何静．城市轨道交通运营管理[M]. 北京：中国铁道出版社，2007.

[4] 何宗华，汪松滋，何其光．城市轨道交通车辆运行与维修[M]. 北京：中国建筑工业出版社，2005.

[5] 郎踪桉，曾小清，姜季生．城市轨道交通信号控制基础[M]. 上海：同济大学出版社，2007.

[6] 徐金祥，冲蕾．城市轨道交通信号基础[M]. 北京：中国铁道出版社，2011.

[7] 王伟．城市轨道交通信号技术[M]. 北京：中国铁道出版社，2012.